국제 바칼로레아 교육연구소 시리즈 2

모든 학생을 위한
학습 손실 회복 전략

학교는 어떻게 문해력을 강화할 수 있는가

Margaret Vaughn · Seth A. Parsons 공저
김영민 · 조현희 · 최 진 · 황미향 공역

학교, 교사, 교육 관계자, 학부모,
지역사회가 협력하여
학생의 문해력을 높이기 위한 지침서

ACCELERATING LEARNING RECOVERY FOR ALL STUDENTS
Core Principles for Getting Literacy Growth Back on Track

학지사

Accelerating Learning Recovery for All Students:
Core Principles for Getting Literacy Growth Back on Track
by Margaret Vaughn and Seth A. Parsons

역자 서문

교육과 관련하여 변해야 하는 것은 무엇인지, 혹은 변하지 말아야 할 것은 무엇인지 그 어느 때보다 자주 질문을 던지게 되는 시대를 살아가고 있습니다. 인공지능 디지털 교과서의 도입이나 교사 중심이 아닌 학생 주도의 탐구 수업 등 언어가 교육 담론을 채워 가는 오늘날, 기존의 교육 패러다임은 낡고 고리타분하여 벗어나야 할 무언가로 느껴지기에 십상입니다. 2022 개정 교육과정, IB 교육 등에서 강조되는 핵심 아이디어, 학생 주도 탐구 수업 등은 삶과 연계된 수업을 권장하기에 차근차근 쌓아야 할 학생들의 기초 학력이 손실되는 것은 아닐까 하는 우려의 목소리도 있습니다. 즉, '깊이 있는 학습'이 가능하기 위해서는 사고의 토대가 되는 기초 학습 능력이 필수적이라는 것입니다. 역자들은 그 학습 손실을 회복하게 하는 중요한 능력 중 하나가 바로 리터러시literacy라는 데에 뜻을 모아 함께 이 책을 번역하였습니다.

여기서 리터러시는, 해방 교육학자 파울루 프레이리Paulo Freire가 말한 것처럼, 단지 기호를 읽고 해독하는 능력을 넘어 세상을 읽어낼 뿐만 아니라 자신이 속한 세상에 새로운 실천을 만들어 갈 수 있는 능력까지 포괄합니다. 글을 읽고 쓴다는 것은, 언어에 담겨 있는 다른 누군가의 생생한 정신을 되살려 내어 이해할 뿐만 아니라 자신의 살아 있는 생각을 다른 사람들이 이해할 수 있는 방식으로 구현하면서 공동의 세계에 참여하는 일이기 때문입니다. 이러한 의미에서 이 책의 원제목인 『Accelerating Learning Recovery for All Students: Core Principles for Getting Literacy Growth Back On Track』에 들어가는 용어인 'literacy'를 문해력과 문식성 중 무엇으로 번역해야 할지에 대해 역자들은 적잖이 고민했습니다. 문해력은 학문적으로는 다소 기초 해독 능력을 뜻하는 것으로 대중적으로 통용되는 데 반해, 문식성은 더 고차원적이고 체화된 언어 구성 능력을 뜻하는 것으로, 역자들이 생각하는 리터러시는 후자에 가까웠기 때문입니다. 그러나 이 책의 쓰임이 학문적 영역보다는 현장에 더 적합할 것이라는 판단하에, 최근 교육 현장에서든 언론에서든 많이 언급되고 있는 '문해력'이라는 용어를 사용하되 보다 확장되어 이해되기를 바라기로 하였습니다.

그렇다면 이 책의 저자들은 모든 학생의 학습 손실을 회복하기 위해 문해력을 발달시켜야 할 것을 주장하면서 과연 어떤 전략을 내세우고 있을까요? 사실 그들의 논의에서 매우 혁신적인 것을 발견하기는 어렵지만, 오히려 역자들은 그 접근 방식이 더 정직한 것이 아닐까 생각하게 되었습니다. 실증적 자료에 기반한 뇌인지 과학이나 읽기 과학 등은 단번에 설득 가능한 명료한 설명을 제시하는 것 같아도, 결국 우리가 할 수 있는 일이란 학교와 가정, 그리고 지역사회가 협력하여 꾸준히 독서량을 늘리는 수밖에 없다는 그들의 의견에 동의하기 때문입니다. 다만 저자는 독서량을 늘리는 방식에 대하여 학교와 교사, 학부모, 그리고 지역사회가 따를 수 있는 명시적이고 구체적인 지침을 제시하고 있습니다. 학교는 어떤 비전을 설정하고 한 해 동안 어떻게 구체적인 목표를 설정해야 하는지, 그것을 실현하기 위한 방식으로서 한 사람의 리더가 아닌 분산적 리더십이 왜 중요한지, 그리고 그것을 위해 어떻게 교사들을 지원해야 하는지 등을 안내합니다. 책 전반에서 일률적인 교육청의 연수나 기초 학력에 대한 업무를 상명하달식으로 내리는 것이 아니라, 교사 개인이 아이들을 관찰하고 아이들 개인의 문화를 식별하여 거기에 맞춰 적응적으로 가르칠 수 있는 그들의 전문성과 역량을 믿고 실제적이고 지속적인 방식으로 지원해야 한다는 점을 강조하고 있습니다.

무엇보다 아이들 한 명 한 명이 가진 잠재력을 인정하고 그들의 생각과 경험을 '자산' 삼아 아이들이 자신의 삶과 책의 이야기가 동떨어진 것이 아니라 연결된 것이라는 것을 느끼게 하는 것이 중요하다고 거듭 밝히는 저자의 시선은, 우리 교육 실천의 지향점에 대한 근본적인 성찰로 이끕니다. 요즘 아이들이 어휘의 뜻을 얼마나 모르는지, 나아가 학부모의 문해력 또한 얼마나 취약한지에 대한 자극적인 기사가 쏟아지는 오늘날, 이 책은 학교와 가정이 대척점에 있는 것이 아니라 학교와 가정이 어떻게 파트너가 되어야 하는지를 지속적으로 설득함으로써, 이 시대에 학교가 사회에서 어떠한 역할을 해야 하는지, 혹은 학교와 가정이 어떻게 관계를 맺어야 하는지에 대한 하나의 사례를 제시하기 때문입니다. 이 책에서 학교는 함께 읽은 '공동'의 주제에 관해 이야기를 나누는 공간이자,

여름 방학 동안 읽을거리가 빈곤한 아이들을 초대하는 곳이고, 아이들을 어떻게 지도할지 모르는 학부모에게 같이 해내야 할 비전을 만들자고 안내하면서 실질적으로 함께 시간을 보낼 것을 끊임없이 요청하는 곳으로 등장합니다.

그러므로 모든 아이의 학습 회복을 위해 '학교'가 무엇을 할 수 있는지 질문하는 이 책의 제목은, 어쩌면 가정과 지역사회 없이는 학교가 제 역할을 할 수 없다는 전제를 품고 있는지 모릅니다. 그리고 이 전제는 한편으로 아이들뿐만 아니라 교사와 학부모, 그리고 지역사회가 지속적으로 문해력을 키워 가며 함께 성장할 수 있다는 점을 함의하고 있습니다. 물론 이러한 논의가 디지털 리터러시를 비롯한 다른 매체를 통한 문해력의 성장 가능성을 배제하지 않음은 분명합니다. 매체의 고유함은 각기 다르기 때문입니다. 그렇기에 문자 언어라는 매체가 빚어내는 인간 정신의 독특한 아름다움이 교육에서 여전히 이어지기를 바란다면, 문해력에 대한 교육적 관심은 쉽사리 사그라들지 않을 것이라 믿습니다. 번역에 오류가 있다면 전적으로 역자들이 부족한 탓이니 너그러이 양해해 주시고, 부디 그 관심을 함께 기울이는 데 마음을 모아 주시기를 바랍니다.

2025년 5월

역자 일동

차례

CONTENTS

역자 서문 • 3

1장 학교가 문해력 학습을 지원하려면 지금 필요한 것은 무엇인가 11

협력적이고 적응적이며 문화적으로 반응적인 접근 • 16
학생의 문해력 성장에 관한 신념 • 22
실제적인 고려 사항 • 34
이 책의 개요 • 35
결론 • 36
성찰하기 • 37

2장 문해력을 위한 학교와 지역사회 연계 39

문해력이란 무엇인가 • 41
문해력의 일상성 • 42
문해력을 위한 학교와 지역사회 연계 • 46
제3의 공간을 공동 개발하기 • 53
학교와 지역사회 간 파트너십 참여를 위한 조언 • 70
결론 • 71
성찰하기 • 72

3장 학교 차원의 실행 계획 개발하기 73

문해력 개혁 노력의 간략한 역사 • 76
실행 단계 1: 비전 개발하기 • 89
실행 단계 2: 목표 설정과 모니터링 및 평가를 통해 학생의 필요를 판단하고 실행하기 • 93
실행 단계 3: 실제적 학습 경험 지원하기 • 96
실행 단계 4: 교사를 비판적 성찰에 참여시키기 • 100
실행 단계 5: 문해력 학습 확대하기 • 102
결론 • 108
성찰하기 • 108

4장 협력적이고 분산된 문해력 리더십 109

교사 주도성 • 113
공유 리더십 • 115
문해력 리더십 팀 개발하기 • 117
대화의 역할 • 129
평가 팀에 대한 유연한 접근 • 134
교육과정 채택 팀 • 136
학제 간 학습 촉진 팀 • 137
결론 • 140
성찰하기 • 141

5장 차별화된 문해력 교육을 위한 평가 143

교사는 왜 차별화된 문해력 교육을 해야 하는가 • 147
차별화된 문해력 교육을 평가하기 • 148
읽기 발달에 필요한 필수 기능 알기 • 149
평가 개요 • 161
모든 학생의 문해력 학습을 촉진하기 위한 차별화된 문해력 교육 • 171
결론 • 176
성찰하기 • 177

6장 문해 기능, 동기 및 문화적 관련성을 강조하는 중재 179

다층적 지원 시스템 • 181
읽기 중재 • 189
실행에서의 효과적 중재 • 201
결론 • 206
성찰하기 • 207

7장 학교 안팎의 보충학습 프로그램 209

독서량과 책에 대한 접근성 • 213
하계 독서 프로그램 • 220
공공 도서관 혁신 프로그램 파트너십 • 227
지역사회 도서 프로그램 • 230
교내 하계 독서 프로그램 • 232
결론 • 244
성찰하기 • 245

8장 미래를 위한 계획하기 247

미래를 위해 계획하기 • 261
결론 • 270
성찰하기 • 273

참고문헌 • 275
아동 문학 • 296
찾아보기 • 297

부록 자료 안내

이 책의 구매자는 책에 나오는 양식을 개인용에 한해 www.guilford.com/vaughn2-forms와 학지사 홈페이지 해당 도서 자료란에서 다운로드할 수 있다.

1장

학교가 문해력 학습을 지원하려면 지금 필요한 것은 무엇인가

ACCELERATING LEARNING RECOVERY

FOR ALL STUDENTS

『학교는 어떻게 문해력을 강화할 수 있는가: 모든 학생을 위한 학습 손실 회복 전략Accelerating Learning Recovery for All Students: Core Principles for Getting Literacy Growth Back on Track』에 온 것을 환영한다. 이 책의 목적은 실천적인 교사와 학교 관리자, 읽기 교육 전문가, 문해력 코치, 교육과정 촉진자 및 다양한 교육 이해관계자를 지원하여 학생의 문해력 학습을 강화하고 학습 손실을 회복하도록 돕는 것이다. 이 책은 반응적 문해력 교육에 대한 총체적 접근holistic approach을 제시하여 학생의 교육적 필요 및 사회정서적 필요를 지원하고자 한다. 학습 회복을 목표로 하는 문해력 교육을 지원하기 위해서는 학교 안팎에서 의미 있는 문해력 기회를 제공해야 한다. 이를 위해 학교는 학생의 인종 및 언어 정체성을 반영하는 반응적 접근을 해야 한다. 미래를 위한 학생의 문해력 성장 지원을 계획할 때 지금 필요한 것은 일반적인 관점mindset이 아니다. 오히려 학교와 지역사회 간 강력한 파트너십과 학생의 학교 밖 생활 및 관심이 중요한 역할을 함을 통해 배운 교훈을 문해력 교육에 통합하여 학교에서 더 공정한equitable 교육 기회를 개발하는 것이다.

이 책을 저술하기에 앞서 우리는 교장, 교사, 장학사들과 마주 앉아 "학교의 문해력 교육을 지원하기 위해 **지금** 우리에게 필요한 것이 무엇입니까?"라는 질문을 던졌다. 짐작하듯이 반응은 다양했다. 일부는 문해력에 대한 혁신적인 접근 방식이 필요하다고 했다. 어떤 이들은 학생 동기에 대해 재고할 필요가 있다고 했고, 학생들의 사회정서적 요구는 커지는 데 비해 학교의 관심은 부족하다고 말하는 이들도 있었다. 몇 가지 공통된 주제가 있었지만, 우리 질문에 답한 사람들은 각자 자기 학교의 특성이 다른 학교와 다르다고 설명하면서 상이한 응답을 했다.

다양한 관점에서 학습 회복에 접근하는 것이 필요하다. 최근 학습 손실을 줄이기 위해 과도하게 지시적directive 문해력 교육과정으로 복귀하려는 학교들이 있다. 그러나 문해력 교육에서 '기능과 반복연습skill-and-drill' 접근 방식은 전이 가능한 학습을 지원하지 못했으며, 특히 소외된 학생들에게 도움을 주지 못했다는 것이 역사적으로 입증되었다(Tatum, 2000). 실제로 많은 경우 개별 기능에 초점을 맞춘 처방적prescriptive 교육 자원은 교육과정을 약화시키고 학생의 읽고 쓰고자 하는 동기를 감소시킨다(Vaughn, 2000).

최근의 교육 개혁도 이러한 관점을 반영한다. 「아동낙오방지법No Child Left behind: NCLB」(2002)과 '정상을 향한 경주Race to the Top'(U.S. Department of Education, 2009)가 촉진한 고부담 시험 책무성으로 인해, 교사들은 고부담 문해력 평가에서 학생의 성공을 보장하기 위해 지나칠 정도의 처방적 문해력 교육을 하기에 이르렀다. 표준화된 교육과정을 사용하면서, 교사들은 학생들에게 처방적 문해력 교육을 위한 프로그램을 계속해야 하는 압력을 받아 왔다. 그러나 그 프로그램들은 매번 학생들의 언어적 필요에 부응하지 못했고, 인종적 · 문화적 배경도 반영하지 못했으며(Handsfield, 2015), 5년간의 실행 이후에도 학생들의 읽기 능력이 향상되지 않은 채 성취도 면에서 실망스러운 결과를 가져왔을 뿐이다(Gamse et al., 2008).

읽기를 가장 잘 가르치는 방법에 대한 논쟁이 계속되면서 개별 기능 교육은 매우 정치적인 교육 환경을 조성하게 되었고 학생의 문해력 성취를 향상하기 위한 노력은 더욱 양극화되었다. 예를 들면, 읽기 습득을 위해 개별 기능을 분리해서 교육해야 할 필요성을 강조하는 읽기 교육의 관점, 즉 **읽기 과학**Science of Reading: SoR이 현재 전국적으로 학교와 독서계에서 점점 더 많은 관심을 받고 있다. 효과적인 문해력 교육을 위해서는 학교가 기능을 가르치는 과정에서 적응적이고 문화적으로 반응하는 실천을 우선시해야 하며, 학생의 문화, 배경, 언어적 강점 및 인종 정체성이 학습 과정에 필수 요소라는 관점을 지녀야 한다. 우리는 문해 기능을 가르치는 것이 정말로 꼭 필요하다고 강조하지만 그러한 기능(예: 음운론적 인식, 음철법, 어휘, 이해)은 학생의 필요를 지원하고 인종적 · 언어적 정체성을 반영하는 실제적 수업 과제와 연계되어 교육되어야 한다. 학생들이 실제적이고 현실 세계와 관련한 수업 활동과 평가에 참여하는 교실에서는 교사와 학교가 학생의 학습 회복을 지원하는 학교 차원의 계획을 개발할 때 필요한 지식을 제공할 수 있다.

학교와 교사의 성과급이 여전히 학생의 성취도와 연계되어 있는 까닭에 전국의 많은 학교가 표준화된 교육과정을 사용하여 문해력을 길러야 한다는 압박을 지속적으로 받고 있다. 처방적 프로그램이 널리 채택되었으나, 학생의 언어, 문화 및 다양한 교육적 필요에 부응하지 못했으며, 특히 비지배 문화권과 소수인종 학생들에게는 더욱 그러했다.

읽기를 가르치는 가장 효과적인 방법을 찾는다면 우리는 「아동낙오방지법」(2001) 직전에 더피와 호프만(Duffy & Hoffman, 1999)이

충고한 묘책의 오류를 기억해야 한다. 즉, 모든 학교의 모든 학생에게 적용되는 마법의 교육과정이란 없고, 학생의 학습 손실을 회복할 만병통치약을 제공할 어떤 단일한 고부담 평가도 현재 없으며, 앞으로도 없을 것이다. 전국, 전 세계의 학교는 너무 다양해서 획일적일 수가 없다. 효과적인 문해력 교육 지침에 관한 연구가 많지만, 그 연구들이 모든 학생에게 동일하게 적용되거나 대본화 혹은 정형화될 수 없으며, 학생들의 교육적 · 사회정서적 요구에도 부응하지 못할뿐더러 다양한 이전 경험과 언어 능력을 지원할 수도 없다.

학교의 인구 통계 변화는 이러한 복잡성을 더욱 가중한다. 학교는 점점 더 다양해지는 학생 인구에 직면해 있는데 이는 정치적 위기와 경제적 불안 및 자연재해라는 급격한 변화에 일부 기인한다. 예를 들면, 미국은 이민자 수가 세계에서 가장 많으며 4명 중 1명이 1세대 혹은 2세대 이민자이다(Russell & Mantilla-Blanco, 2022). 이민자와 난민 가족의 유입이 많은 상황에서 교사들은 흥미와 동기, 기능 수준, 언어 능숙도 및 능력이 다양하고 배경과 문화 및 삶의 경험이 각기 다른 학생들이 존재하는 역동적이고 끊임없이 변화하는 교실에서 가르치고 있다.

협력적이고 적응적이며 문화적으로 반응적인 접근

학생의 다양성을 고려하고, 문해력 학습을 강화하며, 학습 손실을 회복하기 위해서는 전인적 아동을 고려한 협력적 접근이 필요하다. 문해력 학습 강화를 위해 학교는 학생의 교육적 요구와 사회정서적 필요를 들여다봐야 하며, 학생이 가진 문화적·언어적 강점을 교육과정에 녹여 내야 한다. 이러한 관점에서 교사를 전문적인 의사결정자로 보는 시각이 필수적이며, 교사는 많고 다양한 학생의 요구에 부응하여 자신의 교육적 접근 방식을 조정하고 수정할 수 있어야 한다. 전인적 아동 접근 방식을 취하는 학습 회복 계획은 표준화된 평가 점수가 학생 성공의 주요 지표라는 견해를 넘어서는 것이다. 나아가, 실제적이고 참여적이며 문화적으로 반응하는 학습 기회로부터 학생을 분리하고 고립시키는 고도의 보충중재remedial intervention를 넘어서는 혁신적 사고가 필요하다. 학교는 더욱 의도적으로 학생에게 학습 기회를 제공해야 하고, 그들의 언어적 자원과 문화, 배경 경험을 교육과정에 초대하여 모든 학생의 학습 동기와 관심을 동등하게 반영함으로써 반응적이고 공정한 학습 환경 개발에 중점을 두는 개선 노력을 기울여야 한다. 가장 중요한 관점은 아동을 전인으로 인식하고, 교사를 숙련되고, 지식이 풍부한 전문가로 보는 것이다.

학생이 학습해 나아가고, 이전의 학습 손실을 회복하기 위해서는 다중 전략이 필요하다. 학생을 참여시키고 학생에게 동기를 부여하려면 우리는 학교 안팎에서 적응적이고 반응적인 학습 환경을 지원해야 한다. 그러한 기회들을 통해 학생은 학문적이고 정서적인 지원을 받으며, 동시에 지적으로 풍부하고 문화적으로 반응하는 학습 환경 속에서 잘 성장할 수 있다. 문해 기능과 동기, 학교 안팎에서 아동의 웰빙을 강조하는 반응적 교육과 중재는 학생의 문해력 학습을 회복하고 지원 및 강화하기 위해 대단히 중요하다.

학생에 대한 사회정서적 이해와 교수 기술을 지닌 유능한 교사와 더불어 유연한 학습 환경에 초점을 맞춘 실제적이고 문화적으로 반응하는 교육 접근에 대한 요구가 높다. 지금 우리는 다양한 학생 인구의 복잡한 요구에 부응하는 교육과정을 실행하면서 평가를 교육적 행위의 지침으로 활용하는 교사가 필요하다. 이는 역사적으로 소외된 학생이 많은 지역의 학교에서 더 중요하다. 핵심은 학생이 자신의 사회적 맥락에 근거해서 학문적 기능을 심화하고 지식을 구성할 수 있도록 실제 세계의 학습 기회에 참여할 기회를 제공하는 것이다.

문해력 학습을 지원하고 학습 손실을 회복하기 위해서는 학생의 필요를 지원하는 적응적 교육 방식이 필요하다. 적응성adaptability은 효과적이고 반응적인 문해력 교육의 핵심이다. 적응적 교육은 교사가 학생의 특정한 교육적 요구와 사회정서적 필요에 초점을 맞추어 교육 행위를 구성하는 것이며, 학생의 언어적 능력과 흥미, 능력을 지원하는 학습 환경을 극대화하는 기회를 지원하는 것이다. 문해력 교육을 잘하는 교사는 적응적 특성을 지닌 것으로 확인되었다. 미국 전역의 1학년, 4학년 우수 교사에 관한 핵심 연구에서 적응성은 교사의 교육 실천에서 가장 중요한 요소로 나타났다(Pressley et al., 2001). 지금 우리가 학습 손실 회복에 대해 생각하고 계획할 때, 위대한 교육이론가인 존 듀이John Dewey가 말한 유연성flexibility을 적용할 수 있다. 듀이는 앞으로 우리가 수용할 유연성의 유형에 대해 다음과 같이 설명했다(Dewey, 1933).

> 유연성은 기대하지 않은 사건과 질문을 활용하는 능력이며 교사가 충만한 관심과 지식으로 얼마나 신선하게 주제에 접근하는가에 따라 달라진다. 교사들은 설명을 시작하기 전에 질문해야 한다. 학생들은 주제에 관해 이전의 학습과 경험으로부터 무엇을 가져오는가? 연결을 위해 나는 어떻게 학생을 도울 것인가? 비록 학생이 인식하지 못할지라도 그들의 마음을 움직여 원하는 방향으로 나아가게 하는 지렛대로 활용할 수 있는 그들의 필요는 무엇인가? 무엇을 어떻게 활용하고 적용하면 그들이 주제를 명료화하고 마음속에 저장할 수 있을까? 어떻게 주제가 개별화될 수 있을까, 즉 주제가 개별 학생이 가진 특별한 결핍과 특수한 취향에 맞게 조정되어 각자가 구별되는 방식으로 기여하도록 하는 방법은 무엇일까?(pp. 276-277)

효율적인 문해력 교사들은 적응적이며 교육 활동을 실행하는 데 필요한 교육학적 내용 지식을 갖추고 있어 당면한 특정 교육 상황에 전문적이고 혁신적으로 대응하면서 학생의 문해력 학습을 지원할 수 있다. 교육 현장에서 앞으로 나아가고자 할 때는 유연하고 적응적인 접근 방법이 가장 중요하다. 이러한 이유로 우리는 문해력 교수와 학습에서 **원칙**principles을 강조하며, 학생들이 뒤처져 있는 영역에 집중해서 학교가 교육 변화를 가져오는 것을 목표로 한다. 학교 관리자와 교사는 과학에 기반한 효과적인 문해력 교육 원칙으로 무장하고 학생 개개인과 환경, 기준에 반응하는 방식으로 원칙을 유연하게 적용해야 한다. 이러한 접근 방식으로 교사는 학생과 학교에 대해 깊이 있는 지식을 갖춘 고도의 교육 전문가로 위상이 높아지며 학생의 배움을 지원하는 적응적이고 반응적인 태도로 교수에 임하게 된다. 이 책의 최우선적인 목표는 학교가 어떻게 문해력 학습을 강화하여 현재, 그리고 미래의 학습 손실을 회복할 수 있는가라는 중심 질문과 관련 있다.

이 질문에 대해 생각할 때 우리는 자신의 신념이 무엇인지, 학생과 교사 및 교육 중재를 어떤 위치에 놓아야 할지를 이해해야 한다. 신념은 우리가 생각하는 바를 개인적 경험, 교육학적 지식, 학생 및 교과 내용과 연결하는 데 도움을 주는 도구이다. 교사와 교장의 신념은 교육적 실행과 중재 계획, 교실과 학교 교육의 다양한 측면에 영향을 미친다. 신념은 우리가 어떤 과업을 추구할 수 있다고 생각하는지, 과업을 완수하는 데 필요한 노력을 계속하기를 원하는지의 여부에도 영향을 미친다. 즉, 신념은 우리가 하고 싶은 것과 할 수 있다고 생각하는 것을 안내한다. 예를 들면, 우리는 이 책을 저술하기 전에 학교의 업무에 관한 핵심 신념에 대해 논의했다. 우리는 10년 이상 서로 알고 지냈기 때문에 문해력 중재의 핵심 신념에 대해 이미 좋은 아이디어를 가지고 있었다. 그러나 공동 신념에 관해 토론하고 성찰함으로써 모든 학생의 문해력 강화에 초점을 맞춘 지원 환경에 대한 지식과 이해를 점검하는 동시에 우리 입장을 신중하게 정리할 수 있었다.

우리의 핵심 목표는 학생, 교사, 학습 환경을 지원하여 모두에게 공정하고 효과적인 문해력 학습이 이루어지게 하는 것이다. 우리의 신념은 이 목표에 초점을 두고 있으며, 다음과 같은 교육적 행위에 집중되어 있다. 즉, 우리가 일하는 학교에서 교사, 관리자들과 어떻게 함께 일할 수 있는가, 교사 준비 과정과 전문성 발달 과정에 있는 우리 대학의 학생들을 어떻게 가르칠 것인가, 또 부모로서 자녀 및 학교와 어떻게 상호작용할 것인가. 이러한 핵심 목표는 신념에 따라 결정된다. 이 목표에는 비전이 연결되어 있다. 비전 가지기visioning에 대해서는 3장에서 더 자세히 말하겠지만, 여기서도 간략히 제시한다. 신념은 비전 가지기와 연결되어 있고 학교와 교사가 학생들에게 어떤 것을 바라는지, 교사로서의 업무와 교실, 학교에 대해 무엇을 기대하는지를 생각하도록 하기 때문이다. 비전 가지기는 "자신, 자신이 하는 일, 자신의 임무에 대한 의식적인 감각이며 …… 교사의 내면 깊은 곳에서 이루어지는 교육에 대한 개별적 입장 취하기"이다(Duffy, 2002, p. 334). 비전 가지기는 신념과 깊게 관련되며, 교사와 학교가 "내면의 모델mental model"(Duffy, 2005)을 상상하는 방법 및 "성과를 확장하기 위한 헌신에 대한 자기 이해"(Fairbanks et al., 2010)와도 관련된다.

> 학교 전반의 비전 가지기 과정은 학교 안에서 행동 의제를 설정하는 데 도움이 되므로 영향력 있는 의사결정 공간이 된다. 비전은 단순히 학교 개선 계획에 서술된 명문장이 아니며 학교 로비에 그려진 모토도 아니다. 간단히 말해 비전은 학교 공동체가 중대한 개선과 결정을 하는 데 사용하는 도구이다(Rodela & Bertrand, 2021, p. 469).

학교와 교사는 상호 협력하여 비전을 논의해야 하며, 학생, 학부모, 지역사회 구성원을 비전 가지기 과정에 초대해야 한다. 비전은 신념에 의해 결정되며, 우리가 취하는 많은 행동을 지원하는 역할을 한다. 예를 들면, 우리가 이 책을 저술하는 비전은 학생과 교사를 지원하는 방법에 관한 이론 기반의 종합 텍스트를 만들어, 현재 그리고 이후의 문해력 회복 지원과 학생의 문해력 학습 회복을 강화할 방법을 제공하는 것이다. 이러한 비전은 학생은 제각기 강점이 있고 교사는 전문가라는 신념, 그리고 적응적이고 유연한 학습 환경은 문해력 학습 강화와 학습 손실 회복에 필요한 실제적이고 문화적으로 반응하는 문해력 교육을 지원한다는 신념의 지지를 받는다. 이러한 신념에 관해 다음에서 더 논의하고자 한다.

학생의 문해력 성장에 관한 신념

각 장의 원칙을 설명하기 전에, 이전에는 학급 교사였으며 지금은 문해력 연구자인 우리의 경험 및 교수·학습에 관한 연구들에 근거하여 우리가 가진 핵심 신념을 공유하고자 한다. 이러한 신념은 비전을 안내하며 원칙들을 어떻게 교육 행위에 적용할지를 이해하는 데 중요하다. 신념은 우리가 사고하고 학습하는 방법들이 실제로 어떻게 개념화되는지에 관한 이해를 형성한다. 이러한 핵심 신념에 대한 비판적인 성찰을 통해 우리는 학생들에게 더 공정한 학습 환경을 구현할 수 있다. 다음에서 제시하는 학생과 학습 회복에 관한 신념들은 모든 학생이 성장하고 성취하며 잘할 수 있는 학습 환경을 설계하고 실천하는 방안에 대해 고민할 때 꼭 필요한 핵심이다.

학생에 대한 신념

학생에 대한 핵심 신념에 관해 생각할 때, 지원의 핵심은 학생들이 풍부한 배경 경험과 문화, 지식을 가지고 학교에 오며, 문해력과 언어 사용에 대한 정교한 이해를 보여 주는 언어 목록language repertoire을 보유하고 있음을 우리가 이해하는 것이다. 의미 있고 공정한 학습 기회란 학생의 배경지식, 이전 경험 및 문화를 포용하는 것이다. 다음 장에서 설명하는 원칙을 안내하는 학생의 문해력 성장에 대한 신념을 다음과 같이 개략적으로 서술한다.

신념 #1. 가족과 지역사회는 학생의 문해력 학습을 지원하는 데 꼭 필요한 파트너이다

가족과 지역사회는 학생이 태어나면서 만나는 첫 선생님이며, 학생의 학습을 지원할 수 있는 지식과 기술을 보유하고 있다. 몰과 동료들(Moll et al., 1992)은 학생과 가족이 지식이라는 자산을 가지고 학교에 온다고 강조한다. 문해력 학습을 지식 자산으로 보는 접근funds-of-knowledge approach은 학생의 모국어, 문화, 이전 지식과 경험이 중요하고 타당하며 학생의 삶에 대해 배울 기회를 학교에 제공해 준다고 본다. 교사들은 학생의 지식 자산을 교실에 초대하여 그 지식이 일상적 교육 실천에 스며들게 하는 방법에 대해 배워야 한다. 지식 자산 관점은, 학생의 학문적 성공 부족이 학교 교육과는 무관하며 학생의 삶과 언어 및 문화의 반증이라고 보는 결손 지향 관점deficit-oriented perspective과 대조된다. 학생을 지식 자산 렌즈로 본다면 교육자들이 학생과 가족을 어떻게 봐야 할지를 정확히 설명할 수 있다. 학생을 지식 생성자로 보는 신념은 학습 회복 지원을 위한 학습 기회를 어떻게 개발할지를 볼 수 있는 풍부한 렌즈를 제공한다. 가장 중요한 것은 다음의 관점을 이해하는 것이다.

- 학생들은 풍부한 배경지식, 문화 지식, 언어 목록을 가지고 학교에 온다.
- 학생의 가족과 지역사회는 지식이 풍부한 파트너이다.
- 교실 자료와 수업은 학생 가족과 지역사회의 다양성을 반영해야 하며, 지식 자산을 교실에 초대해야 한다.

몰과 동료들(Moll et al., 1992)은 학생과 가족을 지식 자산 관점으로 보는 것을 학교가 너무 자주 소홀히 해 왔음을 강조한다. 문해력 학습에서 지식 자산 렌즈는 학생의 모국어와 문화 및 이전 지식과 경험을 교육과정에 초대하는 학습 환경을 지지한다. 교육자들은 문해력 학습을 위한 기회 지원을 위해 가족, 지역사회와 더불어 학생을 초대하여 그들의 언어와 이전 경험을 공유하도록 할 수 있다(2장 참조). 지역사회에서의 도서 접근성 향상과 같은 혁신적인 문해력 프로그램과 방과 전 · 후 튜터링을 제공하는 학교 차원의 혁신적인 계획들(7장 참조)에서도 학생들의 학교 밖 생활과 관심을 교육과정 접근에 초대함을 볼 수 있다.

신념 #2. 학생들은 독자와 작가로서 자산과 강점을 지니고 있다

모든 학생은 자산과 강점을 지니고 있으며, 특히 성적이 저조한 학생이 더 그러하다. 핵심은 모든 학생이 다 잘할 수 있고 학교가 지원할 수 있는 동기와 흥미가 있다는 것을 이해하는 것이다. 표준화된 문해력 평가에서 학생 성적을 높이라는 지시를 받게 되면 매년 후학기에 특별 시험 준비, 즉 학생들이 반복적인 교육 훈련을 통해 집중적으로 시험을 준비하는 것을 볼 수 있다. 주state 전체 시험이 다가오면 많은 학생이 스트레스를 받고 지치게 된다. 어떤 대가를 치르더라도 학생의 문해력 학습을 지원한다는 이러한 접근은 직관에 반하는 것이다. 학교가 학생의 문해력 성장과 학습 회복을 계획하려면 실제적인 교육 평가의 역할이 중요하며 학생의 문해력 성장이 표준화된 평가 점수로 표시되는 좁은 틀의 성취에서 벗어나야 한다. 학교 차원의 문해력 성취와 학습 손실의 회복은 학생의 자산 중심 관점이 핵심이므로 학생이 현재 가지고 있는 것이 무엇인지, 학생의 동기와 교육적 필요를 위해 무엇을 지원해야 하는지, 학생의 강점을 지원하고 학습을 확장하기 위해 학교가 무엇을 해야 하는지에 대한 질문을 중점적으로 해야 한다. 따라서 학습 회복을 계획할 때 우리는 학생에 대한 신념을 다음과 같이 반영해야 한다.

- 모든 학생은 읽기, 쓰기를 배울 수 있고 잘할 수 있다.
- 우리는 모든 학생에게 높은 기대를 가지라고 격려해야 한다.
- 학생들은 교실 자료에서 자신과 다른 사람들을 볼 수 있어야 하며, 문화적으로 반응적인 자료에 집중해야 한다.

학습 회복 과정에서 학생을 자산 중심 관점의 지식이 풍부한 존재로 인식할 때, 우리는 학생들이 교육적 필요와 강점을 지니고 있으며 그것을 지원해야 함을 이해하게 된다. 우리는 모든 학생에 대해 높은 기대를 해야 하며 교육적 접근은 오늘날의 아주 다양한 인구 구성을 반영하는 교육과정과 학습활동에 학생들이 참여하도록 하는 데 중점을 두어야 한다.

교육적 접근은 실제적이고 참여적인 문해력 경험에 중점을 두어야 하며, 학생이 수동적 학습자로 간주되는 규범적이고 분절적인 교육 활동이 되지 않도록 해야 한다. 교실의 혁신적 중재에서는 평가 및 중재가 문해 기능과 학생 동기를 강조하며, 교사와 학생이 협력해서 노력한다(6장 참조).

교사에 대한 신념

신념 #3. 교사는 지식이 풍부한 전문가이며, 개별 학생의 강점에 초점을 맞추어 교육하는 통찰과 지식을 갖추고 있다

교사는 전문 지식과 교육적 비전을 활용하여 학생의 학습을 지원하고 그들 앞에 있는 학생의 구체적이고 개별적인 필요를 충족하는 교육 활동을 고안한다. 기본적으로 우리는 교사가 학생의 문해력을 지원하는 데 필요한 기술과 성향을 갖춘 지식이 풍부한 전문가라는 신념을 가지고 있다. 학생 자산 중심의 관점을 가지고 학교 전반의 성취와 학습 손실에 대한 비전을 설정하는 것과 마찬가지로 교사에 대한 접근도 같은 방식이어야 한다. '현재 교사가 학생들을 지원하기 위해 해야 하는 것과 필요로 하는 것은 무엇이며, 학생의 문해력 학습을 지원하는 교사의 전문적 능력을 지원하기 위해 우리는 무엇을 해야 하는가?'를 자문해야 한다. 핵심은 다음과 같은 관점이다.

- 유능한 교사는 성찰적인 의사결정자이다.
- 교사는 학생의 학습 기회를 강화하고 다양한 접근 방식으로 학생과 관계를 맺는다.
- 교사는 학생의 학습 결과를 지원하기 위해 다양한 평가를 활용한다.

교사를 보는 이러한 관점에서 중요한 것은 교사가 학생의 학습에 비계를 제공하고 지원하기 위해 전문적인 결정을 내리는 자율적 의사결정자라는 점을 믿는 것이다. 최근 몇 달 동안 더 분명하게 보았듯이 교사들은 훌륭하고 지식이 풍부하며 아주 유능해서 자신의 교육 활동에 대해 유연한 결정을 내릴 수 있다. 모든 학생의 요구에 맞추기 위해 하나의 처방적인 문해력 교육과정만 충실하게 준수하라고 한다면 이는 교사를 전문가로 보는 관점과 극명하게 대비되는 것이다. 학생의 문해력 학습을 강화하고 학습 손실 효과를 줄이려면 교사를 학생의 다양한 교육적 · 사회정서적 필요를 지원하기 위해 수업을 창의적으로 적용하는 기술과 통찰력을 갖춘 전문가로 보는 것이 중요하다. 이 책의 다음 장 전반에서 우리는 이러한 신념을 강조한다.

신념 #4. 교사는 학교 혁신에서 비전을 지닌 협력자이다

학교 변화와 혁신 과정에서 교사에 대해 생각할 때 우리가 가장 좋아하는 비유 중 하나는 교사를 교육 혁신의 '핵linchpins'으로 보는 것이다(Cochran-Smith, 2005). 웹스터 사전에 의하면, 핵은 "조직에 필수적인 사람 혹은 사물"이거나 "바퀴를 제 위치에 유지하기 위해 축 끝을 관통하는 핀"이다. 간단히 말해 핵심 핀이 없다면 바퀴가 떨어져 나간다. 마찬가지로 교사 없이는 학교가 작동하지 않는다. 교사는 학교에서 매우 중요하다. 이 책의 모든 원칙을 안내하는 데 있어 본질적인 신념은 교사가 비전을 가진 상호협력자이며, 학교 혁신에서 학생의 문해력 학습 회복 지원에 대해 말할 때 특히 높이 평가받아야 한다는 것이다. 교사를 학교 전반의 의사결정에 초대하여 실천 공동체 내에서 교사 자신이 본인과 동료 교사의 학습을 구조화하는 데 도움을 주는 리더가 되도록 학교를 구조화하고 지원해야 한다. 다음의 관점은 교사가 적응적이고 혁신적임을 강조한다.

- 교사는 학생과 교육에 대한 비전을 가지고 있다.
- 교사는 자신의 역할에 대한 주도성을 가져야 한다.
- 교사는 학생의 학습과 학교의 성공을 지원하는 헌신적인 파트너이다.

교사에 대한 신념에서 앞서 강조한 관점은 학습 회복 과정에서 학생과 교사 모두를 지원하는 학습 환경을 조성하는 데 필요한 구조와 지원이 매우 중요하다고 강조함을 알 수 있다.

학습 환경에 대한 신념

학생의 학습 기회를 지원하는 학습 환경은 학생이 자신의 삶과 관련된 관심과 주제를 탐구할 수 있는 공간을 포함하는 것이다. 배움에 많은 투자를 했던 여러분의 학창 시절을 생각해 보라. 나(마거릿)는 7학년 영어 수업이 바로 생각나는데, 한셋Hanset 선생님은 우리가 좋아하는 시를 찾아보거나 제시된 주제 혹은 스스로 관심 있는 주제를 선택하여 시를 쓰게 했다. 여러분 역시 열심히 참여하고, 소중하다고 느끼며, 성공한 학교 경험이 여러 번 있을 것이다. 이제 그 수업들을 여러분이 수동적이었고 최소한의 참여 기회만 제공되었던 때와 비교해 보기를 바란다. 나는 학부 때 의견이나 협력적인 토론, 의미 있는 활동 없이 한 시간 내내 강의만 들었던 역사 수업이 생각난다. 내가 참여하고 깨어 있는 유일한 방법은 교수님의 강의 내용을 한마디 한마디 노트에 받아 적는 것이었다. 나는 글을 빨리 적는 사람이 아니어서 이 전략도 거의 효과가 없었다. 아마 여러분도 이 두 가지 맥락에서 배운 내용과 기능을 비교해 보면 나처럼 흥미로운 맥락에서 배운 내용과 최소한의 정보만 배운 맥락을 정확히 기억할 수 있을 것이다. 예컨대 내가 선택한 시가 로렌스 펄링헤티Lawrence Ferlinghetti의 〈내 마음의 코니 아일랜드A Coney Island of the Mind〉임은 기억하지만, 역사 수업에서 배운 내용은 거의 기억할 수 없다. 학생의 문화, 이전 경험, 관심 및 동기를 교실에 초대하는 학습 환경은 학생들의 배움을 위한 풍부한 기회를 제공한다고 연구들은 거듭 밝히고 있다.

신념 #5. 효율적인 학습 환경은 학생에게 흥미롭고 문화적으로 반응적인 것이다

여러분이 효율적인 문해력 수업에 들어갔을 때 무엇을 보게 되는지 생각해 보라. 무엇이 보이는가? 아마도 이러한 신념이 분명히 드러나는 증거들, 즉 학생들이 선택권을 가지고 자신이 할 일을 결정하고 흥미가 높은 텍스트를 스스로 정하는 것을 볼 수 있을 것이다. 혹은 교사가 다음 순간의 교육적 결정을 취하기 위해 성찰적 의사결정을 하는 순간처럼 가시적으로 드러나지 않을 수도 있다. 이러한 눈에 보이는 혹은 보이지 않는 차원에서 학생들은 의미 있는 교육에 능동적으로 참여하고, 아이디어를 추구하며, 자신의 삶과 흥미에 관련된 유의미한 문해 활동에 참여하고 있음을 알 수 있다. 또한 교사는 학생의 배움을 지원하고 능동적인 학습 환경을 조성하기 위해 처방적인 교육이 아니라 유연한 교육을 제공하고 있음을 볼 수 있다. 이러한 공간에서 학생들은 자신의 학습에 수동적이지 않은, 능동적인 접근을 하는 학습자이다.

참여적이며 문화적으로 반응적인 학습 환경에서는 학생들이 공동 협력자로 간주되며, 자신의 흥미와 아이디어, 열정을 추구하도록 격려받는다. 학생들 모두가 뛰어난 교실에서는 교육과정 전반에 걸쳐 그들이 실제적인 경험을 하도록 계획되고, 자신의 흥미를 추구할 수 있는 다양한 자료 사용에 초대된다. 앞서 설명한 학생 및 교사 신념이 권장되는 교실의 학습 관점이 어떤지를 생각해 보라. 이러한 교실에서는 학생들이 주도성을 가지며 교육과정 전반에 걸쳐 실제적이고 의미를 만들어 내는 활동에 참여하도록 지원받는다 (Parsons, Malloy et al., 2018; Vaughn, 2021). 따라서 이러한 학습 환경은 다음을 지원한다.

- 실제적이고 참여적인 수업 과제
- 학생들이 다양한 자료와 양식(예: 관심도가 높은 텍스트, 테크놀로지)을 활용할 수 있는 기회
- 유연하고 적응적이며, 학생을 의사결정 과정에 초대하는 문해 활동

결론적으로 학습 환경에 대한 핵심 신념은 높은 수준의 참여적인 문해력 교육에 대한 접근과 기회를 제공하기 위해 학습 환경이 의도적으로 구조화되어야 한다는 것이다. 우리는 다음 여러 장(예: 6장)에서 이러한 공간에 대해 더 논의하고자 한다.

신념 #6. 효율적인 학습 공간은 학생이 성장하는 기회를 지원한다

학생을 자산 중심 관점으로 접근하는 것은 학생이 학습 동기가 있으며, 독자와 작가로서 주도성을 가지고 있다는 문해력 학습 관점과 일치한다. 주도성이라 함은 학생이 현실 세계의 교실에서 일어나는 실제적 경험에 근거해 문해력을 개발하면서 수업하는 내내 그리고 그 이후에도 문해력 경험에 참여하는 동안 자신이 배우고

싶은 것이 무엇인지를 선택하는 방법과 관련된다. 이러한 학습 환경에서 학생은 성장한다.

이러한 아이디어는 5장과 6장에서 더 자세히 다루어지는데, 학생의 읽기에 대한 동기와 참여도를 높이는 데 중점을 두고 특정 대상의 차별화 교육 전략과 중재에 대해 논의한다. 예를 들면, 학생의 읽기 이해를 지원하는 비계 수업에서 핵심 실천 중의 하나는 학생에게 관심도가 높고 문화적으로 반응적인 텍스트에 참여할 기회를 제공하여 자신이 추구하고 싶은 주제에 흥미를 느끼도록 하는 것이다. 이러한 환경에서 독자와 작가로서의 학생 및 학생 주도성을 지원하기 위해서는 다음과 같은 참여 기회를 제공해야 한다.

- 실제적인 학습 기회
- 다양한 양식(예: 다양한 모국어)을 사용한 쓰기, 작문, 창작, 대화 기회
- 무엇을, 어떻게 읽고 쓸지를 선택할 기회

이러한 측면에 도움이 되는 더 많은 학습 환경은, 현실 세계의 문제 해결과 관심사에 부응하는 학생의 문해력 발달을 위해 방과 전·후 문해력 교육을 의도적으로 구조화하는 방안에 대해 논의하는 7장에서 다룬다.

학생과 교사, 학습 환경에 대해 우리가 가지는 신념은 학생의 학습 회복을 지원하는 문해력 교육을 어떻게 구조화할지에 관한 의사결정 과정에 영향을 미친다. 이러한, 핵심 신념을 계획의 중심에

두고, 점점 더 다양해지는 학생의 교육적 · 언어적 · 사회정서적 학습Social-Emotional Learning: SEL 필요에 부응하는 지원을 위해 이 책에서 설명하는 원칙을 적용할 수 있을 것이다.

[그림 1-1]에서 알 수 있듯이 학생과 교사 및 학습 환경은 상호 연결되어 학교의 문해력 교육을 강화하고 학생의 학습 손실을 회복한다. 핵심은 학교 차원의 혁신을 계획할 때 학생과 교사 및 학습 환경에 대한 신념이 기반이 되어야 함을 이해하는 것이다. 학생들은 문해 경험을 구성하는 데 핵심이 되는 언어적, 문화적 강점을 지니고 있다. 교사와 학교는 학생에 대한 비전을 가지고 학생과 그 가족의 생생한 경험, 언어 및 인종적 · 문화적 정체성을 교실에 초대해야 한다. 교사는 학생의 배움을 지원하는 데 필요한 기술과 지식을 가지고 있으며, 자신의 교육 활동을 성찰하는 자율적 의사결정자로 간주되어야 한다. 이러한 교사들은 학생을 읽기와 쓰기 과정에 적극적으로 참여하는 능동적 의미 구성자로 본다. 학습 환경은 활발하고 생성적인 공간이 되어, 그 안에서 학생들은 관심과 동

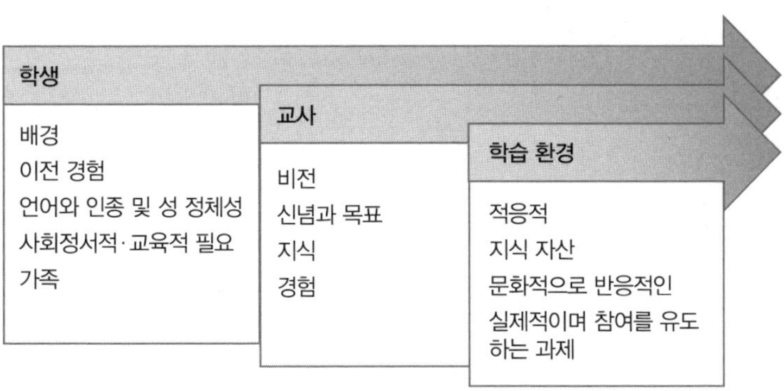

[그림 1-1] 학습 회복을 위한 파트너십

기가 높은 과제와 활동에 초점을 맞춘 유의미하고 실제적인 학습 경험에 참여하게 된다.

실제적인 고려 사항

모든 학생의 문해력 성취를 향상시키는 만병통치약은 없으므로 우리가 있는 현장의 다양한 측면을 인식하고 학생의 학습 회복 지원에 대한 맥락화된 논의를 하는 것이 필요하다. 우리 삶에는 학교의 관리범위 내에 있는 부분이 많다. 예컨대 자원 배분에서부터 일정 관리, 교육 계획 개발하기, 다양한 수준의 학생 지원까지 그러하다. 그러나 학령 전 교육의 보편적 제공, 지역사회 개발에서 자원과 자료에 대한 균등한 접근을 위한 격차 해소, 전국적인 교육 운동에 대한 정책 개혁 시행하기와 같이 학교가 관리할 수 없는 학생의 삶과 지역사회의 양상도 있다.

우리는 그러한 노력과 방안들을 옹호하고 격려하지만, 개인과 지역사회, 가족을 지원하는 다층적 시스템 네트워크 및 구조에서 학교가 중요한 부분을 담당하고 있음을 인식해야 한다. 학생의 학습 회복에는 학교가 실제로 할 수 있는 현실을 훨씬 뛰어넘는 측면이 정말 많다. 우리는 공립학교의 강력한 지지자이자 헌신적인 동맹자로서 학생의 삶을 교실에 초대하는 학습 환경을 만들고 학생과 교사를 지원하는 방법을 구조화하여 더 넓은 시스템 안에서 일하는 교육자로서 관리 **가능한** 영역을 강조하기 위해 이 책을 저술했다.

학생의 문해력 요구를 의도적이고 적응적인 방식으로 지원하기 위해서는 문해력 학습과 학습 손실을 회복하는 데 필요한 교육 및 적응성에 대한 전문적인 지식이 필요하다. 현재와 이후의 문해력 학습을 강화하는 학교의 문해력 교육을 위해 학교 안팎에서 실제적이고 문화적으로 관련 있는 기회를 지원하는 적응적 교육 접근이 필요하다. 학생의 성취도 회복을 목표로 하는 혁신적인 실천을 통해 학교 안팎에서 문해력 기술과 동기 부여를 강조하는 중재를 강화하는 동시에 학교 차원에서 학생의 언어적 자원과 문화적 배경을 지원하는 계획을 세워야 한다. 문해력 교육에 대한 반응적이고 목표화된 접근이 오늘날의 학교에서 그 어느 때보다 더 절실하다. 우리가 할 수 있는 일을 더 가시화하기 위해 현재와 이후의 학생 문해력 학습과 회복을 목표로 하는 학교의 노력을 지원하는 **원칙**을 우리는 강조한다.

이 책의 개요

다음에 이어질 장에서는 의사결정 과정의 중심에 자리한 핵심 신념을 고수하면서 학생의 학습을 지원하는 원칙과 관련 이론을 설명하고자 한다. 예를 들면, 학교와 지역사회 연계를 강화하고(2장), 학생의 학습 회복을 지원하는 학교 차원의 계획을 개발하며(3장), 동시에 협력적이고 분산된 문해력 리더십의 실행(4장) 및 차별화된 문해력 교육을 위한 평가 활용(5장)을 통해 문해 기능과 동기 부여를 지원하는 표적 중재targeted intervention를 설계(6장)할 수 있다. 마지막으로 학교 안팎의 보충학습 프로그램에 실제적인 학습 경험과 적응적 교수 접근을 지원하여(7장) 문해력 학습과 학습 손실 회복을 지원할 수 있다. 마지막 장(8장)은 주요 원칙들을 통합하고 미래를 위한 다음 단계를 요약한다. 각 장의 '성찰하기'에서는 토론 아이디어와 질문을 제공하였다. 독자가 제시된 아이디어를 취해 자신이 생각한 바를 실행 가능한 항목에 적용하도록 돕고자 한다.

결론

극도의 불확실성과 복잡한 요구들이 공존하는 이 시대에, 학교는 학생의 성적 향상과 학습 손실의 회복이라는 엄청난 압력에 직면해 있다. 많은 학생이 최근 몇 달 동안 세계적인 유행병부터 지역사회와 학교 전반에 걸친 고도의 인종차별 폭력까지 심한 트라우마를 경험했다. 다음의 장들에서는 포스트팬데믹과 그 이후 모든 학생의 문해력 학습을 촉진하려는 학교를 위한 원칙을 간략하게 설명하고자 한다. 팬데믹 이후 문해력 학습과 교육을 강화하기 위한 접근 방식을 개발하려는 학교 지도자와 교사들은 이러한 원칙을 활용하여 과학 기반 연구에 근거한 견고한 의사결정을 내림으로써 학생의 배움을 지원할 수 있다. 우리는 학생의 문해력 학습을 지원하기 위한 적응적이고 유연한 환경과 관련되는 이론을 논의한다. 원칙은 행위, 즉 교육적 행위의 기초가 되는 근본적 이해이다. 원칙에 초점을 맞추면 반응적이고 맥락적으로 유용한 과학 기반의 문해력 교육을 실천할 수 있다.

각 장을 읽으면서 학생과 교사, 학습 환경에 대한 핵심 신념에 대해 성찰해 보기를 바란다. 학생의 언어적 강점과 문화적 지식, 언어 목록 및 배경 경험에 근거한 중재와 교육 계획을 포함하면서 동시에 학생의 교육적 필요에 초점을 맞춘 적응적이고 반응적인 환경을 개발하기 위한 협력적 접근을 위해 각 장에서 설명한 신념과 원칙이 어떻게 작용하는지를 생각해 보기 바란다.

성찰하기

- 학습 회복과 관련하여 여러분의 교실/학교/지역사회가 가진 신념에 대해 생각해 봅시다. 이러한 신념을 목록화하여 이해관계자들과 공유하고 이 신념에 대한 피드백과 수정을 요청해 봅시다.
- 이러한 협력적 신념을 사용하여 '**이것을** 믿으면 행동은 **이것을** 반영해야 한다.'라는 것을 나타내는 T차트를 만들고, 구체적이며 목표가 분명한 행동을 설정하여 차트를 완성해 봅시다.
- 학습 회복에 대한 헌신을 형성하게 된 지난달/해의 경험은 어떤 것이 있었나요? 그 경험들은 신념에 어떤 영향을 미쳤나요?

2장

문해력을 위한 학교와 지역사회 연계

ACCELERATING LEARNING RECOVERY
FOR ALL STUDENTS

이 책의 초점은 모든 학생의 문해력 성장을 촉진하는 것인데, 그 성과는 학교의 노력만으로 쉽게 얻어지지 않는다. 학생들은 대부분 가정과 학교, 지역사회에서 생활한다. 학생들이 사는 지역이 어디든지 이 세 곳의 환경은 서로 매우 다르다. 그 환경들은 각기 다른 가치와 목표, 규범, 기대, 사회적 행동 양식, 자산 및 행동 유도성을 보인다. 학생들은 이러한 환경 속에서 배우며, 다양한 맥락에서의 경험이 그들의 지식과 도덕 및 정체성에 영향을 미친다. 너무 오랫동안 학교는 학생의 가정생활 및 학교가 속한 지역사회와 동떨어진 별개의 기관으로 운영되어 왔다.

이 장에서는 학생의 문해력 학습을 강화하기 위한 학교와 지역사회 간의 효율적 협력에 초점을 맞춘다. 지역의 이해관계자들이 학생을 위한 공동의 목표를 명확히 하고 실행하기 위해 자주 소통할 때 학생 교육, 특히 문해력 학습은 상당히 향상됨을 볼 수 있다. 다음에서는 학생의 일상적인 삶에서 문해력의 목적과 역할에 대해 소통할 때 나침반으로 사용될 수 있는 문해력의 정의와 접근 방식을 제시하고자 한다.

문해력이란 무엇인가

문해력에 대한 우리의 정의는 국제문해력협회International Literacy Association: ILA(2018)가 문해력을 "학문 분야와 맥락을 막론하고 시각, 청각 및 디지털 자료를 사용하여 확인, 이해, 해석하며 창조하고 계산 및 소통하는 능력"이라고 보는 관점과 일치한다. 문해력에 대한 이러한 이해는 읽기와 쓰기를 학교에 다니는 특정 기간 동안 완성되어야 하는 일련의 기능으로 보는 것 이상을 아우르는 관점이다. ILA는 문해력에 대한 다차원적 관점을 강조하며, 학생이 비판적으로 읽고 쓰기에 참여하고 의미를 전달하기 위해 다양한 방식과 자료를 활용하기를 요구한다(McLaughlin & Rasinski, 2015). 우리는 학교가 학생의 일상생활과 관련하여 이러한 문해력의 관점과 정의를 학부모 및 지역사회에 분명히 표명하기를 권장한다. 학습 회복을 계획할 때 교내·외의 실제적 교육 활동 유형에 이러한 문해력의 관점을 연계하는 것이 매우 중요하기 때문이다.

문해력의 일상성

문해력은 중요한 교육적 성과이며, 필수적인 삶의 기능이다. 여러분이 오늘 사용한 다양한 문해 기능의 방식에 대해 생각해 보라. 조금 전 15분 동안은 어떠했는가? 우리와 다르지 않다면, 휴대폰을 확인하여 새 메시지를 읽고 문자 메시지를 보내거나 음성 메일을 들었을 것이다. 실제 문해 기능은 우리가 삶을 살아가고 세상과 소통하는 방식에 필수 불가결한 요소이다. 예컨대 식료품점이나 은행, 운전면허 취득, 아파트 임대, 자동차 임대, 식당, 입사지원서 작성, 세금 납부, 인터넷 검색, 게임 콘솔 설정 등에 다양한 문해 기능이 요구된다.

이러한 일상적인 문해 활동은 학교 밖의 장소에서 이루어짐에도 불구하고 많은 학령기 아동은 읽고 쓰기가 학교에서 이루어지기 때문에 학교 기반 활동이라 인식한다. 역으로 학교 역시 학생들이 학교 밖과 가정에서 참여하는 풍부한 문해력 경험을 놓칠 수 있다. 동영상 제작을 위한 대본 작성과 다양한 자료 찾기, 스토리 제작을 위한 복잡한 오디오 녹음, 설명서와 디지털 자료 읽기 등 청소년이 문해력으로 상호작용하는 방식들을 고려해 보라. 학생의 문해력 학습을 지원하는 가장 강력한 방법 중 하나는 학생과 학생 가족의 학교 밖 생활과 학생이 학교에서 참여하는 유형의 학습을 연계하는 것이다.

더욱이 많은 문해 기능은 한정적이지 않다. 즉, 결코 완전히 습득되지 않으며 대신 항상 발달하고 있다(Paris, 2005). 어휘에 대해 생각해 보자. 지난 몇 주 동안, 여러분은 모르는 어휘를 마주한 적이 있을 것이다. 우리는 문해력 연구자이며 작가로 일하면서 온종일 단어를 공부하지만, 모르는 단어를 매번 마주하게 된다. 어휘 학습은 한계가 없으며, 우리가 살아가는 동안 계속해서 발달하는 것이어서 이러한 경험을 모두 가지고 있을 것이다. 스탈(Stahl, 2011)에 따르면, "어휘 지식은 평생에 걸쳐 습득되는 것이다. 단어 지식은 자모음 이름처럼 알거나 알지 못하는 것이 아니다. 그보다 단어 지식과 어휘 사용 능력은 점진적으로 습득되는 것이다"(p. 54).

이해 또한 비한정적 문해 기능이다. 세금 양식, 법률 문서, 보험증권, 과학 연구 보고서를 읽어 본 적이 있는가? 이 문서들은 비전문가가 이해하기 매우 어렵다. 아무도 이해를 완전히 습득할 수 없다. 이해는 시간이 지나면서 배경지식을 쌓고 새로운 전문 어휘를 학습하며 새로운 장르에 노출되는 동안 끊임없이 성장하고 발달하는 기능이다. 역으로 한정된constrained 기능은 완전히 숙달될 수 있다. 처음에는 아무리 낯설었다 하더라도 이미 오래전에 여러분은 음성학적으로 규칙적인 단어를 소리 내어 말할 수 있었을 것이다. 여러분이 해독 기술decoding skill을 습득했기 때문이다. 철자 지식과 철자-소리 대응 관계는 한정적 기능이다.

〈표 2-1〉을 보면 한정적 기능과 비한정적 기능은 모든 사람이 문해력 학습자라는 사실을 강조한다. 문해력은 평생에 걸쳐 계속 발달하는 기능이다. 그러므로 한 살 아이부터 고등학생, 할머니까지 모든 가족 구성원과 지역사회 구성원은 문해력과 관련한 지식과 기능 및 전략을 여전히 습득하는 중이다. 문해력이 일상생활의 거의 모든 부분에 내재되어 있고, 문해력 학습이 전 생애에 걸쳐 계속 발달해 간다는 두 가지 사실을 통해 문해력 교수 · 학습이 학교를 너머 이루어져야 유용함을 알 수 있다. 또한 학생이 학교에서 참여하는 문해 활동은 이러한 실생활의 문해적 상호작용을 반영해

〈표 2-1〉 문해 기능의 유형

매우 한정적임	비교적 한정적임	비한정적임
알파벳 지식 인쇄물 개념 파닉스(음철법) 단어 개념 철자-소리 지식	음운 인식 유창성	어휘 이해 구두 언어 기능 비판적 사고 기능 읽기 동기 주도성

야 한다.

그러나 종종 학교 기반의 문해 활동은 학생이 "삶을 살기보다 학교에 다니기doing school rather than doing life"를 보여 주는 읽기, 쓰기 활동을 문해력이라고 보는 관점을 권장한다(Madda et al., 2011, p. 44). 다시 말해, 학생들은 학교에서 너무나도 자주 "실제적이지 않고 현실적이지 않아서 현실 세계의 활동에 참여하는 데 유용하지 않은" 읽기와 쓰기 활동에 참여하고 있다(Pearson et al., 2007, p. 36).

예를 들면, 바로 며칠 전에 예비 교사와 교수 경험에 대해 토론한 적이 있는데 그녀는 2학년 학생을 가르쳐 달라는 요청을 받고 행한 문해 활동을 공유했다. 그 예비교사는 쓰기를 가르치려고 빈칸에 단어 채우기 활동지를 나누어 주었다. 이 수업의 목표를 물었을 때 그녀는 2학년이 쓰기를 연습하게 되어 있다고 말했다. 그런데 여러분이 상상할 수 있듯이, 우리는 2학년 학생들이 쓰기 기능을 연습할 수 있는 더 실제적이고 참여적인 활동에 대한 아이디어로 가득하다.

앞의 예에서 문해력에 대한 더 의미 있는 접근은 무엇인가? 학생이 빠진 단어를 쓰는 활동지일까, 아니면 자신의 이해를 전달하기 위해 다양한 단어와 문장 구조를 사용하여 관심 있는 주제의 이야기를 창작하는 것일까? 학교가 학생들에게 비판적 사고와 문제 해결에 능숙한 독자, 작가가 되기를 원한다면 우리가 하는 교육 및 과제도 이와 일치되도록 구성해야 한다. 요지는 문해력과 관련하여 중요하게 생각하는 메시지를 학부모와 지역사회에 보내야 하며, 문해 활동이 학생들에게 실제적이고 도전적이며 동기를 부여하는 것이어야 한다는 점이다(6장 참조).

이러한 이해를 염두에 둔다면 학습 회복을 지원하는 핵심은 학교와 지역사회 간 유의미한 협력 관계를 발전시키는 것이며, 문해력을 평생 학습의 과정으로 인식하고 학생과 지역사회를 의미 있는 문해력 상호작용에 참여하는 귀중한 동반자로 여기는 것이다. 교육의 다른 모든 활동과 마찬가지로 문해력을 지원하는 협력 관계를 형성하는 데 있어 하나의 방법만 있는 것은 아니다. 학교나 교실에 적합한 협력 관계 유형은 맥락과 기존 계획, 학생 인구의 필요 등(예: 비전, 행동 계획)에 따라 다르다(학교 차원의 행동 계획 개발은 3장 참조). 그러므로 다음에서는 문해력 학습을 지원하기 위해 지역사회를 활용할 때 학교와 지역사회가 고려할 수 있는 몇 가지 유형의 협력 관계를 제시하고자 한다.

문해력을 위한 학교와 지역사회 연계

문해력을 위해 학교와 지역사회 간 협력 관계를 구축할 때 그 목표는 학생과 가족의 지식 자산(Moll et al., 1992)과 생생한 경험, 문화 및 언어적 강점을 반영하는 것이어야 하며, 유의미하고 실제적인 기회를 반영하는 방법으로 한정적 기능과 비한정적 기능을 통합하도록 해야 한다. 두 가지 주요한 목표는 학습자에게 "문해력을 실재하는 것으로 만들기make literacy real"(Marsh et al., 2015)와, 문해 활동 및 학교와 지역사회 간 협력 관계가 일방향이 되지 않도록 하는 것이다(Wessel-Powell et al., 2021). 학교와 지역사회 간 협력을 통해 지역사회 구성원들은 "타인으로부터 배우기 위해 문화적 경계를 넘어 언어와 문해 활동"(Campano et al., 2013, p. 315)에 참여한다. 학교와 지역사회는 경계를 허물고 언어와 문해 활동에 참여할 수 있도록 신뢰와 책임을 공유하는 자리를 어떻게 만들 수 있을까? 학습 회복을 강화하는 파트너십은 어떤 의미가 있을까? 이 두 가지 질문을 다루면서 학교-지역사회 간 협력 관계를 공고히 하는 계획을 세울 때 필요한 팁과 성공적인 협력 관계의 예시를 다음과 같이 제시하고자 한다.

학교와 지역사회는 어떻게 경계를 허물고 언어와 문해력 발달에 참여하며 신뢰와 책임을 공유하는 자리에 도달하는가

즉답은 없지만, 이 문제를 해결하기 위해 전력을 쏟아 연구하고 브레인스토밍하며 아이디어를 제시하고자 노력한 학자, 교육자 및 행정가 등이 있다. 이들의 연구를 통해 학교와 지역사회가 학생의 배움을 지원하기 위해 신뢰와 책임이 공유되는 문화를 만드는 전략적 단계와 학교-지역사회 간 협력 관계에 관한 계획을 개발할 때 학교가 취하는 단계를 알 수 있다. 다음은 이러한 단계에 대한 개요이다.

- **학부모/보호자/지역사회 구성원을 초대하라.** 학교가 신뢰와 책임을 공유하는 공동체를 구축하는 가장 중요한 방법은 학부

모, 보호자 및 지역사회 구성원을 학교 계획 수립과 리더십에 초대하는 것이다. 우리는 협력 관계를 맺은 한 학교에서 문해력 및 과학 통합 단원 수업에 부족의 원로를 초대하는 방식을 볼 수 있었다. 학교는 부족의 언어 센터와 협력하여 연장자를 초대하여, 그들의 언어 지식과 부족의 고유한 이야기 및 경험을 공유했다(Vaughn et al., 2015; 2017). 이와 같은 방법으로 학교는 지역사회의 지식 자산에 접근하고 학생과 가족을 격려할 수 있다. 이외에도 학교는 학부모와 지역사회 구성원을 학교 전반의 대표 역할을 하도록 초대하여 가족의 교육적 필요를 지원하도록 도울 수 있다. 전통적인 학부모-교사 조직을 확장하는 것부터 지역사회 자원 연락처 개발에 이르기까지 여러 방법으로 이러한 일을 할 수 있으며, 다양한 사회문화적 배경을 가진 지역사회 구성원은 학교와 협력하여 각기 다른 가족이 개별적이며 집단적인 요구와 관심을 탐색하도록 도울 수 있다. 학교가 학부모와 지역사회를 학교에 초대하는 방식을 확장함으로써 긍정적인 문화 간 관계와 신뢰를 강화할 수 있다.

- **지역사회-학교의 밤을 주관하라.** 불행하게도 많은 학부모와 가족에게 학교는 반갑지 않은 장소이며, 논쟁의 장소일 수 있다. 역사적으로 우리는 학교가 일부 학생, 특히 잘 드러나지 않는 인구집단 및 지역사회 학생들에 대한 포용을 소홀히 해왔음을 잘 알고 있다. 우리는 학생 가족과 지역사회가 역할을 재구성하여 반가움을 느끼는 협력 관계를 구축해야 한다

고 강조한다. 학년별 지역사회–학교의 밤을 주최하여 지역사회 구성원을 학교에 초대하는 방안도 있다. 반드시 학문적으로만 추진될 필요는 없으며, 영화의 밤, 도서관 방문의 밤, 혹은 다른 방법을 활용하여 학부모와 지역사회가 학교를 모든 사람을 위한 공간으로 인식할 기회를 제공할 수 있다. 학교는 지역사회를 학교 공간에 비공식 모임으로 초대함으로써 학부모들이 학교가 친밀하며 반가운 장소임을 알도록 한다.

- **모든 이해관계자에게 다가가라.** 3장에서 학습 회복과 학생의 배움에 대한 공유 비전 개발에 대해 상세히 논의하겠지만, 지역사회 구성원에게 다가가 그들을 초대하고 학교에 원하는 것이 무엇인지, 비전이 무엇인지를 묻는 것은 매우 중요하다. 담임교사가 긍정적 관계를 위해 학급 학생들에게 일일이 환영 전화를 하면서 부모와 먼저 통화하는 것처럼 학교도 지역사회 파트너에게 같은 역할을 해야 한다. 지역사회 기업과 가족에게 다가가 지역의 목소리와 구성원을 초대하여 학교와 지역사회를 위해 그들의 비전을 공유하도록 한다면 학생의 학습을 위한 신뢰와 책임을 공유해 갈 수 있다. 우리와 협력하는 한 학교는 그 지역 영화관에 연락하여 3학년 학생들이 제작한 단편 영화를 상영하는 영화의 밤을 영화관에서 주최할 수 있는지 알아보았다. 영화관은 영화의 밤을 주최하는 것에 대해 매우 기뻐했으며, 영화의 밤은 이후 학교와 지역사회의 오랜 전통이 되었다.
- **지역사회 자원 목록 지도를 만들어라.** 학교가 지역사회의 자원

> 목록 지도community resource inventory map를 만든다면 즉시 사용할 수 있는 지역사회 자원을 전략적으로 나타낼 수 있다. 예를 들어, 학교에서 지식과 기술을 공유할 학부모가 있는가? 점심시간 책 읽어 주는 프로그램, 혹은 게스트 리더guest reader 프로그램을 공동 개발할 대학이 인근에 있는가? 예컨대 우리와 파트너인 한 학교는 운동 팀과 같이 협력하여 매달 유치원생과 1, 2학년 학생들에게 책을 읽어 준다. 이 프로그램은 자녀가 축구팀에 있는 친구를 둔 학부모가 학교 자원봉사에 관심을 표명하며 시작된 것이다.

자신이 알고 있는 것을 공유하거나 봉사 시간을 내 달라고 요청해 주기만 기다리는 자원봉사자도 많다. 일례로 우리와 협력 관계인 한 학교는 학교 전체의 예산 삭감으로 미술 교사가 그만두게 되었다. 이에 교장이 지역사회와 협력하여 매달 예술의 날을 조직하여 학부모와 지역사회 구성원이 정기적으로 참여하여 여러 학년의 학생에게 미술 수업을 하도록 했다. 지역 매장과도 손잡을 수 있다. 학교 운동장에 나비 정원을 조성하는 데 조언을 해 줄 가정이나 정원 매장이 지역에 있을까? 학교 차원의 필요를 어떻게 구축해 갈지 생각해 보라. 가정과 학교 독서 프로그램에 깨끗이 사용된 중고서적을 기증할 서점이 있을까?

일부 교육자들은 학교가 그 지역사회의 중심이 되어야 한다고 말해 왔다. 이러한 입장은 의미가 있다. 우리는 최근 팬데믹 기간 동안 학교가 지역사회의 성공에 얼마나 중요한지를 알았다. 학교는 학생들이 교육뿐만 아니라, 온기와 따뜻한 식사, 필요한 자료를 제공받는 곳이다. 아동 · 청소년 교육은 지역사회가 제공할 수 있는 가장 중요한 서비스이다. 교육을 잘 받은 공동체는 민주적 이상, 공동체 참여, 지역 경제 그리고 훨씬 더 많은 것을 지원한다. 실제로 "협력 관계의 발달은 단일 이벤트가 아닌 과정이며 …… 잘 구현된 협력 관계 프로그램을 통해 더 많은 학생이 지원받을 수 있을 것이다"(Epstein, 2010, p. 92). 지역사회와 학교 간 협력 관계가 잘 작동되고 학생의 배움에 대한 상호 존중과 책임이 있을 때, 문해력 학습이 향상될 가능성이 크다.

학교와 지역사회의 강력한 협력 관계가 학습 회복 강화에 주는 의미는 무엇인가

학교와 지역사회가 협력하여 학생의 배움을 지원할 때 우리는 모든 사람이 혜택을 받는 것을 재차 확인할 수 있다. 성공적인 협력 관계와 이를 발전시키는 아이디어에 대해 공유하기 전에 이러한 협력 관계가 학생의 학습에 어떻게 영향을 미칠 수 있는지, 그리고 학생의 사회정서적 필요를 어떻게 지원할 수 있는지에 대한 그간의 연구를 개관하고자 한다.

- **학교 문화와 사기를 진작하라.** 학교는 표준화된 평가에 따른 성과를 성공으로 보는 것 너머로 나아가서 학생의 학교 밖 경험을 강조할 수 있다. 예를 들면, 우리는 청소년들이 시집을 창

작한 지역 학교와 YMCA 간의 협력 프로젝트를 즉시 떠올렸다. 이 시집은 학교에서 주목을 받았고 도서관과 각 학년에 배포되었다.

- **학년 간, 학교 간 전환 교육을 지원하라.** 학교와 지역사회 간의 공고한 협력은 학년 간, 학교 간 전환을 쉽게 해 준다. 방과 후 프로그램, 교육 재단 및 도시와 학교 간 공동 프로그램 등 다양한 방식이 학생의 학습을 지원하는 것을 볼 수 있다. 닐드와 동료들(Neild et al., 2007)의 연구는 필라델피아 지역 학교와 필라델피아 교육 재단 및 존스 홉킨스 대학교의 공동 노력이 중학생들의 학업과 사회적 행동을 지원했음을 보여 준다. 이처럼 지역사회 단체와의 파트너십은 학생의 학습 회복을 지원하고 향상하는 데 도움이 된다.
- **문해력을 현실적이고 실재하는 것으로 만들기 위한 경로를 창안하라.** 우리는 학생들이 YMCA의 시poetry 프로젝트처럼 학교 밖 문해 활동에 참여할 때, 그들이 배운 문해력이 학교 밖 실생활에 어떻게 적용되는지를 알게 되는 것을 확인할 수 있다. 예를 들어, 우리는 우리가 협력하는 또 다른 봉사활동 지역사회와 문해력 파트너십에서 학생들이 인터뷰와 창작 앱(예: FlipaClip)을 통해 다세대 문해력 프로젝트를 만든 것을 확인하였다. 이처럼 실제적인 문해력 프로젝트를 통해 학생들은 도전적이고 흥미로운 문해력 과제에 참여할 수 있다. 파트너십을 통해 학생들은 문해력의 가치를 깨닫게 되고 학교에서는 허용되지 않는 다양한 문해 기능을 실천할 기회를 얻는다.

학생의 학교 밖의 삶과 풍부한 자원, 그리고 학생과 그 가족의 경험에 대해 이해하고 아는 것을 바탕으로 지역사회와 학교 간 협력이 구축된다면 학생의 문해 기능뿐만 아니라 그들의 SEL 필요도 지원할 수 있음을 우리는 확인할 수 있다. 이제 학교와 지역사회 간 파트너십 개발에 대한 몇 가지 실용적인 접근 방식으로 생각을 돌려 보자. 이러한 파트너십의 성공적인 사례를 다음과 같이 소개한다.

제3의 공간을 공동 개발하기

문해력 학습을 향상하는 전략을 계획할 때 가족과 지역사회가 환영받으며 학교 공간의 일부가 되는 공간이 꼭 필요하다. 학자들은 가정과 학교 사이의 이 공간을 '제3의 공간'(Gutiérrez et al., 1999)이라 칭하는데, 학생의 가정 문화와 가치 및 경험이 교육과 어우러져 학생 가족이 환영받는다고 느끼는 유연한 환경을 만들어 내는 곳이다. 이 제3의 공간은 주로 교사가 그들의 특정 교실로 가져오는 방법과 관련되어 있지만, 우리는 이 아이디어를 통합하여 학교가 유연하고 문화적으로 관련되며 포용적인 제3의 공간을 만들어 학생과 가족 구성원이 지역사회와 학교 간 협력에 대해 생각할 때 들어올 수 있는 곳으로 만들고자 한다.

교실과 마찬가지로 제3의 공간에서 우리는 가족과 공동체가 환영받으며 편안함을 느끼고 학교에서 자신들의 언어와 경험 및 삶을 공유하는 공간을 꾸미고 싶다. 이러한 공간은 "확장된 형태의 학습과 새로운 지식 개발의 가능성"(Gutiérrez, 2008, p. 152)을 허용한다. 이러한 공간은 학교 안에 만들 수도 있고, 학교와 파트너가 다른 조직과 협력하여 학교 바깥에 제3의 하이브리드 공간으로 구축할 수도 있다.

학교 내 공간

시작하기에 앞서 첫 번째 권장 사항은 가족과 지역사회 구성원이 학교에 오는 것을 분명하고 열정적으로 환영하라는 것이다. 한 가지 방법은 학교에 공유 커뮤니티 공간을 제공하는 것이다. 우리는 모두 학교에 시간 다음으로 부족한 것이 공간임을 알지만, 지역사회에 공간을 제공한다면 큰 도움이 된다. 예를 들어, 우리가 함께 협력하는 학교에서는 학교 정문에서 가까운 교실을 커뮤니티 센터로 바꾸었다. 그 교실은 학교 공개 때마다 지역사회에 개방되었으며 학교와 학교 프로그램, 자원봉사 기회에 대한 정보를 많이 제공했다. 지역사회 구성원에게 자원에 대한 다양한 정보를 제공하기도 한다. 예컨대 영어 수업, 헤드 스타트Head Start[1] 등록, GED[2] 개인교습, 취업 기회, 커뮤니티 컬리지 과정, 저렴한 보육 기회, 지역 야드 세일 및 지방 정부가 제공하는 자원에 이르기까지 다양하다.

---

1 역자 주: 사립 유치원에 비해 저렴한 미국 공립 어린이집이다.

2 역자 주: General Equivalency Diploma 또는 General Education Development의 약자로 미국과 캐나다에서 정규 고교 교육을 마치지 못한 사람을 위한 고졸 학력 인증서이다.

양식 2-1 합의된 공유 신념 개발하기

합의된 공유 신념을 개발하기 위해 고려해야 할 질문
파트너십의 최우선 목표는 무엇인가?
파트너십은 어떤 목적을 향해 노력하는가?
공유 비전은 무엇인가?
목표와 지정된 목적을 향해 일할 때 필요한 자원(예: 시간, 공간, 자료, 기금)은 무엇인가?
모두가 목소리를 내고 그 과정에 참여하도록 보장하는 방법은 무엇인가?
파트너십은 학교, 지역 및 주 전체의 사명, 계획된 목표 및 기준과 일치하는가?
파트너십을 어떻게 평가할 수 있는가? 비전을 고수하고 있는지 확인하기 위해 실시할 수 있는 자기 및 외부 평가는 무엇인가?

출처: *Accelerating Learning Recovery for All Students: Core Principles for Getting Literacy Growth Back on Track* by Margaret Vaughn and Seth A. Parsons. (이 책의 p. 10 부록 자료 안내 참조).

이 교실의 핵심은 그 공간을 사용하는 파트너 간에 생성된 지역사회와 학교 간의 신념 체계가 있다는 것이다. 그들은 각자 그 공간에서 어떤 일이 일어나기를 원하는지에 대해 공유하고 공간에 대한 구체적인 요구를 파악했다. 그들은 원하는 바에 대해 논의하면서 공유된 신념 협정을 개발하고 교실에 게시했다. 우리는 학교와 지역사회 파트너들이 그러한 협정을 개발하기를 권장한다. 학교와 지역사회의 신념 체계는 교사와 학생이 기대와 책임을 포함하여 교실에서 원하는 것이 무엇인지에 대해 공유하고 만들어 가는 학급의 신념 체계와 매우 유사하다. 이와 동일한 실천이 지역사회 파트너와 학교 직원 간에도 적용될 수 있고, 적용되어야 한다([양식 2-1] 참조).

교실에는 아동을 위한 보드북 코너와 장난감이 있어야 한다. 이런 학교 내 커뮤니티 공간은 K-12 학생뿐 아니라 지역의 모든 구성원을 지원하는 장소라는 생각을 구현한다. 시간이 지나면서 이러한 커뮤니티 센터는 더 잘 활용될 것이다. 학부모나 조부모, 혹은 아이를 돌보는 보호자들이 어린아이와 함께 책을 읽고, 책과 자료들로 상호작용하는 것을 심심치 않게 볼 수 있을 것이다. 때로 아이들이 아동 코너에서 노는 동안 어른들은 교사를 위한 자료 준비와 같은 자원봉사도 할 수 있다. 수업과 자원에 대한 정보지는 매번 보충되어야 한다.

문해의 밤

환영과 포용의 공간을 개발하는 또 다른 방법은 학교 문해의 밤 literacy nights이다. 타이틀 I 야간 행사Title I nights[3]의 정규 활동으로 문해의 밤 행사를 하는 학교가 많겠지만 우리는 학생과 가족이 지역사회 구축에 초점을 맞춘 실제적이고 의미 있는 문해 활동에 참여하고 상호작용하면서 문해력 학습의 기쁨을 나누기를 권장한다. 예를 들어, 우리는 학교에서 매달 포틀럭 파티에 가족을 초대하는 교사를 알고 있다. 그 교사는 포틀럭 파티 활동을 미리 계획하지 않고, 학생들에게 가장 좋아하는 책이나 최근에 쓴 이야기를 함께 읽고 공유하게 하며, 학부모들에게는 포틀럭에 참여하는 동안 함께 이야기를 쓰도록 권장한다. 문해의 밤은 많은 지역사회 구성원을 환영하며, 저녁 시간에 열리기 때문에 일하는 학부모도 참석할 수 있다. 이러한 행사는 학생의 문해력 학습을 축하하며 가족의 문화적 문해력을 학교에 가져오도록 초대하여 같은 방식으로 축하받게 한다.

다른 방법으로 가족에게 좋아하는 책을 가져오게 하여 도서 색인 카드의 이해 질문을 제공하고 부모가 함께 읽은 후 집에 가져가 문해 기능(단어에 대해 말해 보기, 예측하기, 읽은 후 등장인물과 이야기

---

3 역자 주: Title I 프로그램과 관련된 학교 행사로 다양한 활동 및 워크숍을 진행하며 학부모와 학생이 학교와 교사와의 관계를 강화하고 교육자원에 대한 정보와 지원을 제공하는 데 목적이 있다. Title I은 미국의 교육법인 「초중등교육법(Elementary and Secondary Education Act: ESEA)」의 일부분으로 저소득층 학생들에게 교육 기회를 제공하여 학업 성취도를 높이고 교육의 불평등을 줄이는 것이 목표이다.

에 대해 토론하기)을 익히도록 할 수도 있다. 학교는 가족들에게 모국어로 쓰인 책을 가져오도록 권장할 수도 있다. 우리가 아는 한 교사는 학부모와 가족을 초대하여 문해의 밤 내내 사진을 찍고, 학부모에게 문해의 밤과 학교 경험에 대해 아동과 인터뷰할 것을 권유한다. 이 녹음은 편집되어 교실에서 매일 재생된다.

문해의 밤은 책이 중심이 될 수도 있다. 교육자는 학년별로 나누어 학부모와 함께 도서관의 인기도서를 공유할 수 있다. 가족들이 집에서 책을 가져와 다른 사람과 교환하고 자신의 집에 '새' 책을 가져가는 책 교환도 있다. 우리는 학교가 학생의 가정에 더 많은 책을 제공하기 위해 보조금이나 기부 또는 도서 기증 행사로 도서를 수집하는 것을 보았다. 문해의 밤 행사의 목표는 문해 기능과 문화적 문해력을 증진할 뿐만 아니라 교사와 가족 간의 관계를 강화하는 것이어야 한다. 성공적인 문해의 밤은 구전 이야기, 요리법, 노래, 시, 역사 이야기 및 다른 전통을 통해 가족의 문해력을 학교에 가져오도록 하는 것이다. 그러한 활동의 핵심 이점은 학교와 가정 및 지역사회를 구분하는 차이를 없애고 가족의 언어와 가정 문해력이 환영받는 제3의 하이브리드 공간을 만드는 것이다. 또한 우리는 학부모와 함께 한정적인, 혹은 비한정적인 기능에 대한 생각을 공유할 것을 주장한다. 예를 들면, 문해의 밤 동안 어휘 및 이해를 중심으로 명시적인 유형의 수업을 진행하여 학부모들이 가정에서 아이들과 함께하는 모델을 제공할 수 있다.

만나서 인사하기

신뢰를 구축하고 파트너십을 발전시키는 다른 비공식적 방법은 '선생님 만나는 날'을 주최하는 것이다. 이는 개학하기 일주일 전 모든 교사가 학교에서 만나 아침 식사를 하고 학년별 팀을 구성해 해당 학년의 학생을 모두 만나는 것이다. 이 방문은 비공식적이다. 물론 학생과 가족 모두는 방문일을 알고 있고, 다음과 같이 소개하는 정도이면 된다. "안녕, 후안Juan! 나는 존슨Johnson 선생님이고,올해 너랑 같이 공부하게 되어 매우 기대되는구나. 선생님을 너희 가족에게 소개해 줄 수 있겠니? …… 만나서 반가웠어. 월요일에 만나자!" 학교는 만나서 인사하기를 다른 플랫폼에서 수행하도록 장려하거나 다른 방식으로 진행할 수도 있다. 우리가 아는 한 교사는 새로운 학생과 가족을 개학 일주일 전 동네 아이스크림 가게에서 만나자고 초대한다. 비공식적 만남은 긴장하고 있는 학생 및 학부모와 처음부터 우호적 관계를 형성하며, 교실 분위기도 긍정적인 방향으로 설정한다.

가정 방문에 대한 재고

학교가 가족과 지역사회를 적극적으로 초대해야 하는 것만큼이나 학교는 지역사회로 들어가야 한다. 가정 방문은 학교 교직원이 문자 그대로 지역사회로 들어가는 것을 의미한다. 가정 방문은 다양한 형식을 취할 수 있다. 예를 들어, 우리와 협력 관계인 한 학교는 교사가 개별 가정을 방문한다. 즉, 학기 초에 교사들이 자기 반 학생의 가정을 방문한다. 교사는 가족과 미리 시간을 약속한 후 가정을 방문하여 아이와 가족에 대해 더 많이 배운다. 주요 목적은 정보 공유가 아니고 신뢰와 관계 구축이다.

이러한 방문을 통해 가족은 아이들 교사와 개인적인 시간 및 공간을 공유하며 더 신뢰하고 존중하는 관계를 구축할 수 있다. 연구 전반에 걸쳐 우리는 이러한 가정 방문이 가정과 학교 간 관계 형성을 지원하며, 가정에서 이루어지는 문해 활동 및 학교의 지원 방법에 대해 더 많이 배울 기회를 제공했음을 알고 있다(Fikrat-Wevers et al., 2021; Parsons, Swalwell, et al., 2013). 가정 방문은 시간이 오래 걸리지만, 학교-지역사회 간 존중을 형성하는 데 매우 중요하며, 결과적으로 학생의 문해력 학습을 지원한다. 예를 들면, 한 가정 방문에서 교사는 부모 두 분 다 문해 기능이 부족함을 알게 되었다. 교사는 학생에게 책을 달라고 하여 그림을 사용해 학생과 이야기에 대해 토론하는 방법을 학부모에게 시범으로 보여 주었으며, 부모 두 분 다 시험 삼아 해 보았다. 이러한 경험은 그 학생에게 긍정적인 결과를 가져왔다. 그 학생은 집에서 가족과 책을 읽으면서 교사와도 유대감을 형성했다. 그해 남은 기간 동안 그 학생은 독서에 깊은 관심을 보였으며, 교사와 함께 책 읽는 것을 좋아했다. 이 예시는 가정 방문의 다양한 이점을 보여 준다. 최근 많은 학교가 디지털 플랫폼과 컴퓨터를 구비하고 있어서 가정 방문이 디지털 만남으로도 이루어질 수 있다.

가정 방문과 이전에 언급한 비공식 만남은 학생들이 아는 것, 그들의 공간, 그들의 학교 밖 삶에 대해 앞장서 나누도록 권장함으로써 그 힘의 역동성을 강화한다. 학생과 가족들은 현관에서 소개하는 정도일지라도 교사가 집에 오는 것을 환영한다. 그렇다. 시간은 걸리지만, 가족들은 이러한 노력이 '추가적인' 것이며, 학교나 교사에게 일반적으로 기대하는 이상의 것임을 알고 있다. 그들은 교사에게 감사하며 교사를 존중하게 되고 찾게 된다. 가정 방문은 모든 학교와 교사에게 선택 사항은 아니다. 만나서 인사하기와 가정 방문은 인근 학교의 참여로 더 활성화되었다. 두 학교는 인근의 지정된 지역사회에 봉사했다. 대면 혹은 비대면 가정 방문은 가족과 그 학생 및 지역사회가 존중받는다는 것을 보여 주는 강력한 실천 방안이다.

지금까지 제시한 아이디어는 학교와 지역사회 간의 장벽을 허무는 데 중점을 두었다. 학교와 지역사회가 파트너로 함께 문해력을 증진하는 노력을 기울인다면 공동의 목표를 방해하는 기존의 장애물을 극복하는 방법을 찾을 수 있을 것이다.

가상의 문해 공간

최근의 팬데믹이 좋은 결과를 가져왔다고 생각하기는 어렵다. 우리는 팬데믹의 재앙적인 결과를 인정하면서 동시에 학교와 지역사회가 학생의 배움을 지원하는 문해 공간을 개발하기 위해 기울인 일부 혁신적인 방안에 주목하고 싶다. 이런 노력이 팬데믹 동안 시작되기는 했지만 하이브리드 커뮤니티 및 학교 파트너십을 구축하기 위한 혁신적인 접근 방식은 오늘날에도 많이 지속되고 있으며, 앞으로도 계속될 것이다.

학생과 가족, 학부모 및 지역사회 구성원을 포함하는 70~250명의 인원이 파트너십을 통해 다세대, 다언어 및 지역에 따른 온라인 공간을 학교와 지역 대학 간에 구축하였고, 그 공간에서 학생과 그 가족들은 읽기, 쓰기/작문, 말하기와 듣기를 하면서 디지털 텍스트와 책을 만들었다. 대학 교수인 웨슬-파웰과 동료들(Wessel-Powell et al., 2022)은 노스캐롤라이나에 있는 학교들과 협력하여 매주 4~5일 동안 문해력 프로그램을 제공하여 학생이 온라인에서 가족과 함께 텍스트를 만들고 읽는 활동을 하게 했다. 문해력 교육과 창작은 초청 방식이었으며, 아동과 가족이 프로그램 동안 무엇을 어떤 방법으로 함께 창작하고 읽을지 결정하도록 허용했다.

학교와 지역사회가 협력하여 가족과 지역사회를 위한 문해력 자료 목록을 개발한 지역도 있다. 예를 들면, 우리와 협력하는 한 파트너 학교의 교사들은 녹화된 낭독물을 만들어 그들의 가정생활을 학생들과 공유했다. 동영상 수집과 공유는 학생과 가족 커뮤니티를 구축하는 방법으로 매주 공지되었다. 가족들은 교사의 가정생활과 학교 밖 생활에 대해 알게 되었고, 자신들이 이러한 실천을 매우 즐기고 있으며, 팬데믹 이후에도 지속되기를 바란다는 내용의 편지를 교장에게 썼다. 공영 텔레비전 방송국이 주 전역의 교사를 초청하여 책을 소리 내어 읽고 텍스트에 대해 온라인 토론을 하게 한 다음, 학생과 가족을 초청하여 텍스트 활동에 참여하게 한 적도 있다.

이와 같은 공간은 학생과 가족이 다양한 모드, 플랫폼 및 경험을 통해 문해력 발달에 참여할 기회를 열어 준다. 그 공간은 학생의 문해력 학습을 강화하고 학습 회복을 목표로 하는 학교와 지역사회 간 파트너십 개발 방법을 생각할 때 매우 중요하다.

학교 밖 공간

지역사회에는 학교 밖의 문해력 학습을 증진하기 위해 학교와 파트너가 될 수 있는 다양한 주체가 있다. 지역의 대학들은 잠재적 파트너십 공간이다. 대학에는 대개 미래 교사를 양성하는 교육학과가 있고, 대학의 교수들이 지역 학교의 전문성 개발과 연구를 수행하기 때문이다. 학교–대학 간 파트너십의 모델 중 하나가 전문성 개발 학교Professional Development School: PDS이다(Holmes Group, 1990). 이 모델은 학교와 대학 간의 간극을 메워 통합된 교육 비전을 설정함으로써 유치원생부터 고등학생, 예비교사, 교사, 및 교수에 이르는 모든 교육 당사자가 배움을 행하는 것을 목표로 한다. 잘 개발된 PDS는 교수와 예비교사가 학교의 교사, 학생과 협력하여 학년 내내 일관되고 중요한 시간을 보낸다. 학교는 더 헌신적인 인적 자원을 확보하고 대학의 새로운 아이디어와 연구에 접근할 수 있다. 대학은 교육을 실행 중인 교사를 관찰할 수 있고 점차 일상의 실제 교육 실행에 참여하며, 전문가 교사로부터 광범위한 실천적 지식을 습득할 수 있다. 그러므로 PDS는 학교와 대학 모두에 분명히 상호 이익이 된다(Johnson et al., 2021).

앞서 학교와 지역사회 간의 신뢰 관계를 구축할 때 설명했듯이, 지역사회 자원 목록을 개발할 때 학교는 지역의 어떤 대학이 잠재적 파트너가 될 수 있는지 확인할 수 있다. 적절한 기술을 사용하면 몇 분에서 몇 시간 거리에 있는 학교도 잠재적 협력 학교가 될 수 있다. 예를 들면, 마거릿은 1시간에서 2시간 거리에 학교가 있는 시골 지역에 살고 있다. (그리고 세스는 인구 밀도가 높은 교외 지역에 거주하고 있는데, 거리로는 16km이지만 교통이 혼잡하면 1시간이 걸리기도 한다.) 줌 및/또는 녹화된 교사 수업을 통해 협력이 이루어지는 경우가 드물지 않으며, 이후 가상회의를 통해 논의가 이루어질 수 있다. 기술을 활용하여 학교와 지역사회 간의 파트너십을 함양하고 발전시켜 학교와 교사가 활용한다면 더 효과적이다. 학교나 대학이 하는 일이 흥미롭다면 그들과 접촉하라. 우리는 이러한 방식으로 다른 문해력 학자 및 연구자와 함께 작업한다. 우리는 학교가 잠재적인 파트너십을 확인하기 위해 심지어 지역 밖의 대학들과도 접촉해 볼 것을 권유한다.

문해력 클리닉 공동 설립하기

많은 대학에는 읽기 전문가 석사학위 프로그램이 있어 현직 교사가 문해력 교수 · 학습에 대한 고급 지식을 습득하여 읽기 전문가, 문해력 코치, 문해력 지도자 혹은 교육 코치로 활동할 수 있다. 예비교사와 마찬가지로 읽기 전문가 대학원생은 학생들, 특히 읽기 학습에 어려움을 가진 학생과의 직접적인 경험을 통해 가장 잘 배울 수 있다. 사실 읽기 전문가의 지원이 가장 필요한 대상은 바로 이 학생들이다. 그러므로 학교나 대학은 협력하여 학교, 대학, 혹은 지역사회의 공유공간에 읽기 클리닉을 만들 수 있다.

방과 후 북클럽 운영하기

문해력 지원을 위한 방과 후 노력은 우리가 본 학교와 지역사회 파트너십의 가장 긍정적인 경험 중 하나이다. 문해력 강의 과제의 일부로 우리는 지역 학교와 협력하여 방과 후 북클럽을 주최하고 제공한다. 방과 후 북클럽은 방과 후에 학교에서 바로 운영된다. 교사와 학생이 책 선택에 도움을 준다. 학생들은 방과 후 매주 만나 관심도가 높고 흥미 있는 텍스트를 읽고 토론한다. 교사들은 자신의 교실에서 북클럽을 주관하지만, 토론을 주도하는 것은 지역 대학에서 필수 교과과정의 일부로 참여하는 예비 교사들이다. 우리의 파트너 학교 중 한 곳은 지역구로부터 추가 자금을 확보하여 관심도가 높은 책을 비치한 도서실을 만들어 학교 일과 시간에도 북클럽 도서를 읽을 수 있도록 하였다.

이러한 방과 후 프로그램은 일단 신뢰와 관계 형성이 이루어져야 가능한 일이다. 앞서 계속 강조했듯이, 우리는 파트너십을 체결한 후 이해관계자들인 학교와 부모 등을 초대하여 방과 후 북클럽에서 보고 싶은 것이 무엇인지 공유하고 시기, 내용, 중점 사항 등에 관한 피드백을 얻는다.

도서 공간 만들기

많은 학교는 교내 · 외에서 학생들에게 책을 제공하기 위한 혁신적인 방법들을 고안한다. 교내 · 외 학습 경험에 대한 더 깊은 논의는 7장에 이어지겠지만, 여기에서는 학교가 자원을 극대화하여 학생과 가족이 의미 있는 문해 경험에 자유롭게 접근하고 참여할 수 있는 문해 공간을 제공한 사례를 공유하고자 한다. 다음은 한 교사가 학교 밖 독서 기회를 지원하기 위해 지역사회에 도서 봉사 프로그램을 만든 경험을 성찰한 것이다.

밸리 크릭 초등학교의 도서 지원 활동

에린 시워트Erin Siwert
페어팩스 지역 공립학교Fairfax County Public Schools

밸리 크릭Valley Creek 도서 봉사 활동은 3학년 담임인 베키 와일랜드Becky Wyland 교사가 제기한 "여름학교가 선택이 아닌 학생을 위해 우리가 할 수 있는 일이 없을까요?"라는 질문의 결과로 2016년에 시작되었다. 그해 페어팩스 지역 공립학교는 도움이 가장 필요한 학생들에게 여름학교를 열지 않았다. 교장은 우리가 계획을 올리면 지원하겠다고 했다. 베키 교사의 계획은 우리 학교의 이웃 동네 중 한 곳에 매주 무료 도서들을 제공하여 여름방학 중 독서 하락을 방지하자는 것이었다. 해를 거듭하면서 그 프로그램은 우리 학교 지역사회의 세 곳에서 진행할 정도로 성장했다.

밸리 크릭 도서 지원 프로그램은 학생들을 위해 도서를 선정하고 진행하며 조직하는 자원봉사 교사들이 운영한다. 2016~2019년에 베키는 1,000달러의 PTA 미니기금을 받아 중고서점, 스콜라스틱Scholastic과 북웜Bookworm 출판사의 창고 세일에서 도서를 구입했다. 우리가 하는 일에 대해 베키가 설명하자, 지역의 한 중고서점은 처음 4년 동안 매해 100달러의 적립금을 제공했다. 베키는 절세를 위해 학교의 면세 양식을 이용했다. 공공 도서관도 도서 판매 행사 중 베키에게 책 한 상자를 기증했다. 그러나 책 대부분은 학교 연례 봄 도서 기증 행사에서 학생 가족이 기증한 것이다. 각 가정은 새 책이나 온전한 중고 책을 기증해 달라는 요청을 받는다.

도서 봉사 프로그램을 운영하면서 겪는 가장 큰 어려움 중의 하나는 책을 보관할 공간을 찾는 것이다. 올해 우리는 학년 말까지 이미 꽉 찬 수납장에 대부분을 보관했다. 다음으로 도서관의 낮은 책장 상단을 이용하여 책을 학년별로 대략 분류하고 상자에 넣어 보관하여 여름방학 동안 쉽게 사용할 수 있는 준비 공간으로 활용했다. 올해 자원자들은 여름에 세 동네를 두 번 가려 한다. 아동들은 학교 마지막 주에 성적표와 함께 프로그램의 날짜와 시간 및 장소에 대한 알림을 받으며, 여름방학 동안 집으로 리마인더 알림이 간다. 버스나 밴이 없어서, 우리는 각자 차에 책을 싣고 동네로 책 상자를 운반한다. 학교 인근의 동네는 학교 바로 앞이라 책을 운반하지 않는다. 학생들은 원하는 날짜에 얼마든지 참석하도록 초대받는다. 베키는 자원 교사를 모집하고 조직하며 프로그램 전반을 관리한다. 도서 지원 프로그램이 많이 늘어 학생들은 한 번의 방문에 최대 20권의 책을 가져갈 수 있다! 아이들이 정말 좋아한다.

다음으로 지역사회의 학생에게 책과 자료를 제공하는 데 있어 다음 사례의 학교가 어떻게 지치지 않고 일했는지를 생각해 보기 바란다. 이러한 창의적인 봉사활동은 지역사회의 필요를 지원하기 위해 애쓴 학교들의 노력과 헌신을 보여 준다.

긴즈버그 초등학교 이동도서관

조안나 뉴턴Joanna Newton
노트르담 메릴랜드 대학교Notre Dame of Maryland University

교사들의 헌신에 힘입어 긴즈버그 초등학교 이동도서관Ginsburg Elementary Bookmobile은 5년 동안 연속해서 운영되었다. 긴즈버그는 미국 중부 대서양 지역에 있는 K-6, 타이틀 I 학교로, 문화와 언어가 다양한 학생 약 500명이 재학하고 있다. 여름방학 동안 학생의 독서를 권장하기 위해 교사진은 지역 도서관과 함께 하계 독서에 관한 저녁 설명회를 개최했다. 가족들은 도서관 카드를 작성하고 책을 빌렸으며, 하계 독서 프로그램에 대해 배웠다. 행사 때마다 우리는 교통, 업무 일정, 언어 장벽으로 인해 도서관을 꾸준히 사용하기 어렵다는 고충을 들었다. 난관을 해결하는 방안으로 하계 이동도서관이라는 아이디어가 탄생했다. 다음은 긴즈버그 교사들이 이러한 지역 기반의 새로운 계획을 운영한 과정에 대한 설명이다.

계획과 실행하기. 1월 중순에 유치원부터 6학년까지 15명의 교사가 모여 비공식적인 브레인스토밍 회의를 했다. 우리는 세 가지 핵심 목적을 설정했다. 첫째, 되도록 많은 학생에게 다가간다. 둘째, 다양한 제목의 책을 포함한다. 셋째, 지역사회에 무료로 봉사한다. 새로 구성된 이동도서관위원회는 행정 승인을 거쳐 500달러의 소액 운영예산을 지원받고 1월부터 6월까지 한 달에 두 번 방과 후에 만났다.

우리는 도서 기증을 위해 지역 도서관과 협력 관계를 맺었다. 그해 내내 교직원을 대상으로 도서 기증 행사도 진행했다. 행정실과 구내식당, 정차 구간, 버스 구간에 상자가 배치되었다. 처음에는 초등학생을 위한 도서로 한정되었다. 이동도서관의 인기가 높아짐에 따라 컬렉션도 확장되어 청소년과 성인 독자를 위한 책도 포함되었다. 도서 봉사에 대한 반응은 폭발적이었으며, 결국 2,000권의 장서를 갖춘 도서관이 되었다.

위원회 구성원이 교통 서비스를 담당했으며, 학교 사무실 직원들은 학생 수가 많은 주택 단지를 확인했다. 우리는 매주 학생 수가 가장 많고 접근이 쉬운

네 지역에서 30분간 정차하기로 했는데, 두 곳의 커뮤니티 수영장과 동네 공원, 학교가 각각 지정되었다. 각 지역의 교사와 운영자들이 전단을 배포하여 소식을 알리는 데 도움을 주었다. 긴즈버그 교사들은 모든 학생에게 이동도서관 로고가 찍힌 작은 캔버스 천의 책 토트백을 주었다. 이러한 학교와 지역사회 간의 연합 노력이 이동도서관에 관한 관심을 불러일으켰다.

7월부터 8월 중순까지 교사들이 학교에 모여 책 상자를 차에 실었다. 그런 다음 이동도서관이 되어 지역사회를 향해 차를 몰았다. 각 지역에 우리는 20상자 이상의 책을 운반했다. 가족들은 원하는 만큼의 책을 빌렸고 다음 주에 올 때 반납했다. 교사들은 학생, 학부모와 대화를 나누며, 관심 있을 법한 책을 알려주기도 하고, 아이스바와 냉수를 나누기도 했다.

학교와 지역사회 연계. 긴즈버그 초등학교 이동도서관에 대한 지역사회의 반응은 압도적으로 긍정적이어서 회당 참여 인원이 50명에서 150명에 이르렀다. 학생들은 여름방학 동안 학교 밖에서 교사와 만나는 것을 즐거워했다. 보호자들이 학생과 동행하여 교사와 학생이 대화하는 기회를 제공했다. 교사들은 학생이 사는 지역사회로 '들어가는' 기회를 소중히 여겼다. 그들은 과거의 제자들과 연결되고, 미래의 학생과 관계를 형성하는 것을 즐겼다. 이러한 상호작용이 누적되어 긴즈버그 교사들과 가족 간의 관계가 긍정적으로 형성되고 유지되었으며, 동시에 수백 명 학생의 손에 책을 쥐어 주게 되었다.

이러한 프로그램이 강조하는 것처럼 학생의 문해 기능과 학습 회복을 강화하기 위한 기회를 지원하려면 가족뿐만 아니라 지역의 전문가와 자원을 조사하는 것이 필수적이다. 지역마다 프로그램이 다를 수 있지만, 학교가 지역사회와 연계하여 노력할 수 있는 몇 가지 자원 목록을 제공하고자 한다. 많은 프로그램이 있겠지만 우리가 중점을 두는 자원은 의미 있고 실제적인 방법으로 문해력에 참여하는 것이다.

- **4-H**는 미국 전역에 있는 100개 이상의 공립대학으로 구성된 커뮤니티로 학생과 그 가족들에게 현실 세계의 실제 학습 경험을 제공한다. 프로그램은 과학, 건강한 생활, 시민 참여에 중점을 둔다. 학생과 가족은 읽기/쓰기에 참여하며 실제 세계의 문해력 과제에 참여한다. (http://4-h.org)
- **손을 뻗어 읽어 보세요**Reach Out and Read는 전국 비영리 아동 자선 단체로 지역사회의 소아과 진료실을 통해 가족들에게 읽기 자료를 제공한다. 학교는 지역사회와 연계하여 이러한 무료 프로그램에 동참할 수 있다. 부모들은 이 프로그램을 통해 자녀와 함께 책 읽기를 권장받고 무료 독서 자료를 받는다. (https://reachoutandread.org)
- **독서를 통해서 하나가 되다**United through reading는 군인 가족에게 도서와 자료를 제공하는 비영리 단체이다. 이 조직은 전국에 우편물을 발송하며, 군인과 가족 커뮤니티에 필수적인 자원이다. (https://unitedthroughreading.org)

학교와 지역사회 간 파트너십 참여를 위한 조언

학교와 지역사회 파트너십은 학습 회복에 필수적인 요소이다. 우리는 협력 관계의 핵심이 강력한 관계 형성, 상호 이익이 되는 결과 및 신뢰라고 강조하고 싶다. 학교와 지역사회 간 파트너십에 참여하는 데 필요한 몇 가지 조언을 다음과 같이 간략히 제시한다.

- 작게 시작하여 지속적으로 파트너십을 구축하라.
- 기대, 자원, 결과를 서술한 파트너십 문서를 만들어라.
- 지역사회와 가족에 대해 자산 지향적 관점을 지지하라.
- 실제적이고 관심도가 높은 참여적인 문해 활동을 구조화하라.
- 교내 학습을 교외 경험으로 확장하고, 그 반대로도 하라.
- 모든 이해관계자를 위해 핵심 비전과 신념 및 결과에 대해 성찰하고, 재검토하며 수정하라.

결론

이 장에서는 파트너십 구축에 중점을 두었다. 학교는 지역사회 내에서 작동되며 지역사회에 봉사한다. 학교는 지역사회와 협력하여 전문 지식을 지원하고 활용하여 제3의 초대 공간을 조성함으로써 그 업무를 최적화할 수 있다. 지역사회를 학교에, 학교를 지역사회에 가져옴으로써 학교가 독립 기관으로 가지기 어려운 방식의 실제성과 책무성을 학교 교육에 더할 수 있다. 장벽을 허물면 학생과 가족에게 학교 밖 문해력을 위한 소중한 기회를 제공하게 된다. 학교와 가족, 지역사회가 협력하면 모두가 혜택을 받게 된다.

성찰하기

- 학교와 지역사회 파트너십의 관점에서 여러분의 학생, 그 가족, 지역사회의 관심과 필요는 무엇인가요? 이러한 요구 사항이 무엇인지 묻는 설문 조사지를 보내고 이에 대해 논의해 봅시다.
- 학부모가 공동으로 진행하는 파트너십 문해력 워크숍을 개발해 봅시다. 학부모를 초대하여 학생의 이해와 어휘 지원에 초점을 맞추어 책을 공유하는 방법을 토론해 봅시다.
- 이웃 학교의 교사와 관리자들을 초대하여 학부모와 가족을 참여시키는 방안에 대한 아이디어를 공유해 봅시다. 지역사회와 학교 파트너십을 지원하는 방법에 대한 자원 목록을 작성하는 작업 문서를 만들어 봅시다.

3장

학교 차원의 실행 계획 개발하기

ACCELERATING LEARNING RECOVERY
FOR ALL STUDENTS

지난 몇 년간의 사건들로 초래된 학습 손실의 영향을 줄이기 위해 학교가 노력을 기울이는 가운데, 문해력 학습 지원을 위한 학교 차원의 실행 계획에 대해 전례 없는 요구가 생겨 나고 있다. 우리는 학교 차원의 실행 계획에서 문해력 학습을 지원하기 위해 특정한 단일 프로그램 대신 적응적이고 체계적인 구조를 사용할 것을 주장한다. 학교가 문해력 학습의 강화를 지원하고 문해력 손실의 회복을 지원하기 위해서는 특정 교육과정이나 편협한 시각의 문해력 학습에 중점을 두기보다는 적응적이고 유연한 접근 방식이 필요하다.

다시 말해, 학교 차원 실행 계획의 목표는 하나의 동일 집단만을 대상으로 하거나 하나의 주요 목표만을 달성하기 위한 것이 아니라, 서로 다른 언어 목록과 문화, 이전 경험과 같이 다양한 교육적 필요를 가진 학습자들을 지원하기 위해 적응적인 계획을 실행하는 것이다. 이것은 이 장의 원칙인, **학교 차원의 실행 계획은 공정하고 적응적인 문해력 교육에 기반해야 한다**는 것으로 이어진다.

우리는 지난 20년 동안 시간을 문해력 연구자나 교사, 학부모로서 학교에서 대부분의 시간을 보냈다. 우리는 학교 이사회와 교내 위원회 및 소위원회에 참여했으며, 이런 다양한 역할을 통해 무엇이 효과가 있었고 효과가 없었는지, 그리고 그 이유가 무엇인지를 파악해 왔다. 이 장에서는 효과적인 문해력 개혁 모델과 공정한 문해력 교육에 관한 연구에 대하여 우리가 알고 있는 것을 중심으로 학교 차원의 실행 계획을 개발하는 방법을 논의하고자 한다. 우선, 교육 분야에서 성공적인 학교 차원의 문해력 개혁의 특징을 종합할 것이다. 이 중요한 특징들에 대해, 그리고 이것이 학교 차원의 실행 계획 개발과 어떤 연관성이 있는지 간략히 정리할 것이다. 그 다음, 학교 차원의 실행 계획을 행동으로 옮기는 데 효과적인 문해력 교육 원리에 기반하여 적응적이고 유연한 문해력 기회를 최우선으로 실행하는 방법에 대해 설명하고자 한다. 학교 차원의 문해력 개혁에 대한 주요 사항을 정리하기 전에, 미국의 교육 개혁 노력의 역사를 개관함으로써 과거와 현재, 그리고 나아가야 할 방향을 이해하는 중요한 맥락을 제공하고자 한다.

문해력 개혁 노력의 간략한 역사

학생의 문해력 학습 성과를 향상하기 위한 지난 수업 년간의 학교 개혁 노력은 특히 소외되고 소수 집단인 청소년과 가족들의 교육 불평등 완화에 있어 직관에 위배되는 접근법을 다수 도출했다(Compton-Lilly, 2020). 『위기에 처한 국가 보고서National Commission on Excellence in Education』(1983)는 문해력과 수학, 과학에서 백인 학생과 흑인 및 황인종 학생 간의 성취도 격차가 벌어지고 있다는 점을 강조했다. 그 결과, 보충 교육과정remedial courses에서는 흑인과 황인종 학생들이 실제보다 많이 기술되었으며(Tatter, 2019), 특수 교육과정에서는 역사적으로 소외된 학생들이 과장되게 언급되었다(Counts et al., 2018). 또한 이 시기에 미국 전역의 학교에서는 상위 수준의 수업을 들을 수 있는 학생을 식별하기 위해 추적tracking[1]이라는 전략이 널리 사용되었다(Whitaker, 2022). 2001년의 「아동낙오방지법」과 같은 광범위한 교육 개혁 노력은 고부담 시험이 학교의 문해력 교육 방법에 영향을 미치는 결과를 가져왔으며, 처방적이고 증거에 기반한 문해력 교육과정이 학생의 문해력 성취도 향상을 위한 만병통치약으로 시행되게 되었음을 의미한다(Salazar Pérez, 2018).

이어서 '정상을 향한 경주'(U.S. Department of Education, 2009)가 시행되어 실패한 학교의 회생과 성과급제의 강조를 통해 수학과 문해력 성취도 향상 중심의 학교 발전과 개선이 강조되었다. 주정부 공통 핵심 성취기준Common Core State Standards: CCSS(National Governors Association Center for Best Practices & Council of Chief State School Officers, 2010)을 채택한 후에는 더 많은 예산이 할당되었으며, 이러한 새 기준을 기반으로 한 프로그램들은 새로운 처방적 문해력 프로그램을 통해 인종과 언어적 차이로 인한 교육 격차의 해소라는 목표하에 또다시 여러 학교에 널리 채택되었다. 「아동낙오방지법」의 처방적 문해력 프로그램과 마찬가지로, CCSS를 비판하는 사람들은 이 새로운 기준이 미국 전체 학교의 문화적 · 언어적 다양성을 고려하지 않은 채 교육과정을 축소하려는 또 다른 시도에 불과하다고 주장했다(Deas, 2018).

---

1 역자 주: 읽기 성취도에 따라 수준별로 모둠을 나누어 수업을 제공하는 프로그램이다.

뒤이어「모든 학생의 성공법Every Student Succeeds Act: ESSA」[2](2015)이 제정되어 학생의 학습 성과에 대한 주의 권한을 강화하고 학부모가 자녀가 다닐 학교를 선택할 수 있도록 했다. 이 법을 비판하는 사람들은 이러한 노력이 영어 학습자와 특수 교육을 받는 학생, 소수인종과 민족, 빈곤층을 여전히 소외시키고 공교육 시스템에 더 큰 균열을 일으킨다고 강조한다. 코로나19 팬데믹으로 인해 미국은 지리적 지역과 사회경제적 수준 간의 디지털 격차로 인한 해결되기 어려운 불공평함을 드러냈다. 힘없는 배경과 지역사회 출신의 학생과 커뮤니티의 소외를 심화시키는 구조적 불평등이 한계점에 이르렀다. 이러한 상황은, 인종 폭력의 심화와 함께, 벌어지는 격차를 줄이고 학교가 학생과 가족을 보다 공정하게 지원할 수 있는 방법을 생각하도록 촉구한다.

우리는 교육 현장에서 학생들이 실제적인 교육 경험에 참여하도록 하는 것에 대해 진지하게 생각해야 하는 중요한 시기에 놓여 있다. 달링 해먼드와 동료들(Darling-Hammond et al., 2020)은 현시점에서 학교의 역할에 대해 다음과 같이 언급했다.

> 학교 교육이 중단되었을 때도 학생들이 학습에 참여하도록 성공적으로 동기를 부여한 학교들은 수업을 실제 세계의 적용과 연결하고 학생들이 주변 세계를 탐구하여 자신이 알게 된 것을 프로젝트와 발표를 통해 보여 주도록 한다. 학교가 다시 시작되면 이러한 실제적

2 역자 주: 오바마 대통령 때 추진된 것으로서「아동낙오방지법」에서 강화했던 표준화된 시험과 일률적인 정책을 줄이고 주정부와 교육청의 교육 개선 자율권을 부여한 법이다.

> 인 학습을 뒤로하고 전통적인 전달식 교육이 일반적으로 제공하는 비맥락적인 학습을 강조하고자 하는 유혹이 있을 수 있다. 이것은 흔히 똑같이 비맥락적인 방식으로 학습을 측정하는 시험을 준비하는 상황에서 발생한다(p. 59).

우리는 지난 몇 달간 얻은 교훈을 활용하여 학생들에게 학교 밖의 삶에 대한 통로를 제공하는 것을 지속적으로 더욱 강조하고, 학생들을 실제적이고 의미 있는 학습 경험에 지속적으로 참여시키며, 교사들이 변혁적인 방식으로 가르치고자 하는 노력을 지원해야 한다. 학교 리더십은 학생의 학습에 영향을 미치는 요소로서 교실 수업 다음으로 중요하다는 사실이 밝혀졌다(Bean, 2020b). 학교 개혁에 대해 하향식 접근을 강조하는 실행 계획은 언제나 성공하지 못한다. 우리가 미국의 서로 다른 두 지역(태평양 북서부와 대서양 중부)에 있기 때문에 학교 개혁에 대한 우리의 경험이 근본적으로 다를 것이라고 상상할 수도 있을 것이다. 여러 면에서 차이점이 있는 것은 맞다. 한 곳은 기본적으로 농촌 지역이고 다른 곳은 인구 밀도가 높은 교외 지역이므로 학교와 개별 지역사회가 실제로 자연과 구성, 지리적 측면에서 서로 다르다. 그러나 두 지역 간에 한 가지 불행한 유사점이 있다. 그것은 우리 둘 다 대규모의 학교 개혁 노력이 실패하는 것을 봤다는 것이다. 그 이유가 무엇일까?

이유는 다양하지만, 서로 다른 지역에서 실패한 문해력 교육 개혁 노력의 공통점은 효과적인 학교 개혁의 핵심 원칙이 접근법에 결여되어 있었기 때문이다. 예를 들어, 한 개혁 노력에서는 관리자들이 전문성 개발에서 '일회성' 접근에 중점을 두었다. 학교에서는 주정부의 문해력 교육 지원금을 활용하여 외부 전문가를 고용하고 제한된 집중적 문해력 코칭 및 훈련으로 구성된 이틀간의 워크숍을 열었다. 다른 맥락의 학교 개혁 노력은 지속 가능한 개혁을 보장하는 데 필요한 일관된 비전과 집단적 책임의 부족으로 실패했다. 브라익(Bryk, 2009)은 효과적인 학교 개혁을 케이크 굽기에 비유한다. 계란과 밀가루, 기타 재료들 대신에 재료에 관리자와 교사, 직원, 가족, 지역 공동체가 들어간다. 이 각각의 변수는 케이크가 부풀도록 하는 데 필수적인 재료이다. 학교 개혁 노력에 주요 이해관계자 중 한 명이라도 누락되는 경우는, 케이크 반죽에 계란을 빠뜨리는 것과 같다. 이렇게 하면 케이크가 부풀지 않을 것이다. 학교 차원의 실행 계획을 개발하는 데 있어 핵심적인 구성 요소는 모든 재료를 다 넣는 것이다. 여기에 효과적인 개혁과 공정한 문해력 실천의 주요 원칙에 대해 우리가 알고 있는 것을 결합하면 우리가 앞으로 나아가는 데 있어 의사결정 과정의 길잡이가 될 것이다.

이러한 경험을 강조하는 이유는 핵심 요소가 누락되거나 효과적인 방법에 대한 지식이 학교 차원의 실행 계획에서 연결되지 않아 문해력 개혁 노력이 실패하는 경우를 너무 자주 보아 왔기 때문이다. 공정한 문해력 학습 지원에 중점을 둔 학교 차원의 실행 계획 개발 방법을 이해하는 것은 학생과 지역사회의 발전에 가장 중요하다. 우리는 이것을 유념하여 효과적인 학교 개혁의 원칙과 공정한 문해력 교육에 중점을 둔 체계적인 학교 차원의 실행 계획이 중요한 역할을 한다는 것을 강조하고자 한다. 이 원칙을 다음에서 자세히 설명하겠다.

효과적인 학교 개혁 모델 연구의 주요 발견 내용

학교 개혁 모델은 모두 비슷한 데 중점을 두고 시작된다. 이들은 연방정부나 주정부의 정책 및 시도와 같은 다양한 외부 요인 및/또는 교육청 차원에서 학교 차원에 이르는 문제와 같은 내부 요인을 해결하기 위해 학생의 학습을 지원하고, 학교 문화의 변화를 위해 노력한다. 문헌 전반에 걸쳐 성공적이고 공정한 학교 개혁 모델을 드러내는 뚜렷한 요소들이 있는데, 예를 들면, 강력한 리더십과 교직원의 전문성, 현재 실행의 평가, 우려 사항과 필요 영역의 식별, 연구의 활용, 이해관계자 간 협력의 필요성이다.

덧붙여 우리는 학생들이 문화적으로 관련성 있고 의미 있는 학습 경험을 함으로써 적극적으로 수업에 참여하도록 하는 데 중점을 둔다면 학생들이 더 큰 주도성을 경험한다는 것을 알고 있다. 주도성이 있는 학생들은 지식을 얻고, 아이디어를 적용하고, 비판적 사고를 활용해 혁신적인 결과를 만들어 낼 수 있다. 이에 더해, 우리는 학교가 문해력 교수에 대해 시야를 편협한 기능 습득 너머로 넓힌다면 문해력 학습 향상이 가능하다는 것을 알고 있다. 2장에서 공유한 바와 같이, 전 세계 학교에 문해력 교육 실행에 대한 안내를 제공하는 최고의 기관인 ILA는 최근 문해력이 읽기와 쓰기, 말하기, 듣기, 보기, 시각적 표현 및 작문을 포함한다는 정의를 발표했다. 우리는 이러한 문해력의 정의에 읽기와 쓰기의 복합적인 기능과 접근법이 내재되어 있음을 알 수 있다.

우리는 또한 효과적인 학교 개혁은 학생의 모국어를 교육과정에 포함해 학생을 의미 있는 교육에 참여시키고, 교사가 실제적인 평가를 사용하는 실제적인 교육을 함으로써 학생의 언어와 문화 정체성을 지원하는 강화된 문해력 학습 기회를 지원한다는 것을 알고 있다. 예를 들면, 캐나다 전역의 원주민 학교와 지역사회에 걸친 시범학교 프로젝트model schools project(Lapointe, 2021)가 있다. 이 프로젝트는 학생과 가족, 지역사회의 구술 스토리텔링과 읽기, 쓰기 기회를 활용하는 문해력 수업에서 원주민의 언어와 문화 교육에 중점을 둔다.

이 문해력 프로그램은 2016년에 시작되었고, 3개의 크리어 방언과 9개의 원주민 언어를 포함하고 있으며, 현재 18개교 이상의 원주민 학교에서 지속되고 있다. 교사는 학생의 문해력 학습을 모니터링하고 학생의 교육적 필요에 초점을 둔 교육적 중재를 실행하기 위해 공식적 · 비공식적 평가를 사용한다. 이러한 학교 차원의 실행 계획의 핵심은 학생의 모국어 및 원주민의 앎의 방식과 문화의 가치를 인정하고 이를 실제적 교육 활동에 포함하는 것에 중점을 두고자 하는 교육적 노력에 있다. 이것은 많은 학교 개혁 모델 중 하나의 예에 불과하다. 학교는 이러한 모델을 통해 지역사회와 협력하여 그들이 봉사하는 특정 지역사회와 학교의 개별화된 필요에 맞는 문해력 개혁을 공동 구축한다. 다른 예로는, 문해력에 대해 책임 있는 학교 변화를 위한 컨소시엄consortium for responsible school change in literacy이 있는데, 이는 미네소타 대학교의 읽기 연구 센터에 기반을 두고 있다. 이 컨소시엄에서 저명한 캐쓰린 어와 동료들(Kathryn Au et al., 2005)은 지식이 풍부한 전문가로서 문화적으로 반응적인 교장과 교사를 중심으로 하는 지속 가능한 학교 문해력 개혁에 대해 설명했다.

캐쓰린 어와 동료들은 이 컨소시엄에서 성취기준을 통해 학생의 학업성취를 향상하려는 접근법인 성취기준 기반 변화 과정 standards-based change process을 주도했다. 이것은 다음과 같이 학교가 해야 할 일의 목록(Au, 2005)에 중점을 둔다. (1) 신념 조사하기, (2) 학습을 위한 기준 설정하기, (3) 학업 향상 평가 및 모니터링하기, (4) 학습 결과를 바탕으로 수업 조정하기이다. 이 체계적인 모델을 교육자들과 함께 실행하자, 4년여 동안 약 100개의 학교에서 장기간 지속 가능한 문해력 개혁이 일어났다. 라파엘과 동료들(Raphael et al., 2006)은 이 문해력 개혁 작업을 확장하여 위에 나열된 4단계를 시카고 공립학교 시스템 전반에서 실행했으며, 교사들은 평가 및 교육 프로그램의 역할에 대해 깊은 성찰과 토론에 참여했다. 다음은 이 작업의 결과 중 일부를 강조하는 것이다.

> (a) 외부에서 부과된 프로그램의 충실한 이행보다는 교사 이해의 깊이 있는 변화, (b) 외적 책임감보다는 교사 주도성을 통한 지속 가능성, (c) 외부 협력자로부터 학교 내부 교직원으로의 주도권 이전 (Raphael et al., 2006, p. 17)

이러한 결과는 학교 차원의 실행 계획을 개발하는 데 있어 중요한 시사점을 지닌다. 체계적인 학교 차원의 개혁은 계획을 개념화할 때 이러한 결과를 최우선시하는 실행 계획의 수립에서 시작된다. 학교 차원의 실행 계획 개발의 핵심은 공정하고 적응력이 뛰어난 문해력 교육이다. 그 원칙은 다음에서 설명하겠다.

적응적 문해력 교육에 대한 주요 발견 내용

효과적인 문해력 교육은 학생의 언어적 강점과 문화 및 SEL에 대한 필요, 교육 목표의 지원에 중점을 두는 적응적이고 공정한 학습 환경에 뿌리박고 있다. 적응적 문해력 교육은 문화적으로 반응적인 원칙을 내포하고 있다(Banks et al., 2005; Gay, 2002; Ladson-Billings, 2001). 이를 통해 교사는 교육에 "다양한 인종으로 구성된 학생의 문화적 지식과 이전 경험, 준거 틀, 수행 스타일을 포함시킴으로써 그들에게 더 관련성이 높고 효과적인 학습 경험을 제공"(Gay, 2002, p. 29)해야 한다. 적응적 문해력 교육은 교사가 학생의 생생한 경험과 지식, 배경을 강점으로 보고 문해력을 활발한 형태의 다양성을 수용해야 하는 복합적인 노력으로 보는 관점을 지지한다. 더 나아가, 교사는 적응적 문해력 교육을 위해 다양한 기술과 전략, 지식을 활용하여 학생에게 필요한 개별화된 문해력 목표를 지원해야 한다(Tovani, 2020; Vaughn et al., 2016).

프레슬리와 동료들(Pressley et al., 2001)이 영어와 학업 성취에 대한 국립연구센터National Research Center on English and Learning Achievement에서 수행한 모범적인 문해력 교사에 대한 전국적 연구

를 통해 발견한 바와 같이, 모범적인 교사들은 그들 앞에 있는 학생들의 고유한 필요에 따라 적응력을 보이면서 수업을 조정했다. 학교 차원 실행 계획의 핵심에는 학생의 문해력 학습 향상을 위해 단일한 교육과정으로 접근하는 것보다는 적응성과 유연함이 효과적인 문해력 교육을 좌우한다는 근본적인 믿음이 깔려 있다. 학생을 지원하기 위해 적응적으로 가르치며 우리 연구에 참여한 교사를 생각해 보라. 6학년을 가르치는 빌즈Beals 교사는, 학생들이 최근 읽은 『마우스Maus』(Spiegelman, 1986)라는 그래픽 소설을 다른 지역의 학교위원회에서 어떻게 금지 도서 목록에 포함했는지에 대해 논의하는 것을 들은 후에 쓰기 수업을 조정했다. 쓰기 수업의 원래 목표는 학생들이 동료의 설명문을 편집하고 목표에 맞는 피드백을 제공하는 것이었다. 이것도 의미 있고 잘 구성된 쓰기 수업이지만, 빌즈 교사는 이 기회를 이용하여 학생들이 검열에 대해, 그리고 책이 어떻게 금지 도서 목록이 되는지에 대해 더 폭넓은 학급 토론을 유도하기 위해 수업의 방향을 전환했다. 논의는 학급 토론을 촉발시켰고 학생들이 다양한 목표를 세우고 더 탐구하기 위해 연구 팀을 구성하는 결과를 낳았다.

한 모둠의 학생들은 지역학교위원회에서 금지 도서 목록에 포함한 책이 있는지를 조사했다. 다른 모둠은 특정 학교위원회가 그 그래픽 소설을 금지한 이유를 조사하기로 결정했다. 또 다른 모둠은 학교에서 금지한 책의 금지를 해제하기 위해 노력한 중학교 학생들에 대한 그래픽 소설을 쓰기 위해 팀을 구성했다. 이 프로젝트는 2주간 진행되었으며 학생들은 자신들이 얻은 지식을 학급에서 공유할 방법을 선택했다. 학생들은 연구와 글쓰기, 수정, 편집에 참여하면서 학습한 지식을 바탕으로 자신의 생각을 비판적으로 검토했다. 빌즈 교사는 프로젝트 전반에 걸쳐 추가 지원을 함으로써 학습에 비계를 제공했다. 예를 들어, 지역학교위원회에서 금지 도서 목록으로 정한 책이 있는지를 조사한 모둠은 실제로 금지된 도서 목록이 있다는 것을 발견했다. 빌즈 교사는 학생들에게 지역학교위원회와 면담을 하여 그 책이 금지 목록에 포함된 이유를 직접 듣도록 제안했다. 이런 방식으로 빌즈 교사와 같은 적응적 교사들은 자신의 학생을 잘 알고 학생의 학습을 향상시키기 위해 효과적인 교수 · 학습 지식을 사용하여 학습 기회를 지원하고 확장한다. 이러한 종류의 교육에는 학교가 학교 차원의 실행 계획을 개발할 때 얻고자 노력해야 하는 문해력 교육이 포함된다. 특히 적응적 문해력 교육을 위해 교사는 다음과 같은 것이 필요하다.

- 내용과 학생, 교육학에 대해 깊은 지식을 갖고 있다.
- 문해력 수업 중 학생의 개념 이해를 돕기 위해 늘 결정을 내린다.
- 높은 도전을 요구하고 문화적으로 관련된 교육 기회에 학생을 참여시킨다.
- 학생의 사회정서적 필요를 충족시킨다.
- 학생과 지역사회의 인종과 성, 문화 정체성을 반영하는 공정한 학습 기회를 조성한다.

학생들의 다양한 학습 요구를 충족하는 읽기와 쓰기를 가르치기 위해서는 기능을 명시적으로 가르칠 수 있는 지식이 풍부한 교사가 필요하다. 효과적인 문해력 교육을 위해서는 교사가 다양한 문해 기능을 가르치는 가운데 적응적이고 문화적으로 반응적인 교수를 활용해야 한다. 또한 교사는 학생들의 다양한 교육 및 사회정서적 요구를 지원하기 위해 전문적인 선택을 할 수 있는 지식이 풍부한 의사결정자로 간주되어야 한다. 우리는 효과적인 문해력 교육은 다차원적이며, 문해력을 바라보고 생각하고 가르치는 방법이 다양하다는 것을 알고 있다. 문해력 교육에는 다음과 같은 것이 포함된다.

- 글쓰기와 구두 언어 외에도 음소 인식부터 파닉스, 유창성, 어휘, 이해에 이르기까지 다양한 기능
- 차별화 교육을 위한 지속적인 평가
- 학생 중심적이고 실제적이며 학생의 참여와 동기를 유도하는 교육

효과적인 학교 개혁 모델과 공정한 문해력 교육에 대한 지식을 이용하여 학교 차원의 실행 계획을 개발할 때 취할 수 있는 행동 중심의 단계를 개념화하면 다음과 같다. 우리는 학교가 학교 차원의 실행 계획 개발 전에 다음과 같은 노력을 조직화할 것을 권한다.

조직

- **예산을 검토하라.** 자금 출처 목록을 작성하라. 추가적인 자금 출처가 있는가? 학생/교사/교실/학교는 학습 회복 노력을 위해 무엇이 필요한가? 예를 들어, 더 많은 독서 중재를 통합하는 것이 학교 차원의 실행 계획의 일부라면 이에 대한 자금을 어떻게 조달할 것인가?
- **자원을 검토하라.** 자원을 목록화하라. 문화적으로 관련성이 있고 학생의 흥미도가 높은 텍스트가 교실에 충분히 있는가? 학교 도서관에는 있는가? 이 도서들은 교실과 학년에 공평하게 배분되어 있는가? 학습 회복을 위한 학교 차원의 실행 계획에 전자 텍스트와 그 밖의 온라인 자원 이용을 포함한다면, 이를 위해 교실에 필요한 것은 무엇인가?
- **협력과 연구에 집중하라.** 학교와 학군, 그리고 전문 협회에 있는 사람들과 대화하고 이메일을 주고받으며 더 많이 대화하기를 바란다. 우리는 학습 회복을 돕는 데 쓸 수 있는 추가적인 자금 조달 기회나 자원에 대해 알아보기 위해 지역학교위원회와 교육청 인사를 만날 것을 제안한다. 또한 지역사회의 교사와 학생, 학부모와 대화하고 만나라. 학부모들은 학생의 학습 회복을 지원하기 위해 다음 해에 가장 필요한 것이 무엇이라고 생각하는가? 또한 교사들에게 다음 해에 학생의 학습 회복을 지원하는 데 가장 필요한 것이 무엇이라고 생각하는지를 논의하도록 요청하라. 우리는 이렇게 할 것을 책 전반에 걸쳐 권장

하지만, 여러분이 여러분이 속한 학교의 실행 계획을 개념화 할 때 이 중요한 구성 요소를 고려하라고 강조하고 싶다.

실행 단계 1: 비전 개발하기

학교 차원의 실행 계획을 개발하는 데 필요한 것은 모든 이해 관계자(예: 교사, 코치, 교장, 학부모, 지역사회 구성원)를 초대하여 학교 차원의 실행에 대한 비전을 개발하는 과정이다. 비전은 여러분이 학생과 함께, 그리고 학생을 위해 이루고자 희망하는 것을 뜻한다. 학생들이 학교를 떠날 때 이 특정한 학교를 다닌 결과로써 어떤 사람이 되어 있을 것인가? 학교는 비전을 개발하고 비전에 대해 성찰함으로써 모든 목소리가 존중되고 환영받는 집단적 책임의 문화를 키운다. 그러면 문해력 교육은 한 교실에서 일어나는 고립적인 활동을 넘어 우리가 효과적인 문해력 교육이라고 알고 있는 것에 부응하는 학생의 학습 목표와 교육 기회를 증대하기 위해 모든 이해관계자가 함께 노력하는 것이 된다. 비전은 학교 차원의 개혁에서 학교의 현 상태 및 지향하는 방향을 검토하는 데 도움이 되는 중요한 도구이다.

비전은 이해관계자가 교육과 학생, 원하는 결과, 교육 실행에 대해 자신의 신념을 검토하는 반사 거울로 사용될 수 있다(Duffy, 2002). 교사는 비전을 가짐으로써 교육 활동이 학생의 학습 결과를 지원하는지를 확인하기 위해 자신의 교수활동을 성찰하고 평가할 가능성이 더 높아진다. 더 나아가, 더피(Duffy, 1998)는 효과적인 교사는 학생의 학습을 지원하기 위하여 다양한 교육적 실행과 지식을 통합하면서 자신이 하고자 하는 것에 대한 비전을 활용한다고 언급했다. 비전 가지기는 교사와 교장, 지역사회 구성원들이 학습 회복이 어떤 것인지를 정확히 구상하는 공간을 제공하고 학교 전체의 개혁 과정에서 다양한 목소리를 듣고 이해하는 매개를 제공한다. 비전 가지기는 학교의 담을 넘어 학부모와 청소년, 지역사회까지 확장된다. 이런 방식으로 집단적 책임감에 대한 인식이 고양되며, 이는 문해력 교육을 위한 노력에 학생들이 살아온 역사, 언어 목록 및 문화적 · 인종적 정체성에 대한 지원을 포함하도록 이끈다. 로델라와 버트랜드(Rodela & Bertrand, 2021)는 다음과 같이 질문한다.

> 특히 유색인종 지역사회의 청소년과 가족, 지역사회 구성원이 학교 차원의 비전 개발 과정에 어떻게 포함되거나 배제되었는가? 청소년과 가족, 지역사회 구성원들이 학교 개혁에서 자신의 비전을 어떻게 공유하려고 노력하고 있는가?(p. 466)

학교는 학교 차원의 실행 계획을 시행할 때 모든 이해관계자가 그들의 비전을 공유하도록 요청해야 한다. 학교 개혁을 위해 문해력에 대한 비전을 개념화할 때 현재의 교육 관행을 주의 깊게 조사해야 한다. 학교에서 할 수 있는 몇 가지 안내 질문은 다음과 같다. 우리 학교는 문해력에 대해 어떤 비전을 갖고 있는가? 가족들은 문해력에 대해 어떤 비전을 갖고 있는가? 교사는 문해력 교육에 대해 어떤 비전을 갖고 있는가? 학생들은 자신의 문해력 목표와 관련하여 무엇을 성취하고 싶어 하는가? 즉, 학생들은 문해력 학습에 대해 어떤 비전을 갖고 있는가? 예를 들어, 학생들은 정보 텍스트를 더 능숙하게 읽기를 원하는가? 학생들은 다양한 장르를 읽고 싶어 하는가? 아니면 그래픽 소설을 쓰고 싶어 하는가? 이해관계자들에게 자신의 비전과 이에 대한 근거를 말하도록 요청하는 것은 학교 차원의 실행 계획 수립에 중요한 역할을 한다.

다음과 같은 질문을 이용해서 교사와 문해력 코치, 교장, 지역사회 구성원을 비평적 대화에 초대하여 자신들의 비전을 명확히 하고, 검토하며, 공유하도록 요청하라.

- 학생의 문해력 학습에 대해 여러분은 어떤 비전을 가지고 있는가? 이러한 비전이 여러분에게 중요한 이유는 무엇인가?
- 학생의 문해력을 지원하는 데 있어서 교사 또는 교장은 자신에 대해 어떤 비전을 가지고 있는가? 여러분의 현재 강점은 무엇이며, 이러한 비전을 지원하려면 어떤 자원이 필요한가?
- 학교와 지역사회에 대해 여러분은 어떤 비전을 갖고 있는가? 학교와 지역사회의 강점은 무엇이며, 이러한 비전을 지원하려면 어떤 자원이 필요한가?

학교는 이러한 비전 성찰을 비판적으로 검토하고 활용하여 문해력 학습 향상을 위한 집단적 책임감을 키움으로써 학습 회복에 대해 보다 공정한 학교 차원의 계획을 보장할 수 있다. 비전은 변화하고 변형되어야 하며, 교육 활동을 조사하고 교육 활동이 학생의 문해력 학습을 어떻게 지원하는지를 측정하는 조사 도구로 사용될 수 있다. 예를 들어, 우리는 예비교사들과 일할 때 그들이 자신의 비전을 작성하도록 한다. 일반적으로 이런 글은 깊은 사고를 반영하며 우리 모두가 문해력 교실에서 지원하고 싶어 하는 것을 반영한다(예: "내 비전은 평생 독서하는 사람을 양성하는 것이다." 또는 "내 비전은 학생에게 읽고 쓰는 동기를 부여하는 교실을 만드는 것이다."). 그러나 흔히 이러한 비전을 실행으로 옮기는 것은 어려운 일이다.

자신의 실행과 비전과의 관계를 주의 깊게 성찰하지 않는다면, 교사와 학교가 지속적으로 직면하는 다양한 제약 속에서 이러한 비전과 실제 교실에서의 실행 간에 큰 격차가 생길 수 있다. 비전 가지기는 학교 차원의 실행 계획을 개발하는 데 있어서 매우 중요하다. 비전은 교육자가 이해하고 믿고 있는 교수 및 내용 지식과 그들의 생생한 경험을 하나로 묶는다. 비전은 "교사의 열정, 희망, 관심과 꿈, 그리고 아동이 무엇을 어떻게 배워야 하는지에 대한 지식을 결합한다"(Hammerness, 2008, p. 24). 더 나아가, 해머니스(Hammerness, 2006)는 비전이 교육자가 "자신의 교수와 학생, 학교에 대해 느끼는 방식을 설명하고 교실에서 만든 변화와 교수에서 선택한 것, 심지어 교사로서 자신의 미래에 대해 내리는 결정"을 표현하는 데 있어서 중요한 역할을 한다고 한다(p. 2).

효과적인 문해력 교육을 위해서는 교사와 관리자, 지역사회가 전문가 공동체에서 자신의 비전을 성찰하고 검토하며 공유하는 시간과 공간을 확보함으로써 교사의 배움을 소중히 여기는 것이 필수적이다. 이에 대해서는 4장에서 더 논의할 것이다.

실행 단계 2: 목표 설정과 모니터링 및 평가를 통해 학생의 필요를 판단하고 실행하기

학교 차원의 실행 계획에 대해 생각할 때 학생의 필요에 근거하여 학생의 학습 목표를 설정하고 모니터링하는 것은 매우 중요하다. 학교는 학생들의 강점을 파악함으로써 지식 자산을 지원하고 (Moll et al., 1992) 이를 통해 학생의 언어와 문화, 이전 경험을 인정하며 이들을 교실로 불러들일 수 있다. 목표를 설정한다는 것은 교사가 학생의 강점을 알고 이들 활용하여 학생이 발선해야 할 영역을 지원하고 확장한다는 것을 의미한다. 실제적이고 문화적으로 반응적이며 교육적으로 바람직한 과제를 반영하는 목표를 설정하면 학교가 학교의 전반적인 성장과 개별 학급 및 학년의 발전에 필요한 영역을 밝히는 구조를 만들 수 있다. 목표의 몇 가지 예는 다음과 같다.

학교 차원의 목표

- 학습 팀이 SEL 전략을 논의 및 개발하고 이를 문해력 수업 시간에 포함할 수 있도록 보다 구조화된 시간을 제공한다.
- 학생에게 건강과 웰빙 전략을 소개함으로써 스트레스를 식별

하고 관리하도록 돕는다.

교사와 학년의 목표

- 연간 실제적인 문해력 프로젝트를 실행하여 학생이 연구를 수행하며 작문을 하고 주제에 대한 지식을 공유하도록 한다.
- 학습 팀에서 실제성 있는 평가의 역할에 대한 토론에 참여한다. 실제성 있는 평가를 실행하고 이에 대해 논의한다.

학생의 목표

- 학교에서 매일 혼자 힘으로 독서를 함으로써 읽기 능력을 향상시킨다.
- 관심 주제에 중점을 둔 연구 프로젝트를 수행하며 글, 구두, 시각 등 최소 두 가지 이상의 양식으로 지식을 공유한다.

목표 설정을 개념화하는 또 다른 방법은 학교 차원의 실행 계획 목표를 다음과 같은 방법으로 보는 것이다. 〈표 3-1〉은 교수 실행과 리더십 실행, 조직 실행의 목표를 제시한다. 목표는 개별 학생과 교사, 학교 전체가 필요로 하는 것에 초점을 두어야 한다. 우리가 성공적인 학교 차원의 실행 계획에 대해 알고 있는 것과 일관되게 이러한 유형의 목표를 설정하고 모니터링 및 평가를 하는 것은 학생과 교사, 더 넓은 학교 공동체를 지원하고자 하는 목적을 보장하는 데 필요하다.

모든 학년별 팀에서 협력적 평가 토론을 통해 학생의 문해력 학습

〈표 3-1〉 교수와 리더십, 조직의 실행

교수 실행	리더십 실행	조직 실행
• 학년별 팀과 협업하여 대상 학생의 필요를 지원하는 데 초점을 두는 교육 실행 식별하기(예: 사회정서적 측면, 문해력)	• 문해력 코치 동료 관찰 제공하기 • 피드백과 협력 수업 기회 제공하기	• 교사 주도적인 전문적 학습 교류를 제공하여 리더 교사가 동료 교사와 함께 학생의 필요에 맞는 수업 실행 아이디어를 공유하도록 하기
• 읽기 수업에서 학생의 선택권 제공하기	• 흥미도가 높고 문화적으로 관련된 자료 구입하기 • 비공식적으로 훑어보고 시범 보이기	• 학교 차원에서 책에 대한 대화를 실행하여 학생들이 책을 추천하도록 하기
• 쓰기 수업에서 다양한 교육적 필요를 지원하기 위해 차별화 수업하기	• 교사가 수업 난이도가 높은 과제를 개발할 수 있도록 자원과 수업 계획 및 계획 시간을 제공하기	• 교사 네트워크 개발하기 • 교육청에서 협력하여 전문성 개발에 참여하는 기회 제공하기

을 모니터링할 때, 구두 발표, 작문, 복합양식 작업 등 학생의 쓰기 샘플 및 학생의 지식을 실제적으로 보여 주는 것과 함께 표준화된 평가 시험, 교실 기반 평가, 학생의 읽기와 쓰기에 대한 묘사를 제공하는 상세한 문해력 평가 등 다양한 데이터를 이용할 것을 권한다. 교사와 관리자는 목표를 설정하고 교육과 중재에 대한 주의 깊은 성찰을 통해 이 목표를 모니터링해야 한다. 학생의 발전을 결정하고 해결하는 데 중요한 것은 교육 실행에 대한 정보를 제공하는 실제적 데이터를 일관성 있게 사용하는 문화를 발전시키는 것이다. 우리가 효과적인 문해력 평가에 대해 알고 있는 것은 다음과 같다.

• 지속적인 평가는 효과적인 문해력 학습 환경에서 필수적이다.

- 평가는 문화적으로 관련성이 있어야 하고 학생의 학습 결과에 대한 통찰력을 제공할 뿐만 아니라 교육 접근법의 효과를 평가하기 위해서도 사용되어야 한다.
- 문해력 학습 접근법을 넓히기 위해 다양한 형태의 평가를 사용해야 한다(5장에서 평가 예시 참조).
- 총괄평가는 학생이 목표 기준을 충족하는지를 평가하는 방법을 제공할 수 있다(Wixson, 2017).

우리는 이 글을 쓰면서 평가를 지나치게 하는 학교 문화에 대해 생각한다. 우리는 학부모로서 이를 알고 있으며, 학교 관계자들이 학생들은 매주 컴퓨터 기반 평가를 받는데, 이에 대한 어떤 후속 지도도 없다고 솔직하게 말하는 것을 듣는다. 그들은 매주 실시하는 컴퓨터 기반 평가에서 나오는 엄청난 양의 자료를 하루 일과 중 분석할 시간이나 공간이 부족하다고 말한다. 자신이 알고 있는 것에 대한 심층 지식을 공유하도록 학생을 초대하고 평가를 위한 평가에 소요되는 시간을 줄이기 위해서 실제적인 평가가 필요함을 강조한다.

실행 단계 3: 실제적 학습 경험 지원하기

실제적 학습 경험은 더 큰 동기를 부여하고 문해력 학습의 향상을 가능하게 한다. 앞에서 예를 든 빌즈 교사의 6학년 교실에서 보았듯이, 학생들은 원래 계획되었던 동료 간 편집을 통해서도 지식을 발전시켰을 것이다. 그러나 학생들의 흥미와 생각, 관점이 학습 과정에 포함되자 무엇인가가 바뀌었다. 학생들은 동료 간 편집(원래의 전체 목표)도 했으나, 그 내용이 실제적 목적을 위한 학습과 깊이 연결되어 있었다. 학생들은 결과를 요약하고 학교 도서관에 다양한 주제와 목소리가 필요하다는 발표를 녹화했으며 이것을 교육감 및 학교위원회와 공유했다. 또한 그래픽 소설을 창작한 모둠은 책을 만들어 지역의 다른 학교들과 도서관에 기증했다. 문해력 학습이 실제적이고, 학생들에게 자신이 하는 일에 대한 목소리와 선택권이 주어지면 그들은 복잡하고 매우 도전적이며 동기를 부여하는 과제에 몰두한다는 것을 알 수 있다.

우리는 또한 학교가 학생들의 학습에 대한 필요를 SEL에 대한 필요와 함께 해결해야 한다는 것도 알고 있다. 효과적인 학교 개혁 모델은 학생과 교사의 SEL에서 필요한 부분을 개발하는 동시에 학업 기술을 발전시키는 데 중점을 둔다. 우리는 한정된 기능과 점수를 통한 성공을 넘어서는 반응적 교수로부터 학생의 목소리와 소속감이 소중히 여겨지는 기회에 이르기까지 다양한 방식으로 이것을 본다(Souto-Manning et al., 2021).

학생들의 생생한 경험과 배경지식, 그리고 언어와 문화, 성, 인종적 정체성을 바탕으로 하는 학교는 학생과 가족을 자산 지향적 관점으로 바라본다. 이 관점의 핵심은, 학교 차원의 개혁을 계획할 때 우리의 관행을 검토하고 모든 학생을 지원하고 학생들이 소속감을 느낄 수 있도록 하기 위해 우리가 해야 할 일이 무엇인지를 질문해야 한다는 것을 이해하는 데 있다. 이러한 시각에서, 문헌에서 설명하는 성공적인 구조들을 살펴보면서, 학생의 사회정서적 필요와 관심, 문해력 학습에 대한 필요 및 학생의 언어와 문화, 성, 인종적 정체성을 반영하는 학교 차원의 실행 계획을 개발하기 위해 필요한 지원의 예시를 제시하겠다.

학교는 어떻게 실제적 학습 경험을 구조화할 수 있는가? 문헌에 의하면 다음과 같은 특징이 실제적 학습 경험을 반영한다.

실제 세계를 반영하는 학습 과제

학생들은 실제 세계의 문제 해결 과제에 참여할 때 더 높은 수준의 사고를 하고 다양한 문해 기능을 사용할 가능성이 더 높다. 실제 세계를 반영하는 실제적인 학습은 학생이 자신이 아는 것을 실제 세계의 상황에 적용할 수 있는 활동이나 프로젝트에 참여할 때 일어난다. 3학년 학생들이 어떻게 놀이터에 벽화를 그리고, 지역사회의 토착 동식물을 바탕으로 안내 책자를 만들었는지 생각해 보라. 학생들은 다양한 텍스트와 자료를 읽으며 다양한 동식물에 대해 연구했으며, 이 지식을 전달하기 위해 집단적으로 작업했다. 이 예가 강조하듯이, 학생들은 야외 벽화를 적절하게 만드는 방법에 대해 배우는 동시에 작문 및 종합과 같은 정교한 문해 기능을 활용하면서 그들의 지식을 적용했다.

실제적인 평가

실제 세계를 반영하는 이러한 활동과 연결되는 실제적 평가는 학생의 학습 방법과 내용을 평가하는 데 사용될 수 있다. 학생들은 성취기준에 기반한 수행 중심 과제에 참여하고, 교사는 이러한 과제로부터 얻은 데이터를 검토하여 학습 결과를 측정할 수 있다. 이러한 유형의 평가와 중재의 예는 이 책의 5장과 6장에서 논의할 것이다.

선택권

학생들이 무엇을 읽고 쓸 것인지, 그리고 자신이 알고 있는 정보와 알고자 하는 지식이 무엇인지를 전달하는 방법에 대한 선택권을 가지는 교실에서는 학생들이 실제적 학습 경험을 할 수 있다. 예를 들어, 학생들은 읽기 능력 수준과 장르, 주제에 따라 다양한 텍스트를 사용할 수 있다. 그들은 학교에서의 일과 중 어떤 자료를 언제 읽을지 선택할 수 있다. 이런 방식으로 학생들은 주도성을 가지며 학습 공동체에 참여하여 목소리를 내고 자신들이 학습하고자 하는 것이 무엇인지, 어떻게 학습하고자 하는지, 그리고 학습한 정보를 어떻게 전달할 것인지를 이야기한다.

실행 단계 4: 교사를 비판적 성찰에 참여시키기

실행 단계를 시행하는 것만으로는 학생의 문해력 학습 향상을 최대화할 수 없을 것이다. 과정과 실행이 학생들을 지원하고 있는지의 여부를 지속적으로 평가하기 위해서는 비판적 성찰이 필요하다. 우리는 여기서 학교 차원의 실행 계획을 개발하는 데 있어 비판적 성찰의 역할이 가장 중요하다는 점을 인식하고자 한다. 교사인 우리는 학년 초에 설레고 활기차게 함께 연간 계획을 세웠으나, 그 계획은 곧 보류되었고 그다음 해까지 검토되지 않았음을 인정한다. 학교 전체의 계획을 개발하는 데 있어 필수적인 것은 학생과 교사 및 학교의 성공을 계획에서 제시한 기준에 따라 신중하게 평가할 수 있는 시간과 구조를 확보하는 것이다.

이것을 이루는 방법에는 여러 가지가 있다. 학교는 학교 전반의 문해력 교육 변화의 일환으로 현재의 관행을 평가하여 학생의 필요를 충족하고 지원하고 있는지를 확인해야 한다. 로스코스와 동료들(Roskos et al., 2001)은 효과적인 문해력 교육의 과정에서 비판적 성찰의 역할이 중요함을 다음과 같이 강조한다.

> 성찰과 성찰 활동은 교육 행위와 사고, 발전, 인식, 신념, 평가 및 교육 개혁과 연결되어 있다. …… 그러나 성찰이라는 이름으로 기대되고 이야기되었던 모든 것에도 불구하고 성찰의 목적과 발전, 역할에 대해 아직도 많은 것이 혼란스럽고 모호하다(p. 596).

우리는 이것을 염두에 두고 학교가 학교 차원의 실행 계획을 활용할 때 실천에 대해 비판적이고 체계적인 성찰을 할 것을 강조한다. 이러한 계획을 학년별 계획과 교장, 문해력 코치, 교사 리더, 그리고 기타 이해관계자들과의 대화에서 적극적이고 상호작용적인 학습 문서로써 매주 이용할 것을 권한다. 학교는 실천에 대해 비판적으로 성찰하면서 학생과 학년, 학교 전체의 수준에서 지속적인 우려 사항과 필요 영역을 평가하고 식별할 수 있다. 또한 우리는 학교가 이러한 유형의 비판적 성찰 또는 "인식론적 호기심"(Freire, 1970)에 참여해야 함을 강조한다. 이것은 교장과 교사가 자신의 일과 행위에 대해 호기심을 가지고 문해력 평가와 교육 실행에서 다양한 학습자를 어떻게 지원할 것인지를 논의해야 한다는 것을 의미한다. 학교 차원의 목표와 행동에 대한 비판적 성찰 또는 이러한 유형의 호기심이 없다면 역사적으로 힘없는 배경의 학생들에게 접근과 주도성을 거부해 온 학교의 관행과 시스템이 의도치 않게 영속화될 수 있다.

학생의 문해력 학습 향상을 목표로 하는 학교 차원의 실행 계획을 개발할 때 비판적 성찰과 공유 리더십이 필수적이라고 본다. 컴스턱과 마골리스(Cumstock & Margolis, 2021)는 교장뿐만 아니라 교사 리더와 같은 다른 이해관계자들을 포함하는 학교 개혁 노력의 확대가 중추적인 역할을 한다고 밝힌다. 브라익과 동료들(Bryk et al., 2018)은 시카고 공립학교의 개혁과 변화 지원에 대한 공동 연구에서 공유 리더십의 필요성에 대해 설득력 있는 증거를 제공한다. 교장이 학교의 성공과 학생의 학습에 중요한 역할을 하듯이, 교사와 학부모, 지역사회 구성원들도 학교 전체의 발전에 필수적인 것으로 나타났다. 제도적인 변화를 가져오는 성공적인 학교 변화는 한 개인의 힘보다는 학교 내의 다양한 이해관계자(예: 관리자, 문해력 코치, 교사)를 통해 일어난다(Cochran-Smith et al., 2014; Margolis, 2020). 학교는 전문성 개발과 학년별 계획에 성찰을 포함하려는 노력을 할 수 있다. 책무성을 확보하기 위해 문해력 학습과 문해력 학습 향상 노력의 검토를 목표로 하는 학교 차원의 성찰 팀을 만들 것을 권한다.

실행 단계 5: 문해력 학습 확대하기

문해력 학습의 확대에 중점을 두면 교사와 코치, 교장 및 지역사회 구성원들이 팀을 이루어 문해력 학습을 지원하고 촉진할 것을 강조하게 된다. 여기에는 효과적인 문해력 교육이라고 알려진 것에 초점을 둔 학군 전체의 튜터링 노력과 방과 후 및 학교 내에서의 튜터링 노력이 포함된다. 튜터링은 기능과 반복연습의 활동이 되어서는 안 되며, 학생이 읽고 쓰는 사람으로서 동기와 주도성을 증진시킬 수 있는 기회가 되어야 한다. 학교 내 튜터링의 경우, 풀아웃pullout[3] 모델이나 방과 후 튜터링에서 학생들이 학습지 세트

---

3 역자 주: ESL 학생들이 언어로 인해 학업에서 겪는 어려움을 돕기 위해 ESL 담당 교사가 정규 수업 시간에 별도의 교실에서 영어 및 교과 내용을 학생들의 필요에 맞게 가르치는 프로그램이다.

를 끝내야 하거나 전혀 관심 없는 텍스트를 읽는 것을 너무 많이 본다. 교실에서의 튜터링 기회와 문해력 기회에 대해 생각할 때, 반드시 문화적으로 반응적이고 관심도가 높은 텍스트에 중점을 두어야 한다. 학교 안팎에서 학습 촉진 기회를 지원하는 방법을 계획할 때 중요한 점을 다음과 같이 간략히 소개한다.

- 효과적인 문해력 교육을 위해 교사는 학생의 개인적 · 언어적 · 사회정서적 · 교육적 필요를 지원하기 위해 학습을 조정해야 한다.
- 튜터링, 중재, 혁신적 프로그램과 같은 보충 프로그램은 학생이 동기를 가지고 관심이 높으며 어려운 도전을 해야 하는 과제와 기회에 참여하는 데 중점을 두어야 한다(7장 참조).
- 문화적으로 관련된 텍스트와 학생들이 자신의 관심사와 삶에 의미 있는 읽기와 쓰기에 참여하는 기회를 통합하는 것이 매우 중요하다(Alvermann et al., 2018; Dyson, 2021).

학교 차원의 실행 계획을 구현하기 위해서는 알맞은 자원이 필요하다. 첫 번째 단계는 실행 계획을 개발할 때 학생들에게 다양한 교육 및 SEL의 필요가 있음을 고려해야 한다는 점을 이해하는 것이다. 학교는 현재의 실행을 평가하고 우려 사항과 필요를 파악하며 연구를 활용하여 의도하는 변화를 지원해야 한다.

성공을 평가하는 명확한 기준

학교 전체의 개혁에서 성공을 평가하는 명확하고 명시적인 기준을 만드는 것은 학교 차원의 실행 계획을 개발하는 데 필수적이다. 학교가 문해력 개혁 노력의 성공을 평가하는 기준이 무엇인지 생각할 때, 늘 그래왔듯이 표준화된 평가를 통한 학생들의 문해력 성취 점수를 생각할 것이다. 우리는 표준화된 문해력 평가 결과가 가져오는 재정적 역할의 중요성과 이것이 학교에 무엇을 의미하는지 알고 있다. 그러나 우리는 학교가 성공에 대한 평가를 할 때 이러한 척도를 넘어설 것을 권장한다. 예를 들어, 성공에 대한 평가는 다음과 같은 방식으로도 이해될 수 있는데, 이는 성공적인 문해력 개혁에 대한 문헌에서 일관되게 나타나는 것이다.

- 문해력 교육 실행에서 학생의 교육과 SEL에 대한 필요를 의미 있고 반응적인 방식으로 지원하는 학습 기회가 있는가?
- 교사가 성찰적인 전문 공동체에 참여하고 자신의 전문적 역량을 명확하게 보여 줄 수 있는 시간이 소중히 여겨지는가?
- 효과적인 교육 실행에 대한 새로운 이해가 공유되어 다양한 이해관계자가 이런 새로운 학습을 지원하기 위해 학습에 대한 책임을 공유하고, 비판적 성찰을 하며, 실행을 검토하는가?
- 학교의 전반적인 문해력 관련 의사결정 노력이 다양한 관점을 반영하는가?
- 학교 차원의 문해력 노력이 지속 가능한가?

학생의 문해력 학습 향상을 인식하는 학교 차원의 실행 계획은 장기적인 문해력 학습 지원을 위해 필요한 것이 무엇인지를 세심하게 성찰하면서 서서히 이루어진다. 성공적인 학교 차원의 실행 계획을 구조화할 때는 평가 방법과 관련된 과정이 구체적으로 마련되어야 한다. 필수적인 과정을 다음과 같이 간략히 소개하겠다. 학교는 개혁 노력이 성공적인지를 어떻게 알 수 있는가? 라파엘과 동료들(Raphael et al., 2006)이 우리에게 조언했듯이 성공적인 학교 개혁은 다음과 같은 경우에 발견된다.

- 개혁 노력은 교실의 관행과 기저에 깔린 교육 관행의 변화를 가져오는 제도적 변화를 제공해야 한다.
- 노력은 지속 가능해야 하며 목표로 하는 시스템과 구조에 적합한 것이어야 한다.
- 개개인은 개혁과 개혁의 의도가 무엇인지 이해해야 한다.
- 접근 방식은 확장 가능해야 한다.
- 접근 방식은 내면화되어야 한다.

최근에 문헌에서 학교 차원의 실행 계획을 지원하기 위해 학습 손실의 회복에 초점을 두는 전략을 많이 본다. 권장 사항으로는 최근 학습 손실의 영향을 완화하기 위해 다양한 전략을 통합하는 것이 있다. 여기에는 학교 안팎에서 학생과 가족에게 자원을 제공하기 위해 테크놀로지 지원을 위한 추가 지원금을 할당하는 것과, 그 밖에도 수업 시간 연장 및 방과 전·후 프로그램을 하는 주에 재정 지원을 강화하는 것과 같은 광범위한 정책 개혁 노력이 포함된다.

이러한 중요한 권장 사항에 동의하지만, 지금 당장 학생의 문해력 학습을 지원하고 강화하기 위해서 우리가 통제할 수 있는 변수에 대해서도 잠시 생각해 보고자 한다. 1장에서 언급했듯이, 우리가 통제할 수 있는 주요 변수가 있다. 그것은 우리가 소개하는 학교 개혁 모델에서 설명한 것처럼, 체계적인 접근 방식을 활용하는 학교 차원의 실행 계획을 개발하는 것이다. 이런 학교들은 단일한 교육과정이나 문해력에 대한 표준 접근 방식의 사용 대신 학교 변화를 학생 개인과 교사의 고유한 공동체에 반응적이고 협력적인 노력으로 보는 관점을 고수함으로써 학생의 문해력 학습을 강화했다. [양식 3-1]은 학습 회복에 중점을 두는 학교 차원의 실행 계획을 개발하는 데 사용할 수 있는 체크리스트이다.

학교 차원의 실행 계획을 개발하는 것은 역동적이며 많은 참여를 수반하는 일이다. 이것은 일상적인 실행과 장기적 계획, 또는 학교가 가족 및 지역사회와 상호작용하기 위한 전략적 노력을 개발하는 방법에서 볼 수 있듯이 복잡성을 띤다. 학교 차원의 실행 계획을 개발할 때 이해관계자들이 교육과정을 검토하고 교육 실행과 교육과정의 일치를 조사하며, 교사가 어떻게 지원받는지, 교사와 학생의 학습을 향상할 수 있는 기회가 무엇인지, 그리고 학부모와 지역사회가 학교와의 연결을 강화하기 위한 노력을 어떻게 조직화해야 하는지를 검토하는 비판적 성찰이 일어나야 한다. 이러한 질문은 학습 회복에 초점을 두고 학생의 문해력 학습 기회를 지원하는 방법을 개념화할 때 매우 중요하다.

양식 3-1 학교 차원의 실행 계획 개발 체크리스트

비전 개발하기 • 학부모/보호자/학생 • 교사	
목표 개발하기 • 교사 차원 • 학교 차원 • 학생 차원	
실제 세계를 반영하는 실제적 학습 경험 개발하기 • 실제 세계를 반영하는 학습 상황을 목표로 하는 학년별 프로젝트는 무엇인가? • 실제적 학습 경험을 목표로 하는 학교 차원의 프로젝트는 무엇인가?	
평가 검토하기 • 심층적인 문해력 학습을 측정하기 위해 어떤 수행 평가를 사용했는지 검토한다.	

출처: *Accelerating Learning Recovery for All Students: Core Principles for Getting Literacy Growth Back on Track* by Margaret Vaughn and Seth A. Parsons. (이 책의 p. 10 부록 자료 안내 참조).

결론

학교 차원의 실행 계획 내에서 학교는 학부모와 지역사회의 관계를 강화하기 위해 측정 가능한 목표를 제공해야 한다. 이 관계는 학교가 학생이 환영받고 가치 있다고 느끼고 학습에 참여하는 장소라는 시각을 지원하는 풍토를 조성하기 위한 것이다. 성공이 예측되는 학교 차원의 실행 계획은 교육감과 교육과정 촉진자, 교장, 교사 및 문해력 코치, 보조교사, 학부모, 지역사회 구성원 등 문해력 학습을 지원하는 기타 이해관계자 간의 강력한 협력을 통해 효과적이고 적응적인 문해력 교육을 제공하는 것이다. 4장에서는 강력한 학교 차원의 실행 계획을 개발할 때 협력적이고 분산적인 문해력 리더십 역할의 중요성에 대해 논의하겠다.

성찰하기

- [양식 3-1]을 활용하여 학교 차원의 실행 계획을 만들어 봅시다. 여러분의 학년 팀과 문해력 리더십 팀(4장 참조) 및 학부모들과 계획을 공유합시다. 피드백을 바탕으로 편집하고 변경해 봅시다.
- 교사, 교장, 지역 리더 등과 같은 이해관계자에게 적응적 교수 및 학습 회복 지원을 위한 적응적 교수의 역할에 대한 아이디어를 공유하도록 요청해 봅시다.
- 적응적 교수에 대한 이 아이디어를 이용하여 문해력 교육에서 적응성을 지원하기 위해 교사가 실행할 수 있는 과제를 표로 만들어 봅시다.

4장

협력적이고 분산된 문해력 리더십

ACCELERATING LEARNING RECOVERY

FOR ALL STUDENTS

교장이 학교의 분위기와 학교 발전 및 학생의 학습에 매우 중요한 역할을 한다는 것은 수십 년 동안의 연구에서 강조되어 왔다(Wallace Foundation, 2012). 그러나 교장은 혼자서 일하지 않으며, 그래서도 안 된다. 협력적 리더십 모델과 분산된 문해력 리더십은 교사와 학교 지도자 및 교직원이 학교의 개선과 학생의 학습 지원을 위해 함께 일하도록 지원하는 역할을 한다. 이 장에서 우리는 협력적이고 분산된 문해력 리더십을 개발할 때 교사를 지식이 풍부한 전문가로 보는 원칙에 대해 논의한다. 우리는 교사 리더십 모델과 전문성 개발 네트워크로부터 학교의 문해력 코칭 개발 및 실행에 이르기까지 분산된 문해력 리더십이 어떤 것인지에 대해 생각해 보려고 한다. 그다음 교사 이야기의 역할을 통해, 그리고 문해력 학습의 향상에 도움이 될 수 있는 학교 전체 팀에 대한 접근 방식을 재고함으로써 협업을 극대화하는 방법을 논의할 것이다.

학생의 문해력 학습을 촉진하고 향상시키기 위해 협력적이고 분산된 문해력 리더십이 필요한 이유는 무엇인가? 이 질문과 기본 원칙에 대해 이야기하기 위해 우리의 경험에서 나온 다음의 두 가지 시나리오를 생각해 보자. A 학교의 경우, 교장은 매달 열리는 데이터 기반 학년 계획 회의에서 1학년 팀이 학생의 문해 기능을 향상시켜야 한다는 결단을 내렸다. 이를 위해 교장은 학업 성취도가 낮은 1학년 학생 모두가 한 교실로 이동하여 읽기 교육을 받는 추적tracking 읽기 프로그램을 시행할 계획을 구상했다. 그리고 나머지 학생들도 중 · 상 성취도와 같이 읽기 능력에 따라 다른 교실로 배정되었다. 이러한 수준별 분반 시스템은 학생들이 자신이 늘 속하는 반에 배정되었음을 알자마자 사기가 저하되게 만들 뿐이었다. 교사들은 이러한 유형의 분반에 반대하며 추적 읽기 배정이 학생들의 자신감을 낮추고 불공정함을 강화한다고 주장했지만 교장은 이 관행을 더욱 고집하기만 했다.

다음으로, B라는 다른 학교를 생각해 보자. B 학교의 교장은 최근의 문해력 평가를 검토한 후 1학년 학급에 성취도가 낮은 학생이 많다는 것을 발견했다. 교장은 학년별 계획 시간에 1학년 팀을 만나 "다음에 어떻게 할 것인지 생각하는 것이 있습니까?"라고 질문했다. 1학년 팀은 "학생들이 무엇을 읽고 있는지, 우리가 학생들을 어떻게 평가하고 있는지에 대해 다시 생각해야 할 것인가?" "학생들과 개별적으로, 그리고 소모둠으로 이야기하는 시간을 가져야 할 것인가?"와 같은 질문 목록을 작성했다. 교장과 학년 팀은 회의에서 이러한 질문과 필요한 자원에 대해 논의했다. 그들은 함께 학교의 자원을 살펴보았고, 교사의 강점이 무엇인지, 그리고 교사의 학습을 최대화하고 궁극적으로 학생의 문해력 학습을 지원하는 데 필요한 교사 연수와 추가 자료 등과 같은 필수 항목이 무엇인지를 확인했다.

앞의 예를 보면, 우리는 모두 어떤 학교에서 가르치고 싶은지, 그리고 아이들이 어떤 학교에 다니기 원하는지를 알고 있다. B 학교는 교사에게 의사결정에 대한 선택권과 자율성을 제공하고 학생에게 공정한 학습 환경을 제공한다. 이와 대조적으로, A 학교의 리더십 유형은 부정적인 연쇄반응을 촉발한다. A 학교의 교사에게는 자율성이 최소한으로 주어지고 의사결정 능력도 제한된다. 다시 말해, A 학교의 교사들은 주도성이 없다.

우리는 연구와 교육 경험(마거릿은 A 학교 교사 중 한 명이었다)을 통해, 교사에게 이러한 주도성—자신의 지식을 활용하고, 목적을 가지고 행동하며, 자신의 전문성 신장과 학습을 주도하여 학생과 교사, 학교 전체의 학습에 기여하는 기회를 갖는 능력—이 없으면 학생에게 실제적이고 매력적이며 몰입도가 높은 문해 공간을 만들어 줄 가능성이 제한된다는 것을 흔히 보아 왔다. 그런데 학생의 학습 회복을 계획할 때 교사 주도성이 그토록 중요한 이유는 무엇인가?

교사 주도성

문해력 학습의 강화에 중점을 둔 학교 차원의 실행 계획을 개발하는 데 있어 중요한 것은 협력적인 문해력 리더십 노력에서 교사의 주도성을 구축하고 지원하는 것이다. 교사 주도성이라는 개념은 교사가 자신의 전문적 비전과 신념에 뿌리를 두고, 교육적 행위와 더 넓게는 학교 전체의 운영을 변화시키고 형성하면서 이러한 행위들을 협상하기 위해 노력한다고 보는 관점과 일치한다(Vaughn, 2013). 교사 주도성은 교사의 전문적 학습과 불가분의 관계에 있다. 실제로 "주도성이 있는 교사는 학습 기회에 수동적으로 반응하기보다는 전문성 성장에서 자신의 역할을 인식하고 목표를 달성하기 위해 학습에 대한 선택을 한다"(Calvert, 2016, p. 52). 문해력에 대한 노력과 학습 회복의 강화를 계획할 때 학교 차원의 노력에서 교사 주도성을 지원하는 것이 중요하다. B 학교에서 교사 주도성을 어떻게 지원했는지 생각해 보라. 교사는 의사결정 과정에 참여했으며, 학생의 특정 교육 및 SEL 필요에 중점을 둔 특정 중재를 지원하는 데 자신의 지식을 이용하도록 격려되었다. A 학교는 이 목표와 뚜렷한 대조를 보였다. A 학교의 리더십은 의사결정 능력을 하향식 접근 방식으로 보았고, 교사의 선택 기회나 교사의 지식과 전문성을 가치 있게 여기는 구조가 극히 제한적이었다. 학교에서 교사 주도성 강화를 목표로 하는 접근 방식은 다음과 같다.

- 교사를 전문적 학습 기회에 참여시키기
- 교사가 지식이 풍부한 전문가라는 시각 지원하기
- 채용위원회로부터 교육과정 의사결정에 이르기까지 교사를 의사결정 과정에 참여시키기

교사 주도성을 지원하는 한 가지 전략적 방법은 교사가 전문적 학습 과정에 참여하고 몰입하도록 교사의 동기를 높이는 것이다. 특히 학교는 교사가 전문성 개발을 주도하고 학교 차원의 리더십 발전 기회에 참여하도록 요청할 수 있다. 예를 들어, 학교는 교사 리더십 네트워크를 개발하여 교사가 자신이 뛰어난 분야에서 전문성 개발 워크숍을 이끌도록 할 수 있다. 또한 학교는 교사가 참여하고 싶은 종류의 전문성 개발 기회를 선택하도록 할 수도 있다. 이러한 방식들은 교사의 학습과 학습 동기를 지원한다. 교사 주도

성의 지원은 학생의 문해력 학습 강화를 목표로 하는 학교 차원의 계획을 개발할 때 요구되는 가장 중요한 측면 중 하나일 것이다.

학교는 교사 주도성 문화를 정착시키기 위해 점진적으로 노력해야 한다. 이것은 직관에 어긋나는 것처럼 보일 수 있으나, 교사가 자신 및 다른 교사들의 주도성을 학교 전체의 계획과 리더십의 필수 요소로 볼 수 있도록 신뢰를 쌓는 데는 시간이 걸린다. 예를 들어, A 학교에서 학생 추적 시스템을 거부한 마거릿은 그 후 추적 시스템을 원하는 선배 교사를 멘토링해 달라는 요청을 받았다. 때로는 교사 주도성을 지원하고자 하는 진정한 노력이 우리가 학교에서 갖고자 하는 바로 그것, 즉 학교가 학생의 학습을 지원하고 향상시키기 위해 매우 중요하게 여기고 필요로 하며 원하는 교사 전문성을 더욱 소외시키는 결과를 낳는 데 그치기도 한다. 교사 주도성을 함양하고 지원하는 데 필수적인 것은 공유 리더십의 역할에 대한 예리한 인식과 집중이다.

공유 리더십

협력적이고 분산된 문해력 리더십은 교사를 전문적인 의사결정자로 인식하고 아동과 가족을 학습 과정의 협력자로 보는 학교 문화를 지원한다. 여기에는 학교 차원의 문해력 교육을 강화하기 위한 노력이 포함되는데, 이것은 다양한 개인의 공동 책임과 책무성을 지원하고 학생과 교사의 학습 지원에 초점을 둔 협력 팀으로서의 학교를 중심으로 한다. 공유 리더십은 집단적 책임이라는 관점을 조성하고, 교장과 같은 한 개인이 주로 책임지는 것이 아니라 모든 이해관계자가 책임을 나누는 분산된 리더십의 관점을 강조한다. 교장은 다른 사람들과 협력하여 학교 차원의 목표와 비전을 지원하기 위해 내용과 교육과정 및 평가에 대해 탄탄한 지식을 갖춘 학교의 리더를 개발, 양성하고 지원한다.

문해력에 대한 교육학적 지식과 내용에 대해 잘 알고 있는 교사와 문해력 코치가 학생의 문해력 성취에 가장 영향력이 있는 결정자이므로(Allington, 2002; Darling-Hammond, 2000; Rogers et al., 2021), 분산된 리더십은 문해력 학습의 향상이 이들의 협력적 기반에 바탕을 둔다는 인식에 근거한다. 분산된 리더십은 교사와 문해력 코치와 같은 학교 내 다양한 위치의 개인이 문해력 학습 목표를 지원하고 향상시키기 위해 협력적으로 노력을 결합하는 효과적인 리더십이다(Craig, 2013). 공유 리더십을 지지하는 교장은 학습 결과를 향상하고 공정한 학습 실행에 초점을 둔 문화와 공유 비전을 세우며 궁극적으로 지속적인 변화를 위한 잠재력을 소유한 헌신적인 전문가 팀이 필요하다는 것을 인지한다. 공유 리더십의 바탕이 되는 신념은 다음과 같다.

- 리더와 동료 간의 힘의 관계는 공동의 목적과 목표 및 학교 전체의 비전을 향해 노력함으로써 형성된다.
- 교육과 교육과정, 학교 차원의 목표에 대한 평가는 중요하다.
- 교사는 이 과정에서 지식이 풍부한 전문가로 간주된다.

- 학부모와 보호자, 지역사회는 학습 회복을 위한 협력자이다.

덧붙여 공유 리더십의 바탕이 되는 것은 문해력 학습의 강화에 중점을 둔 학교 전체의 계획이다. 3장에서 학교 차원의 실행 계획에 대해 간략히 제안했던 것처럼, 우리는 이 장에서 협력적이고 분산된 문해력 리더십에 필수적인 것은 교사 리더와 문해력 코치가 지식이 풍부한 전문가로 여겨지는 기회를 창출하는 것임을 제안한다. 이 점에서 학교의 핵심 문해력 리더십 팀과 같은 보다 넓은 체계의 리더십을 주장하고자 한다. 이런 문해력 리더십 팀이 교장 및 동료 교사들과 협력하여 학생의 문해력 목표와 SEL에 대한 필요, 학생의 성취, 문해 기능에 중점을 둔 학습 회복을 위한 실행을 지휘하고 관리할 수 있다는 점을 강조하고자 한다. 이와 같은 리더십 팀을 개발하는 것이 학교 전체의 문해력 증진 노력을 감독하는 데 중요하다고 믿는다.

문해력 리더십 팀 개발하기

학교의 문해력 리더십 팀 개발에 대해서는 여러 가지 방법을 생각할 수 있다. 우리는 교장과 교사 리더, 문해력 코치를 포함하는 유연한 팀의 구성을 추천한다. 문해력 리더십 팀은 학생의 문해력 학습을 지원할 수 있는 효과적인 체계이다(Fritz & Harn, 2021; McEwan-Adkins, 2012). 이것은 학교가 학년 내, 학년 간의 분산된 리더십 실행 방식을 발전시키는 방법에 대해 전략적으로 생각하는 데 도움이 될 수 있는 조직 체계이다. 문해력 리더십 팀은 교사 리더와 문해력 코치, 관리자로 구성되는데, 이들은 학교 전체의 목표를 검토하고 학생의 문해력 학습 향상을 위한 조치가 마련되었는지 확인하는 데 도움을 준다. 문해력 리더십 팀의 각 구성원은 개별 교사/관리자 차원과 학생 차원, 그리고 학교 차원의 비전 진술문을 개발해야 한다. 이어서 학교 차원의 비전 진술문은 학교 전체의 문해력 비전을 만들기 위해 조직되어야 하고, 지역사회의 구성원에게 공유하여 피드백과 추가 사항을 받아야 한다.

문해력 리더십 팀의 최우선 과제는 학교 차원의 문해력 비전이 공정하고 다양한 관점과 목소리를 확실히 포함하도록 하는 것이다. "리더십 팀은 우리가 가지고 있는 전략 중 가장 효과적인 것을 제공하여 교실과 학교에서 양질의 독서 프로그램의 조건이 실현되도록 하고, 이에 따라 모든 아동이 높은 수준의 문해 기능을 성취할 수 있도록 한다"(Murphy, 2004, p. 93). 우리는 이 진술을 반영하여 학교가 문해력 개혁 노력을 안내하기 위해 학교 차원의 문해력 비전을 개발해야 한다는 점을 강조한다. 학교 전체의 문해력 비전에 대한 아이디어를 한 가지 예로 들면, "우리의 비전은 읽기와 쓰기를 좋아하는 태도를 지원하고 개발하고자 하며 읽기와 쓰기에 필요한 기술과 동기를 가진 독립적인 학습자를 양성하는 것이다."라고 할 수 있다. 문해력 리더십 팀은 학교 전체의 공동 책임에 초점을 두는 협력적 실행을 더욱 발전시키는 데 필요한 전반적인 비전과 문해력 노력을 지원하는 것에 중점을 둔다. 이와 같이 문해력 리더십 팀은 전략적으로 문해력 노력을 향상하기 위한 조직 체계의 역할을 한다. 문해력 리더십 팀을 구성하는 더 많은 이해관계자(교사 리더 및 문해력 코치)와 현재 진행 중인 문해력 교육 노력의 강화에 중점을 두기 위해 조직할 수 있는 체제(효과적인 전문성 개발 및 평가 팀)에 대해서는 다음에서 설명하겠다.

우리의 연구와 문헌 전반에서 효과적인 학교는 교사를 지식이 풍부한 전문가로 보는 시각을 지지하고 교사와 관리자 간의 협력을 학교의 변화와 학생의 학습에 필수적인 것으로 본다. 교사와 관리자의 협력이 이루어지는 학교에서는 교사가 성찰적 실천에 비판적으로 참여하고 학교의 성공과 학생의 학습을 지원하는 더 넓은 집단의 일부가 된다는 것을 알 수 있다. 학교 개혁이 효과적으로 일어나는 학교의 교사는 전문적 학습 기회를 위한 시간, 지식을 쌓는 시간, 자신의 실행에 대한 비판적 성찰을 하는 시간을 지원하고 가치 있게 여기는 학교 체계의 일부이다.

교사는 동료와 협력하고, 코티칭에 참여하며, 학생의 수행과 학생의 학습을 확장하는 데 필요한 비계에 대해 신중하게 성찰하기 위해 필요한 시간을 제공받는다. 시간은 교사가 **전문적 역량**(Bean, 2020a)이나 필요한 교육학적 내용 지식을 얻고, 지식이 풍부한 전문가가 되도록 지원하는 지역사회를 구축할 수 있도록 해 주고, 이를 격려한다. 전문적 역량은 교사 리더 네트워크 개발부터 전문성 개발에 대한 동기 부여, 혁신적인 학교 및 학군을 위한 추진 활동에 이르기까지 학교에서 다양한 형태로 지원받을 수 있다. 학교가 이러한 역량을 지원하기 위해 구현할 수 있는 주요 사례에 대해서는 다음에서 간략히 설명하겠다.

교사 리더십 네트워크

교사 리더십 네트워크는 학교 차원에서 추진하는 활동을 개선하기 위한 주요 도구로서 점점 더 많이 알려지고 있다. 교사 리더는 학생의 학습을 지원하고, 학교 개선에 기여하며, 지식과 실천을 함양하고, 이해관계자들이 교육 개선에 참여할 수 있도록 힘을 싣는다. 문헌에서 교사 리더가 어떻게 학생의 학습과 성취를 지원하며(Shen et al., 2020), 이와 동시에 어떻게 교사의 전문적 의사결정 능력(Harris & Jones, 2019), 지식과 효능감(Stein et al., 2016), 관리자와 동료 간의 협력(Cosenza, 2015; Bagwell, 2019)을 강화하는지를 볼 수 있다. 교사 리더는 동료들과 협력하여 학교에서 집단적 책임 문화를 발전시키고 학교에 실질적이고 신뢰할 만한 자원을 제공하여 학교 차원의 실행 계획에 명시된 학습 손실 회복에 중점을 두는 목표 구현을 효과적으로 지원할 수 있다.

교사 리더는 문해력 교육 노력을 어떻게 향상시킬 수 있을까? 교사 리더는 학교에서 교육 노력을 주도하고, 견고한 내용 지식이 있으며, 학교 전체 공동체에서 학생의 문해력 학습 향상을 위해 힘을 싣고 주도할 수 있다. 교사 리더는 모든 교사 팀의 학습 결과를 강화하는 데 필요한 전문성과 영향력을 갖춘 교사이다. 효과적인 교사 리더는 학교 전체의 문해력 노력의 향상에 도움이 되는 성향과 자질을 갖추고 있다. 예를 들어, 교사 리더는 평생 학습자이자 "교육 실천과 관련된 문제를 제기하고 해결할 수 있는" 성찰적 실천가의 성향을 갖고 있다(Zeichner & Liston, 2013). 교사 리더는 문해력 코치와 비슷하지만, 그 역할은 정규 문해력 코치와는 대조적으로 비공식적이고 자발적일 수 있다. 그들은 교장과 문해력 코치의 전적인 지원하에 문해력 프로그램을 위해 비공식적으로 봉사하거나 단기 또는 장기적인 리더십 업무를 수행할 수 있다(Fountas & Pinnell, 2020). 효과적인 관리자는 학생의 학업성취 향상을 위한 체계와 지원에 대해 생각할 때 이와 같은 공유 리더십 기회 개발의 힘을 인식하고 문해력 코치와 함께 교사 리더를 필수적인 파트너로 인식한다.

여러 문헌에서 교사 리더가 문해력 학습의 향상을 지원하는 다양한 방법과 학교에서 학생의 학습 및 교사의 학습 향상을 위해 분산된 리더십을 지원하는 방법을 볼 수 있다. 그 예로 다음과 같은 것이 있다.

- 학생 평가 데이터를 통해 확인된 중요한 문해력 관련 필요 사항을 판단하는 데 있어 교사 팀을 주도하고, 이러한 필요를 해결하기 위해 문제 해결 전략을 사용한다.
- 학생의 SEL과 문해력 학습의 필요에 대해 논의하고, 이러한 필요의 지원을 위한 공정한 접근 방법을 검토한다.
- 수업 계획의 검토, 학교의 필요에 근거한 관심 분야를 중점으로 연구 논문 읽기, 효과적인 실천에 대해 동료들과의 토론 주도하기와 같이 책무성이 있고 실행 가능한 다양한 과제를 활용하여 교사들을 성찰적 실천을 통한 문해력 실천에 참여시킨다.

- 지속적 기록, 실제적 쓰기 평가, 구두 다시 말하기와 같은 학생의 문해력 평가 및 이 데이터를 활용하여 새로운 학습과 목표 교육 활동을 계획하는 데 있어 체계적인 접근 방법에 대해 심도 있는 논의를 권장한다.

교사 리더는 문해력에 대한 지식을 보유한 전문가일 뿐만 아니라 동료들에게 영향을 미치는 성향을 갖고 있으므로 학생의 문해력 학습 강화를 위한 노력을 실행할 때 매우 중요한 협력자가 된다. 교사 리더 역할의 비공식적인 성격을 고려하여, 학교는 해결할 필요가 있으며 해결이 가능한 문해력 영역 목록을 작성해야 한다. 그러면 교사 리더는 이런 관심 분야를 염두에 두고 비공식적이거나 보다 공식적인 중재를 수행하기 위해 이런 목표 영역에 집중하도록 요청받을 수 있다.

교사 리더와 협업함으로써 교장은 교사의 지식과 경험, 전문성을 가치 있게 여기는 협력적 문화를 조성한다. 교사 리더는 문해력 리더십 팀의 필수적인 부분이다. 이 교사들은 효과적인 문해력 교육 원칙과 효과적인 학교 차원 실행에 대한 지식을 바탕으로 관리자, 교직원, 가족, 지역사회 구성원과 협력하여 학교를 지원한다.

문해력 코치

학생의 성취도 향상과 연결된 효과적인 리더십 모델에는 학교 차원 실행 계획의 일환으로 공유 리더십 구축에 대해 명확한 비전을 가지고 있는 교장들이 있다. 이들 교장은 학교에 큰 영향을 미칠 수 있는 세부 사항과 그 이면을 이해하는 상황에 대한 인식(Craig, 2013)이 있다. 이 상황 인식은 문해력 코칭을 학교 전체의 문해력 노력에 통합함으로써 강화된다.

국제문해력협회(ILA, 2018)에 의하면, 문해력 코치의 주요 우선순위 중 하나는 교사와 협력하여 취학 전부터 고등학교에 이르기까지 학교 전체의 교수·학습 개선을 촉진하는 것이다. 학습 회복을 지원하는 데 도움을 줄 수 있는 이러한 필수적인 문해력 전문가는 ILA 표준에 "신뢰성, 즉 신뢰 관계를 구축하고 교사와 협업할 수 있는 능력"(ILA, 2018)을 갖춘 것으로 추가 설명되어 있다. 문해력 코치는 교사의 자료 해석을 돕고, 효과적인 실천에 대해 교사를 지도하며, 전문적 학습 기회를 제공한다(Bean et al., 2018).

문해력 코치는 교육 실행에 대해 목적이 있는 질문을 하는 방법에 대해 훈련받았으며 교사가 자신의 실행을 검토하면서 깊이 있고 비판적으로 사고하여 자신의 실행이 증거에 기반하고 학생의 필요를 지원하는 것인지 확인하도록 안내한다. 학자들은 코치가 학교에서 할 수 있고 해야 하는 생산적 활동으로 간주되는 핵심 실행을 다음과 같이 밝혔다(Ippolito et al., 2021).

- 학생의 작업을 분석하고 과제의 목적과 목표에 대해 성찰한다.
- 수업이 어떤 기능을 위한 것인지에 중점을 두고 수업을 비판적으로 검토한다.
- 교사가 수업과 효과적인 실행 검토 등을 통해 자신의 실천을

탐색하도록 한다.

- 코티칭 및 시범 보이기 등의 다양한 전문적 지원을 활용한다.
- 안내된 읽기 수업, 파닉스 전략 초점 지도와 같이 집중적이고 목적이 있는 지원을 제공한다.

많은 문헌에서 문해력 코치의 장점은 널리 알려져 있다(Elish-Piper & L'Allier, 2010; Swartz, 2005). 다시 말하건대, 우리는 학교에 문해력 노력을 지원하는 문해력 코치가 있는 경우 학생의 성취도가 향상되는 것을 보아 왔다. 문해력 코치는 교사 개인이나 집단에게 전문적 지식과 교육 지원을 제공한다. 특화된 이러한 문해력 전문가들은 학생의 문해력 성취와 교사의 전문적 학습을 크게 지원하며, 학교 차원의 실행 계획에 명시된 대로 학교 차원의 문해력 노력에 초점을 둔 전문 학습 공동체의 육성을 돕는다. 문해력 코칭은 전문성 개발의 기본적인 방법으로서 중요한 역할을 하므로, 우리는 학교에서 문해력 학습의 향상을 지원하기 위해 효과적인 전문성을 어떻게 개발할 수 있는지에 초점을 맞추고자 한다.

효과적인 전문성 개발 시행하기

전문성 개발을 다양한 수준의 교사 지식과 전문성에 초점을 두면 교사는 더 적극적으로 참여하고, 반응하며, 배운 지식을 교실로 전이할 가능성이 높아진다(Sancar et al., 2021). 교사로서 우리는 늘 특정 실행을 구현하면 학생들의 읽기 점수가 급격히 오를 것이라고 약속하는 1일 전문성 개발 연수에 참여해 왔다. 당연히 이러한 일은 일어나지 않았고, 그렇다는 것을 알자마자 학교는 학생의 문해력 성취를 약속하는 또 다른 대대적인 처방을 재빨리 제시해 왔다. 우리가 이 책 전반에서 논의하는 것처럼, 이러한 '묘책' 접근 방법은 전혀 효과가 없다. 그러나 학교에서는 이러한 추세가 계속되고 있다. 더 심각한 것은, '학생의 학습 손실 해결'에 초점을 두고 광고하는 1일 전문성 개발 프로그램이다. 사람들을 오도하는 이런 접근 방법은 학교가 이러한 '특정한 실행'을 할 수만 있다면 교사는 필요한 지식을 얻고 이를 즉각적으로 구현함으로써 문제가 재빨리 해결될 것이라는 잘못된 메시지를 전달한다.

여러분도 알다시피, 전문성 개발에 대한 이러한 접근 방법의 문제점 중 하나는 '일회성' 모델이 교사의 지식과 학생의 학습 성취에서 지속적이고 전이 가능한 이득으로 이어진다는 증거가 거의 없다는 점이다(Garet et al., 2008; Kraft et al., 2018). 학교는 이러한 유형의 빠른 묘책에 수천 달러를 지출할 수는 있지만, 학생과 교사, 그리고 학교에 절대로 도움이 되지 않을 것이다. 오히려 전문성 개발과 교사 학습에 대한 기존 문헌 검토를 바탕으로, 우리는 학교 전체의 변화를 지원하는 효과적인 전문성 개발에는 다음과 같은 특징이 필수적이라는 것을 알고 있다.

- 협업은 필수적이다.
- 교사는 능동적인 학습에 참여한다.
- 연수는 피드백 시간 및 성찰 등 반응적 교육 실행에 중점을 둔다.

- 교사는 문해력 코칭과 동료 지원을 받는다.
- 전문성 발달에 초점을 두고 장기간 헌신적으로 노력한다.
- 전문성 발달은 전문적 학습에 대한 교사 자신의 동기를 포함한다.

여기서 이러한 특징들을 구현하는 전문성 발달 유형을 모델로 하는 연구를 강조하고자 한다. 문해력 연구자인 세일러스와 프라이스(Sailors & Price, 2010)는 44명의 교사가 전문성 개발 과정에서 학생들에게 인지적 읽기 전략을 가르치고 읽기 성취도를 높이는 실행을 개선하기 위한 방법을 학습하는 것을 연구했다. 교사들은 모두가 인지적 읽기 전략에 대한 이틀간의 전문성 개발 워크숍을 똑같이 수강했다. 뒤이어 교사들은 두 집단으로 나뉘어 한 집단은 문해력 코칭을 받고 다른 집단은 코칭을 받지 않았다.

이 전문성 개발의 핵심은 교사들이 워크숍에서 얻은 지식을 실행에 옮기려고 할 때 이를 지원하는 의도적인 코칭에 있었다. 코칭에서는 전문성 개발에서 배운 아이디어와 주제를 재검토했으며, 교사들은 전략과 이러한 전략을 실행하는 동안 일어난 문제에 대해 비판적인 대화에 참여했다. 프로젝트의 일환으로 문해력 코치들은 수업 시연을 했고, 인지적 읽기 전략에 대해 교사들과 성찰적인 대화를 했으며, 교사들과 코티칭 수업을 함으로써 능동적 학습 전략을 활용했다. 흥미롭게도, 워크숍에 참가하고 문해력 코칭을 받은 교사들이 교사 관찰과 학생 성취도 측정 모두에서 워크숍만 들은 교사 집단보다 더 나은 성과를 보였다.

다른 연구에서도 같은 결과를 보고한다. 비앤캐로사와 동료들(Biancarosa et al., 2010)은 학생 8,000명과 교사 250명가량을 대상으로 문해력 코칭 프로그램의 읽기 수행 능력에 대한 효과를 조사했다. 교사들은 문해력 코칭과 교육 실행에 대한 성찰적 피드백을 받는 동시에 협력적 전문성 개발 워크숍에도 참여했다. 저자들은 학생들이 1년 차에 16%, 2년 차에 27%의 학습 향상이 일어났음을 발견했다. 우리는 학교가 학교 차원의 전문성 개발 실행 계획을 세울 때 고려해야 할 헌신의 유형과 공유되고 분산된 문해력 리더십 육성의 필요성을 보여 주기 위해 이 두 연구를 강조한다.

'일회성' 묘책은 효과가 없다. 오히려 교사의 협력과 멘토링, 코칭을 통합하는 의도적이고 높은 동기를 부여하는 전문성 개발 계획이 학생의 문해력 학습을 향상시키고 교사의 학습을 강화할 것이다. 학교가 공정한 학습 환경을 지원하도록 하기 위해서는 문해력 코치와 동료 간에 비판적이고 참여적인 성찰이 이루어져야 한다. 이와 같이 분산된 리더십을 지원하면, 앞에서 설명했던 대로, 학교가 A 학교보다는 B 학교에 더 가까워지도록 하는 데 도움이 될 수 있다.

변화를 위해 코칭하는 코치는 교사가 순환적인 성찰에 참여하고 코칭을 실행으로 옮기는 것과 같이 자신의 실행에 대해서뿐만 아니라 학교 내에서 작동하는 역사적 힘의 구조에 대해서도 질문하는 공간을 만든다. 문해력 교사의 의사결정과 성찰을 둘러싼 가정을 고려할 때 우리는 기관의 역사, 권력과 통제의 메커니즘, 그리고 기관으로서의 학교가 현상 유지를 위해 설계되었다는 궁극적인 현실(Sailors & Hoffman, 2018, p. 3)을 마주한다.

많은 연구에서 문해력 코칭은 지식이 풍부하고 전문적인 교사의 역량을 인식하는 중요하고 변혁적인 도구로 간주된다. 효과적인 문해력 코칭은 교사 리더와 마찬가지로 교장과 교사 리더 간에 이루어지는 협력의 일부이다. 교사 리더와 마찬가지로 문해력 코치는 학교의 문해력 교육 노력을 향상시키는 데 도움이 되는 성향과 자질을 갖추고 있다. 문해력 코치는 적절한 문해력 교육 실행들을 알고 있으며, 학생들의 문해력 학습 성취 지원을 목표로 하는 집단적 책임을 구축하도록 자신의 동료에게 '조언'하는 방법에 대한 지식과 기술을 갖고 있다. 코치와 동료 간의 효과적인 협력을 지원하는 데 필수적인 것은 교사들의 다양한 수준의 지식과 전문성을 인정하는 것이다.

이는 근접발달영역Zone of Proximal Development: ZPD(Vygotsky, 1978)이 교사 학습을 함양하는 데 핵심적인 역할을 하는 방식을 적용하는 데 바탕을 둔 것이다. 교사의 ZPD는 우리가 학생의 ZPD를 보는 방식과 유사하지만 교사의 학습 과정에 중점을 두고 교사의 학습과 발달을 연결한다. 교사가 자신의 근접발달영역에 초점을 두고 학습 경험에 참여하면 궁극적으로 더 많은 동기를 부여받고 지식을 지속적인 교육 실천으로 전환할 기회를 더 많이 갖게 된다(Schindler et al., 2021).

학생의 문해력 학습에 지속적인 효과를 주는 것을 목표로 하는 문해력 노력에는 교사가 지식이 풍부한 전문가라는 인식이 있다. 문해력 코칭과 교사 리더십 네트워크와 같은 전문성 개발과 멘토링 경험은 교사의 ZPD를 지원하도록 구성된다. 교사가 지속적으로 배운다는 이러한 이해 방식이, 전문성 개발 경험에 대한 포괄적이거나 획일적인 접근 방식보다 전문성 개발 환경에서 더 의미 있는 학습 기회를 제공할 수 있다. 이에 더하여, 교사 리더 네트워크 및 전문성 개발과 코칭 등 전문적 학습 경험의 개발은 협력적이고 분산된 문해력 리더십 개발 노력에서 집단적 책임의 역할을 강조한다. 협력적이고 분산된 리더십을 소중히 여기지 않는다면 학교는 끊임없이 오르막길만 직면하게 될 것이다.

대화의 역할

학교가 공유 리더십과 협력적 의사결정의 시각을 따른다면, 교장과 학교 리더는 학습 과정에서 다양한 관점과 목소리를 소중히 여길 것이다. 이것은 학교가 전문성 학습 기회 중에 대화를 이해하고 활용하는 방식에서 볼 수 있다. 베이츠와 모건(Bates & Morgan, 2018)은 문해력 팀이 학교에서 어떻게 운영되어야 하는지를 개념화할 때 교사와 교사 리더, 코치, 관리자 간의 구성적 대화를 지원하는 것이 중요한 역할을 함을 보여 준다.

구성적 대화는 정답을 제공하는 것을 의미하지 않는다. 그보다도,

> 구성적 대화는 교사가 새로운 시각에서 교육 실행이나 결정에 대해 고려하는 방법을 지원할 수 있다. 이것은 교육 실행에 대한 사고방식을 강조하는 것이며, 교사가 자신의 의사결정을 사려 깊게 검토하는 데 도움이 된다(p. 412).

학교가 전문성 학습 경험 중에 교사가 이런 유형의 구성적 대화에 참여할 수 있는 공간을 제공하면, 교사는 학습자의 정체성을 포용하고 더 깊이 있고 몰입도가 높은 학습을 지원하기 위해 자신의 실행을 성찰하고 검토하는 데 전념한다. 교사의 대화를 가치롭게 여기는 학교 문화를 창조하는 것은 협력적이고 분산된 문해력 리더십을 육성하는 데 필수적이다. 예를 들어, 학교에서 교사와 학생을 지원하기 위해 사용하는 언어는 우리가 전문성 개발 경험에서 중점을 두고자 하는 문해력 주제만큼이나 중요하다. 우리가 공유했던 B 학교의 예에서 교장은 교사들에게, "다음에 어떻게 할 것인지 생각하는 것이 있습니까?"라고 질문했다. 학교는 교사가 자신들이 하고 있는 일, 아동에게 효과적이라고 생각하는 것, 이 중요한 시기에 학생과 가족들을 가장 잘 지원하는 실행과 전략이라고 믿는 것에 대해 목소리를 내고 말하는 구성적이고 협력적인 대화의 중요성을 과소평가해서는 안 된다.

흥미롭게도, 전문성 개발 구성 방식과 코칭 교류에 대해 의논할 때 문해력 교육의 전략적 측면에 대해 검토하는 것은 필수적인 역할을 하며 잘 알려져 있다. 그러나 우리가 교사의 대화를 지원하고자 하는 방법이나 교사가 학생의 읽기와 쓰기 능력을 키우는 데 있어 사용하도록 권장하고 싶은 대화는 덜 드러난다. 우리도 예비교사들과 수업을 할 때 이 중요한 측면을 종종 간과한다. 예를 들어, 우리는 최근 수업 중 대화와 다양한 목소리, 학생의 필요를 지원하는 방법에 대해 논의하면서 예비교사들에게 학생을 문해력 교육에 몰입하도록 하는 대화의 종류를 공유하도록 했다. 우리는 멍한 시선을 마주하고 놀랐다. 예비교사 중 일부는 "학생들에게 질문에 대답하라고 말하라는 것인가요?"라고 물었다. 이것은 어느 정도 우리가 의미하는 대화의 유형을 암시하기는 하지만, 학생들이 자신이 배우기를 **원하는** 것에 대한 시각과 관점, 생각을 공유할 수 있는 대화 유형을 의미하기도 한다. 우리는 학생들과 진정성 있고 몰입도가 높으며 의미 있는 문해력 대화를 구성하는 방법을 시범 보이고자 한다. 학생들과의 구성적 대화를 허용하는 것은 매우 중요하다.

협력적이고 분산된 문해력 리더십이 교사 대화와 학생 대화의 역할에 대해 핵심적인 원칙을 담고 있다는 점을 강조하고 싶다. 이 두 가지 모두 문해력 학습 지원에 대해 생각할 때 필수적이다. 우리가 문해력 학습의 강화에 대해 이야기할 때 우리가 강조하는 대화의 유형에서 이것이 드러난다. 학습 회복은 특정 유형의 대화가 우선권을 가져야 한다는 시각에서만 가능하다. 예를 들어, 교사와 학생의 대화를 생각할 때, 전통적으로 문해력 교육에 관해서는 패러토어와 로버트슨(Paratore & Robertson, 2013)이 명시한 세 가지 유형의 대화를 흔히 떠올린다.

- **목표 설정 대화**: 학생들이 읽기와 쓰기를 할 때 특정한 목표로

향하는 길을 설정하는 대화 유형이다.

- **설명적 대화**: 이 유형의 대화에서 교사는 학생이 읽기와 쓰기 활동에서 하고 있는 것에 대해 메타인지를 가지도록 돕는 방법을 시범 보이고 지원할 수 있다.
- **피드백 대화**: 일종의 주고받는 대화로서 적응적 문해력 교사가 수업 중 학생의 특정 필요를 지원하기 위한 것이다.

그렇다. 이런 유형의 대화는 문해력 교육과 읽기와 쓰기 기회의 지원에 중요한 역할을 한다. 그런데 학습 회복에 집중할 때 교실 대화에 대해 생각해야 하는 방식으로서 중요한 다른 것도 있다. 교실에서의 대화는 학생들이 자신의 문해 정체성을 구축하는 기회를 제공한다. 예를 들어, A 학교와 B 학교에 대해 생각해 보라. 각 학교의 맥락에서 학생들에게 자신의 문해 정체성에 대해 어떤 메시지가 전달될 것 같은가? A 학교에서는 학생들이 자신의 학습 궤도를 변경할 수 있는 잠재력이 없으며 다만 상 · 중 · 하의 성취를 나타내는 학습자로 평가되었다. B 학교에서는 학생들이 다양한 교육 필요와 특성을 지닌 학습자로 간주되었다.

교사 리더와 문해력 코치를 지원하는 방법에 대해 이야기하는 것과 유사하게, 교실에서 학생을 지원하기 위해 사용하는 대화는 학습 회복을 사전에 계획하는 것만큼이나 필수적이다. 학생을 참여시키는 대화 유형은 학생이 자신을, 그리고 자신의 미래 가능성을 보는 기회를 제공한다. 존스턴(Johnston, 2012)은 우리에게 다음과 같은 것을 상기시켜 주었다.

> 아동이 선택하는 목표, 아동이 가치 있게 여기는 것, 아동이 경험하는 감정, 아동이 취하는 정체성과 관계, 아동이 학습 아이디어와 사람들에 대해 가지고 있는 이론 모두가 교사의 언어 선택에 영향을 받는다. 교사의 언어는 교실의 삶을 변화시킨다(p. 4).

문해력 학습을 향상시킬 수 있는 문해적 대화의 지원은 SEL 교육에 대해 알려진 것과 일치한다. SEL 교육에서 교사는 공정하고, 지지적이며, 학생을 존중하는 환경을 조성하는 언어를 사용할 수 있다. 이것은 읽기와 쓰기를 지원할 때 대화와 발화의 중요한 역할에 대해 존스턴(Johnston, 2012)이 한 말과 매우 유사하다. 존스턴은 "대화를 해 나가는 것은 서로의 생각을 쌓아 간다는 것을 의미한다."(p. 103)라고 했다. 우리는 학생의 문해력 성취 결과의 향상을 위한 시도에서 눈에 띄지 않을 수도 있는 이 소중한 자산을 문해력 리더십에 제공하고 싶다. 전문성 개발과 코칭 시간 중에 서로의 웰빙과 건강은 물론 학생의 대화를 지원해야 한다는 것을 기억해야 한다.

교사와 학생의 구성적 대화는 문해력 학습의 향상에 핵심적이다. 우리가 시범 보이는 대화를 통해 교사가 교실에서 학생이 자신과 다른 사람들을 지지하는 방법을 배우는 것을 돕도록 격려하고 싶다. 마찬가지로, 교사가 교사 리더십 네트워크와 문해력 코칭에서와 같이 교실과 리더십에서 그들이 하는 일에 대해 목소리를 낼 수 있는 길과 기회를 가지게 되면 그들은 지식이 풍부한 전문가의 위치에 놓이게 된다. 공유 리더십의 성공적인 모델의 핵심은 리더와 학생, 학부모, 지역사회에서 대화를 지원하는 것이 어떤 역할을 하는지를 이해하는 것이다.

협력적이고 분산된 문해력 학습의 촉진을 위한 다른 지원 영역에 대해 생각하면 다른 종류의 리더십 팀을 구성할 수 있다. 다음 부분에서는 우리가 학교에서 문해력 학습 기회의 강화를 지원하는 데 필수적이라고 믿는 다른 협력적이고 공유된 리더십 팀을 강조하고자 한다.

평가 팀에 대한 유연한 접근

최근 몇 년간 전례 없는 어려움으로 인해 학생의 학업 및 SEL 필요를 지원하는 데 있어 단순히 표준화된 접근법만을 적용할 수가 없게 되었다. 평가에 대한 접근 방식도 마찬가지이다. 우리는 문해력 교육에 대한 표준적이고 일률적인 접근 방식에 반대해 왔으며, 이제 문해력 학습 향상을 위한 노력에서 평가의 역할에 대해서도 이와 동일한 입장을 취한다.

우리는 학교가 문해력 교육 과제의 유형에 대해 유연하고 목적적으로 생각함으로써 몰입도가 높고 의미 있는 문해력 기회에서 나오는 실제성 있는 평가 유형을 체계화해야 한다고 믿는다. 예를 들면, 우리의 협력 학교 중 한 곳에서는 8학년 학생들이 졸업 요건의 일부로 '다리bridge' 발표를 한다. 다리 발표는 다음 학년으로 가는 비유적인 표현으로, 학생들이 자신이 선택한 과제를 설명하는 것이다. 학생들은 스스로 고른 결과물로 발표를 준비하고, 학습 과정에서 해결한 문제와 학습 과정의 결과로 얻은 전략과 지식에 대해 토론한다. 지역사회 구성원이 패널의 일부로 초대되어 학생들에게 제시된 주제를 중심으로 피드백을 제공한다. 학교 차원의 평가 팀은 다음과 같은 것에 중점을 두어야 한다.

- 몰입도가 있는 문해력 과제를 통해 학생 학습의 역할 탐구하기
- 학생 포트폴리오와 다양한 양식의 작업 예시와 같이 과정과 결과를 보여 주며 유연하고 다양한 자료 사용하기
- 교사들이 여러 학년과 만나 자원과 평가, 교육과정을 평가하고 격차를 밝히면서 교육과정과 평가에 대해 수직적 · 수평적 접근을 검토하기
- 평가와 교육과정 조정, 학생의 필요에 토대를 두고 학년 내, 학년 간의 일관성 있는 교육 계획 개발하기
- 평가가 교육 실행을 유도한다는 점 인식하기

평가 팀 계획에 대한 유연한 접근 방식은 교사가 평가의 역할을 학생의 문해력 학습과 관련하여 비판적으로 탐구하는 기회를 제공한다. 학습과 학생의 사회정서적 필요가 매우 다양하므로, 전 학년에 걸쳐 교육과정 계획과 평가를 검토하고 몰입도 높은 과제와 관련된 평가를 탐구하며 다양한 데이터를 사용하는 것이 문해력 학습의 향상에 도움이 될 수 있다.

교육과정 채택 팀

문해력 교육과정이 학생의 문해력 학습을 지도하고 지원하는 방법에서 매우 중요한 측면이기는 하지만, 대체로 학교에서 문해력 교육과정 자료를 비판적으로 검토하는 데 할당되는 시간은 매우 적다. 이는 학교 시스템과 학군, 주에 따라 다른 다양한 상황적 요인으로 인해 교사 업무가 가중되어 있고, 교육과정 채택이 예산 일정을 따라야 하기 때문이다.

교육과정 채택 및 실행 과정에 대한 2022년 연구에서 랜드연구소Rand Corporation는, 교사들이 다언어 학습자의 필요를 충족하고 문화적으로 관련성이 있는 자료를 압도적으로 원하며 현재 가지고 있는 자료들은 이런 본질적 요구에 맞지 않다고 생각한다는 사실을 발견했다. 덧붙여 그 연구에서 특정 문해력 프로그램의 성공적인 실행에 필요한 적절한 훈련과 코칭, 리더십 지원을 받지 못했다고 느끼는 교사는 거의 없는 것으로 나타났다. 우리의 많은 연구에서도 같은 패턴을 반복해서 본다. 실제로 우리 협력 학교 한 곳에서는, 문해력 프로그램이 그 학교 학생 인구의 핵심을 이루는 다언어 학습자들에게 필요한 관심을 기울이지 못한다는 사실에도 불구하고, 운영진에서는 새로운 자료를 검토할 시간이 없다는 이유로 이전에 구입한 문해력 교육과정을 재구매하기로 결정했다. 다른 학교에서는 교장이 학교의 새 도서관을 위해 수천 권의 책을 신나게 구매했지만, 그 책들의 사용에 대해 묻자 교사들이 '학생들에게 흥미롭지 않기 때문에' 그 책들을 사용하지 않는다고 대답했다.

이러한 이유에서, 학교에서 학생의 문해력 학습 향상을 계획할 때 교육과정 채택 팀에 교사 리더와 문해력 코치, 교사, 지역사회 구성원을 포함하는 것이 매우 중요하다. 교육과정은 학생들에게 문화적으로 적절하고, 높은 흥미를 불러일으키며, 몰입을 유도하는 것이어야 하고, 학교는 그러한 교육과정의 필수적인 역할을 인식하는 환경을 조성해야 한다. 문해력 교육의 이런 중요한 측면을 보장하기 위한 한 걸음은 교사 리더와 문해력 코치, 교사, 지역사회 구성원이 교육과정 채택을 위해 제안된 자료를 비판적으로 평가할 수 있는 시간과 공간을 제공하는 것이다. 또한 학교는 교사가 채택된 교육과정을 개별 지역사회와 교실의 특정한 학습 필요, 언어적 필요, 문화적 정체성에 맞도록 유연하고 적응적인 방식으로 사용할 수 있도록 필요한 전문적 지원을 제공해야 한다. 교사 리더, 그리고 특히 문해력 코치는 채택된 교육과정에 반영되어 있는 개념들을 지원하기 위해 교사와 학생 모두의 학습에 비계를 제공하고자 교육과정을 검토하고 전략적 방법을 찾아야 하며, 이를 위해 적절한 시간과 지원이 필요하다.

학제 간 학습 촉진 팀

3학년까지 능숙하게 읽지 못하는 학생은 적절한 교육적 중재가 없으면 학년이 올라가면서 끊임없이 학업의 어려움에 직면할 것이다(6장 참조). 많은 고학년 초등학생도 점점 더 복잡한 텍스트를 접하게 되면 해결하기 어려운 문해력 문제에 부딪힌다. 팬데믹으로 인해 많은 학생, 특히 유색인종 학생의 성취 격차가 더 벌어지게 되었다. 학습 성장을 촉진하고 지난 몇 년간의 팬데믹으로 인한 파괴적인 영향을 완화하는 일은 다각도로 이루어져야 한다. 한 가지 접근 방법은 한 학년이나 학교를 넘어 학군 내 여러 학교에 걸쳐 학습 촉진에 중점을 둔 학습 팀을 개발하는 것이다. 이 팀의 목표 영역은 학생의 학습과 SEL 필요를 지원하기 위해 학교와 학군 차원에서 여러 자원을 이용한 전략을 검토하는 것이다. 현재 많은 학교에 여러 학교에 걸친 학제 간 팀이 있으나, 우리는 특정 영역의 학습 촉진을 겨냥한 특별 팀인 학제 간 학습 촉진 팀interdisciplinary accelerated learning team을 개발하는 데 중점을 둘 것을 권장한다. 이 팀이 다루어야 할 목표 영역은 다음과 같다.

- **유치원~초등학교 2학년 초기 문해력 중재:** 이는 보육 시설, 지역사회 구성원, 부모 등 지역사회 파트너와 협력하여 유치원 준비 자료를 이용할 수 있도록 하는 것이다.
- **읽기 자료 자원 구축**: 이 목표는 교실 밖과 여름 방학 및 공휴일 동안 학생들에게 책을 제공하는 방법에 중점을 둔다(이 주제에 대한 자세한 내용은 7장 참조).
- **기술 자원 구축**: 이 중점 영역은 최근 몇 달 동안 증가한 디지털 격차를 해결하기 위한 것이다. 목표는 학교와 지역사회, 학생의 가정에 기술을 도입하는 방법을 찾는 것이다.
- **진로 준비**: 실제적 학습 활동, 즉 진로 준비 기술을 지원하는

범교과적 학습 활동에 중점을 두고, 학생들이 실제 세계의 다양한 지식과 기술을 익히고 연마하도록 안내한다.

- **교내외 튜터링 기회:** 이 프로그램은 몰입도와 흥미도가 높고 동기를 부여하는 교내외의 튜터링을 늘리기 위한 학교 및 학군의 노력에 중점을 둔다.
- **사회정서적 학습**SEL: 중심 목표는 학교에서 SEL을 강화하는 것이다. 학교 차원의 실행 계획에 대한 보충 지원의 일환으로 학교 차원의 실행이 구체적으로 개발될 것이다.

주요 교육 리더십 기준은 학교에서 리더가 다양한 관계자와 협력하는 협력적 리더십의 역할이 필수적임을 강조한다(Welton & Freelon, 2019). 예를 들어, 교육 행정가를 위한 국가정책위원회 National Policy Board for Educational Administrators(NPBEA, 2015)에서는 다음과 같이 말한다. "효과적인 교육 리더는 …… 학교와 지역사회의 구성원과 협력하여 …… 각 학생의 질 높은 교육과 학업 성공, 웰빙에 대해 공유된 사명과 비전 및 핵심 가치를 개발하고 옹호하며 실행에 옮긴다"(p. 9). 이를 위한 기본 원칙은 학교가 모든 이해관계자가 의미 있는 방식으로 협력하고 주도성을 지원할 수 있도록 시간과 공간을 제공하는 것이다. 협력적이고 분산된 문해력 리더십 개발에 대한 우리의 핵심적 신념을 다음과 같이 요약하였다.

- 모든 학생은 학습 능력이 있고 긍정적인 결과를 얻을 수 있다.
- 공정한 실행에 중점을 둔 전문적 의사결정은 무엇보다 중요

하다.

- 비판적 성찰에 참여하는 것은 매우 중요하다.
- 교사와 학생의 대화는 소중하다.
- 교육적 결정을 유도하기 위해 다양한 평가가 활용되어야 한다.
- 협력적 리더십은 팀이 목표 영역을 탐색할 수 있는 시간과 기회를 제공한다.

학교에서 향상된 문해력 학습의 잠재력은 이 장에서 설명한 추가 자원(예: 구성적 대화와 다양한 팀) 외에도 교사 리더 네트워크의 개발과 문해력 코칭 및 효과적인 전문성 개발 지원으로 뒷받침된다.

결론

요약하면, 학교가 이 장에서 설명한 학습 촉진 영역에 중점을 둔 학제 간 팀을 개발한다면 유익할 것이다. 교사 리더와 문해력 코치는 이 팀을 가능하게 하고 지원하는 데 도움을 줄 수 있다. 이 팀들은 유연해야 하며, 팀 구성원이 설정한 측정 가능한 목표를 위해 협력해야 한다. 학생과 가족, 교사, 학교가 직면한 어려움은 빠른 해결책으로는 완화될 수 없다. 학습 회복 촉진 방법을 이용하려면 비판적 사고와 문제 해결력이 필요하며, 협력적이고 분산된 문해력 리더십에 대한 새로운 관점에 따라 학교와 지역사회에 존재하는 다양한 목소리를 인식하고 행동에 옮겨야 한다.

성찰하기

- 자신의 전문적 경험에 대해, 그리고 지신의 전문성이 가치 있게 여겨진다고 느꼈던 때와 장소에 대해 생각해 봅시다. 이 경험에 대해 동료들과 이야기해 봅시다. 어떤 지식이 공유되었으며 이 학습 경험에서 무엇을 얻었는지에 대해 비판적으로 성찰해 봅시다.
- 자신이 목소리를 낸다고 생각하는 전문 위원회에 대해 생각해 봅시다. 이 위원회의 특징은 무엇입니까? 이 위원회에서 공유 리더십이 어떻게 발전했나요? 만약 자신이 속한 위원회가 없다면, 자신의 목소리가 소중히 여겨지는 위원회에서는 어떤 일이 일어날지 생각해 봅시다.
- 동료를 초대해 다양한 상황에서 전문성 개발, 교실 실행, 부모와 가족의 소통과 같이 대화가 하는 역할에 관해 이야기해 봅시다. 이런 대화자 간에 대화를 강화하는 방법을 논의해 봅시다.

5장

차별화된 문해력 교육을 위한 평가

ACCELERATING LEARNING RECOVERY

FOR ALL STUDENTS

이 책은 효과적인 문해력 교육의 원칙을 따른다. 우리가 원칙에 이끌리는 것은, 그것이 실행에 영향을 미치는 교육과 학습에 대한 기초적인 이해를 제공하기 때문이다(Parsons & Vaughn, 2021). 그런데 실제 수업의 모습은 교사가 효과적인 수업의 원칙과 함께 고려해야 하는 다양한 요소에 의해 결정된다. 우리는 지금까지 이 책을 통해 공유했듯이, 예를 들어, 특정한 문해력 프로그램을 충실하게 사용하는 것을 결코 지지하지 않을 것이다. 프로그램은 그럴듯한 원칙에 따라 진행되겠지만, 교사가 직면하는 다양한 요소(예: 학생의 관심, 학생의 문화, 학생의 기분, 교실의 역동성, 학생의 현재 삶에 일어나는 사건, 다른 분야에서의 학습)를 모두 다룰 수는 없다.

교사에게는 효과적인 수업의 원칙뿐만 아니라 그가 가르치는 학생들에게 적합한 방식으로 수업을 설계하고 적용하기 위한 전문적 자율성과 주도성이 필요하고, 그에게는 그럴 자격이 있다(Pearson, 2007; Vaughn et al., 2022). 전문적 자율성이란, 교사가 성취기준을 따르면서 다양한 학습자의 다양한 요구를 충족시키기 위해 효과적인 교육 실행을 적용하는, 지식이 풍부한 전문가로 간주된다는 것을 의미한다. 나아가 전문적 자율성은 교사가 내용, 교육학, 학생에 대한 지식을 바탕으로 수업을 수정하고 조정할 자유를 가짐을 의미한다(Parsons et al., 2018).

전문적 자율성에는 전문적 책무성도 따른다. 즉, 교사는 평생 학습에 참여하고 증거 기반 교육에 대한 정보를 최신화해야 한다. 교육 전문가들은 전문 조직에 가입하고, 전문 학술지를 구독하고, 교육 학회에 참석하고, 전문 학습 경험에 적극적으로 참여하며, 다른 교육자들과 협력하여 자신의 교수 능력을 향상시키는 등의 활동을 한다. 그리고 이러한 전문적인 활동은 학교에서 지원되어야 한다. 학군과 학교, 학교 지도자는 교사가 전문적인 활동에 참여하도록 지원해야 한다. 그들은 전문 조직체의 회원권을 구입하고, 전문 학술지 구독료를 지불하며, 교사의 전문 콘퍼런스 참석을 보장하고, 고품질의 전문 학습 경험을 제공하고, 지속적인 교사 간 협력을 위한 시간과 공간을 허용하는 등의 일을 할 수 있다.

전문 교육자는 평가를 통해 자신의 교수를 차별화함으로써 최적의 교육을 제공한다. 이 장에서는 효과적인 문해력 교육 원칙 두 가지를 명시적으로 다루고 있다. **(1) 효과적인 문해력 교육은 차별화되어야 하며, (2) 지속적이고 신뢰할 수 있으며 타당하고 문화적으로 관련 있는 평가가 문해력 교육을 주도해야 한다는 것이다.** 이들 원칙은 상호 배타적이지 않으며, 오히려 복잡하게 연결되어 있다. 차별화된 문해력 교육은 "필요에 따라 텍스트, 기능 또는 지원 수준을 조정하여 독자 개인의 필요에 맞게 교육을 수정하는 것"이다 (Amendum & Conradi Smith, 2021, p. 123). **독자의 개인적 필요를 충족하도록 수업을 수정하려면** 교사는 학생의 개인적 필요를 알아야 한다. 그리고 평가는 학생들의 개인적 필요를 알아내는 가장 좋은 방법이다. 이 장에서는 먼저 효과적인 문해력 교육을 위해 차별화가 필요한 이유를 설명한 다음, 차별화된 문해력 교육을 촉진하기 위해 다양한 형태의 평가가 어떻게 사용될 수 있는지 설명한다. 마지막으로 모든 학생의 문해력 교육을 촉진하는 데 도움이 될 수 있도록 문해력 교육을 차별화하는 접근법으로 마무리한다.

교사는 왜 차별화된 문해력 교육을 해야 하는가

교육에는 단 하나의 보편적 진리가 있다. 학생들은 본질적으로 매우 다르다는 것이다. 학생들은 이전 경험, 문화, 언어 지식, 선호도, 가정생활, 배경지식, 영양 상태, 가족의 지원, 흥미, 자신감, 두려움, 열정, 친구, 인지 발달, 신체 발달, 특수성 등 무수히 많은 면에서 다르다. 그리고 이 모든 것들이 매일 다양한 수준으로 수행되는 학생들의 문해 행위에 영향을 미친다. 학생들이 얼마나 독특한지 고려할 때, 25~30명의 아동 집단을 대상으로 획일적인 문해력 교육을 적용하는 것이 최적의 교육 형태라는 것은 비논리적이다. 따라서 교사는 문해력 교육을 차별화해야 한다.

문해력 교육을 차별화하기 위해서, 교육자는 학생들의 문해 기능 및 그들이 사용하는 전략과 사용 정도 등을 포함하여 그들을 잘 알아야 한다. 물론 교사에게는 학생의 가정생활, 선호도, 이전 경험, 열정 등에 대해 알아 갈 수 있는 도구(예: 흥미 진단 도구)가 있으며, 우리는 학생을 더 빨리 알아 가기 위해 교사가 연초에 이러한 도구를 활용하도록 권장한다. 그런데 학생에 대한 보다 진실하고 깊은 지식은 학년도 전반에 걸쳐 유기적으로 발전할 것이다. 교사는 자신의 학생들과 몇 달 동안 매일 5시간 이상 함께한다. 수십 주에 걸쳐 매일 5시간 이상 이루어지는 상호작용을 통해 교사는 학생이 한 사람으로서 누구인지에 대해 강력한 이해를 얻을 수 있다. 차별화된 문해력 교육에 대하여 이러한 광범위한 관점과 함께, 교사에게는 광범위한 평가 자료가 필요하다. 마시(Massey, 2021)는 다음과 같이 말했다.

> 효과적인 문해력 평가는 다양한 자료를 활용하여 학생의 프로필을 작성하고 동시에 학생의 배경, 장점 및 관심 사항을 고려하는데, 이는 교사가 효과적인 교육을 결정하고 학생에게 생산적인 피드백을 제공하는 것을 돕기 위해서이다(p. 90).

차별화된 문해력 교육을 평가하기

여기에서 우리는 특정 평가를 수행하거나 해석하는 방법을 설명하지 않는다. 현재 교육 책무성 시대(Alexander & Fox, 2020)에, '자료data'는 매주 또는 매일 교사들이 논의하는 대상이다. 우리는 대부분의 학교가 포괄적인 문해력 평가 시스템을 갖추고 있다는 것을 알고 있다. 그래서 여기서는 학생들의 문해력 수행에 대한 확실한 그림을 얻는 데 필요한 평가 **유형**에 초점을 맞춘다. 시작에 앞서, 학습 회복을 계획할 때 평가의 목적과 역할에 대해 상기하고 싶다.

우리는 다음 핵심 사항을 개괄적으로 설명하고자 한다. 평가의 위험성은 평가를 부적절한 방식으로 사용할 가능성이 있다는 것이다(예를 들면, 개별 아동에 대한 교육적 결정을 내리기 위해 표준화된 시험 점수를 사용하는 것). 그래서 학생의 성장에 도움이 되는 일관되고 다양하며 문화적으로 반응적인 평가와 해석, 활용에 초점을 두는 것이 중요하다는 점을 강조한다. 실제로 책 전반에 걸쳐 논의한 비판적 성찰의 일환으로, 학년 수준 또는 학교 수준의 평가가 무엇인지 목록을 작성할 것을 제안한다. 다음 네 가지 질문을 통해 이 목록을 작성해 보기를 권한다.

- 평가란 무엇인가?
- 평가의 목적은 무엇인가?
- 어떤 기능이 측정되는가?
- 이해관계자(예: 문해력 리더십 팀 구성원, 개별 교사, 특정 학년)는 일상적인 계획 수립과 실천, 장기 계획 수립, 학생 목표 설정에서 이러한 자료를 어떻게 사용하는가?

읽기 발달에 필요한 필수 기능 알기

초등학교 시기를 거치면서, 특히 초등학교 저학년에서 학생들의 읽기 능력은 빠르게 발달하며, 그래서 각 학년에 따라 그리고 능력에 따라 기대치가 다르다. 예를 들어, 1학년에게 기대하는 기능과 전략은 5학년에게 기대하는 능력과 크게 다르다. 초등학교 전반에 걸친 학생들의 일반적인 읽기 발달과 가장 관련이 있는 지식과 기능, 전략을 다음과 같이 개략적으로 살펴본다. 여기서 우리가 읽기를 어떻게 개념화하는지를 검토하는 것이 중요하다. 읽기는 문자 단어를 막힘없이 식별하고 텍스트에서 의미를 추출하는 복합적인 행위이다.

이 정의에서 우리는 단어 인식, 유창성, 이해가 읽기의 세 가지 주요 요소임을 풀어낼 수 있다. 이들은 미국독서위원회(National Reading Panel, 2001)에서 확인한 다섯 기둥five pillars과 직접적으로 일치하는데, 다섯 기둥은 현재 읽기 과학SoR의 기반으로 강조되고 있다(Shanahan, 2020). 읽기의 주요 요소와 다섯 기둥 간의 일치를 보여 주는 〈표 5-1〉을 참조하라. 학생들의 읽기 발달은 〈표 5-1〉에 제시된 읽기 요소 외에 사회적 · 정서적 · 문화적 · 동기적 요인에 의해서도 영향을 받는다. 시간이 흐름에 따라 학생들의 가정생활, 감정 상태, 동기는 모두 그들의 일상적인 읽기 수행과 읽기 능력 발달에 영향을 미친다.

〈표 5-1〉 읽기의 주요 요소와 다섯 기둥의 정렬

읽기의 주요 요소	단어 인식	유창성	이해
다섯 기둥	음소 인식, 파닉스	유창성	어휘와 이해
하위 구성 요소 또는 기초 기능	알파벳 원리, 단어의 개념, 인쇄물의 개념, 해독 전략	정확성, 속도, 운율	형태론, 배경지식, 읽기 전략, 메타인지

유치원부터 2학년까지

초등학교에서 학생들은 읽기에 필요한 기본 기능을 기른다. 초등학교 초기에 학생들은 알파벳 지식, 인쇄물의 개념, 파닉스, 음운 인식 등을 개발하는데, 이 모든 것이 학생들의 해독에 영향을 미친다. 이러한 기능은 단어 인식에 필수적이며, 초보 독자가 개발해야 하는 초기 기능이다. 만약 학생들이 이러한 기능을 개발하는 데 어려움을 겪는다면, 교사가 목표에 맞는 교육을 제공하는 것이 중요하다. 그러한 중재가 없으면, 학생들이 유치원에서 1학년, 2학년, 그리고 그 이상의 학년으로 올라가면서 읽기 학습에 점점 더 어려움을 겪을 가능성이 크다(Al Otaiba et al., 2011). 학생들은 매우 다른 기능 차이를 지닌 채로 유치원에 입학한다. 예를 들어, 어떤 학생은 알파벳과 글자 대부분의 소리를 알고 유치원에 입학하고 자신의 이름을 쓸 수 있다. 다른 학생은 단지 글자 몇 개만 알고 글자의 소리는 전혀 알지 못할 수도 있다. 이런 이유로 학생들이 유치원에 입학하면, 일반적으로 알파벳 지식, 인쇄물의 개념, 음성학적 지식에 대한 검사를 실시한다. 그런 다음 교사는 이 지식을 활용하여 각 학생의 필요에 따른 교육을 제공하는데, 이러한 다양성은 차별화를 요구한다.

조능학교에서는 알파벳, 인쇄물의 개념, 파닉스, 해독, 단어 인식과 같은 읽기의 기초 기능에 중점을 두지만 의미 구성도 무시할 수 없다. 실제로 이해는 읽기의 **바로 그** 목적이므로 공식적인 읽기 교육이 시작되는 순간부터 의미 구성(즉, 어휘와 이해)에 중점을 두어야 한다. 이 글과 다른 곳(Vaughn et al., 2020)에서 이전에 언급했듯이 우리는 SoR을 지지한다. 그러나 우리는 SoR의 일부 측면(즉, 파닉스와 해독)이 어휘 및 이해 등의 다른 측면보다 훨씬 더 많은 관심을 받고 있다는 점을 우려한다.

모든 초보 독자가 읽기의 기본 요소(음소 인식, 파닉스, 해독)에 대해 적절한 교육을 받도록 하려 할 때, 우리가 읽는 이유는 텍스트에서 의미를 얻기 위함임을 기억해야 한다. SoR에 대한 열정으로

SoR의 모든 부분을 살펴보기로 하자. 학생들은 연결된 텍스트를 유창하게 읽을 수 있기 훨씬 전부터, 다른 사람이 큰 소리로 읽어 줄 때 예측하기, 추론하기, 질문하기 등의 읽기 전략을 사용할 수 있다. '코드'(알파벳, 파닉스, 해독)를 배우고 적용하는 데 필요한 엄청난 인지적 노력 없이도, 학생들은 소리 내어 읽어 주는 이야기를 이해하기 위해 고차원적 읽기 전략을 사용할 수 있다.

학생들이 견고한 해독 능력을 갖출 때까지 교육자들이 의미 구성 교육을 소홀히 하거나 지연해서는 안 된다는 점을 분명하게 강조하고 싶다. 의미 구성은 학년 수준에 상관없이 모든 읽기 수업에서 강조되어야 한다. 실제로 대부분의 유치원 교사가 흔히 유치원 첫날 가장 먼저 하는 일 중의 하나가 학생들에게 책을 큰 소리로 읽어 주는 것인데, 학생들은 이야기를 완전히 이해하고, 즐기고, 토론하고, 이야기로부터 배울 수 있다. 다음은 등교한 첫날 교사들이 읽어 주는 책 목록이다. 이는 헤드 스타트 유아 학습 및 지식 센터Head Start Early Childhood Learning and Knowledge Center에서 제공하는 것으로 '유치원의 첫날'에 관한 책이다.

- 줄리 다네버그Julie Danneberg의 『첫날은 떨려요First Day Jitters』
- 제시카 하퍼Jessica Harper의 『유치원이라는 곳A Place Called Kindergarten』
- 앨리슨 맥기Alison McGhee의 『유치원까지 카운트다운Countdown to Kindergarten』
- 데이비드 섀넌David Shannon의 『학교에 간 데이비드David Goes

to School』

- 조너선 런던Jonathan London의 『학교에 간 개구리Froggy Goes to School』
- 로런 차일드Lauren Child의 『나는 학교에 다니기에는 너무 작아요(I Am Too Absolutely Small for School)』
- 케이티 데이비스Katie Davis의 『유치원은 재미있어!Kindergarten Rocks!』
- 낸시 칼슨Nancy Carlson의 『유치원아 기다려, 내가 간다!Look Out Kindergarten, Here I Come!』
- 케이트 베루브Kate Berube의 『매의 학교 첫날Mae's First Day of School』
- 토니 존스턴Tony Johnston의 『유치원으로 출발Off to Kindergarten』
- 애덤 렉스Adam Rex의 『개학 첫날School's First Day of School』
- 앤 록웰Anne Rockwell의 『유치원에 온 것을 환영해Welcome to Kindergarten』
- 케빈 헨커스Kevin Henkes의 『걱정스러운 웸벌리Wemberly Worried』
- 조셉 슬레이트Joseph Slate와 애슐리 울프Ashley Wolff의 『빈더가든 선생님이 유치원을 준비해요Miss Bindergarten Gets Ready for Kindergarten』

어휘와 이해 수업의 모습은 학년에 따라 상당히 다른데, 우리는 결코 이를 무시하지 않는다. 학생들이 해독할 수 있고 그래서 이해할 수 있는 '준비'가 될 때까지는 의미 구성이 고려 대상이 아니라는 전통적인 믿음이 있었다. 그러나 이러한 입장은 정확하지 않다. 예를 들어, 겨우 3세인 아동도 수많은 단어의 의미를 알고 있으며 대부분의 구어를 쉽게 이해할 수 있다. 그들은 단어를 읽지 못할 수도 있지만, 여러분이 단어를 읽어 주면 이해할 수 있다. 이러한 사실을 활용하여, 우리는 초등학교에서 하루 내내 다양하게 소리 내어 읽기, 특히 교사와 학생이 멈춰서 이야기에 대하여 토론하는 상호작용적 소리 내어 읽기를 실시한다.

상호작용적 소리 내어 읽기는 유창하게 읽지 못하는 학생의 이해를 지원하는 훌륭한 방법이다. 사실은 유창하게 읽는 학생에게도 그러하다! 소리 내어 읽기는 아동들에게 문자가 단어를 구성하고 단어가 의미를 전달하며 단어가 즐거운 이야기가 된다는 점을 상기시킨다. 또한 소리 내어 읽어 주는 것은 배경지식을 쌓게 할 뿐만 아니라 유창한 읽기의 본보기가 되며, 학생들을 새로운 어휘에 노출시키고, 읽기는 사고를 필요로 하는 능동적인 것임을 알게 해 준다. 개학 첫날에도 교사가 『학교에 간 데이비드』(Shannon, 2021)에서 데이비드가 무엇을 하는지를 읽을 때, 학생들이 교사와 함께 읽지 않는 교실을 본 적이 없다.

초등학교 저학년 아동에게 소리 내어 읽기의 중요성은 아무리 강조해도 지나치지 않다. 어휘 및 이해 교육은 학생들이 아직 해독하기를 완전히 익히지 않았더라도 초기 학년에 포함해야 할 중요한 차원이다.

평가와 관련하여, 교사들이 한 학년도에 세 번, 즉 학년 초, 중간, 학년 말에 공식적인 기준 평가를 완료할 것을 권장한다. 이들 기준은 일반적으로 읽기 능력 검사 도구이다.

읽기 능력 검사 도구

읽기 능력 검사는 일반적으로 학생과 일대일로 실시하는 평가이다. 활용할 수 있는 읽기 능력 검사 도구는 다양하다. 인기 있는 검사 도구로는 발달적 읽기 평가Developmental Reading Assessment: DRA2 (Beaver & Carter, 2006)와 질적 읽기 검사 도구 – 7Qualitative Reading Inventory-7: QRI(Leslie & Caldwell, 2021)이 있다. 검사 도구에는 단어 목록과 읽기 구절이 포함되어 있다. 읽기 검사 도구를 적용할 때, 교사는 종종 단어 목록으로 시작한다. 교사가 학생에게 단어를 한 번에 하나씩 제시하고, 학생은 그 단어를 말한다. 교사는 학생이 단어를 자동적으로 인식하는지, 단어를 해독하기 위해 노력하는지, 아니면 단어를 인식하지 못하는지 기록한다. 단어들이 점점 복잡해지면서, 교사는 각 학생의 개별 단어 인식에 대한 아이디어를 얻을 수 있다. 이는 교사가 검사 도구의 다음 부분인 구절 읽기를 어디에서 시작해야 하는지에 대한 지침을 제공한다.

구절 부분에서 학생은 교사를 향해 특정 수준의 구절을 큰 소리로 읽는다. 그러면 교사는 문맥에 따른 단어 인식의 정확성을 기록하고, 학생들이 해독하기 위해 멈추거나, 잘못 읽거나, 생략하거나, 질문하는 단어를 구절의 사본에 표시한다. 교사는 학생의 읽기 속도를 파악하기 위해 읽기 시간을 측정하고, 운율(텍스트의 의미와 일치하는 표현과 구절법으로 읽기)을 평가한다. 마지막으로, 교사는 학생의 이해도를 평가하기 위해 지문에 대하여 명시적 이해(텍스트 내) 질문과 함축적 이해(행간 읽기) 질문을 던진다. 그러므로 읽기 검사 도구는 학생들의 단어 인식(개별적 및 맥락적), 유창성(속도 및 운율), 이해(명시적 및 추론적)에 대한 스냅숏을 제공한다. 다양한 수준의 구절 읽기를 통하여 교사는 학생의 대략적인 읽기 수준을 확인할 수 있다. 그런데 읽기 수준 자체는 읽기에 대한 학생들의 강점과 요구를 파악하는 것보다 훨씬 덜 중요하다.

읽기 수준은 읽는 학생에 대해 거의 알려 주는 것이 없다. 전통적으로 읽기 수준은 학생들이 접근할 수 있는 텍스트를 제한하기 위해 오용되었다(예: "조시, 녹색 책 상자에서만 책을 선택할 수 있어요."). 최근에 문해력 연구자와 교육자들은 아동에게 적합한 텍스트가 텍스트의 수준뿐만 아니라 내용, 목적, 학생의 흥미 등의 다양한 요소에 따라 결정된다는 사실을 알게 되었다. 실제로 연구자들은, 학생들이 글을 읽고 싶은 동기가 높을 때 자신의 수준보다 높은 수준의 텍스트를 읽을 수 있고 읽을 것이라고 제안했다(Schiefele et al., 2012). 더욱이 연구자들은 어려운 텍스트를 읽는 것이 실제로 학생들의 읽기 발달에 유익하다는 것을 발견했다(Morgan et al., 2000; Shanahan, 2017, 2019). 우리가 '좌절 수준frustration level'의 텍스트 읽기로부터 학생들을 보호하려고 노력했던 것이 오히려 그들의 읽기 발달을 방해했을 수도 있다. 우리는 학생들에게 점점 더 어려운 텍스트를 제시할 필요가 있다고 제안하는 것이 아니다. 그보다 우리는 학생들이 읽을 수 있도록 '허용'된 것과 그렇지 않은 것이 무엇인지에 대한 엄격한 구분보다 학생의 흥미, 읽기 목적, 텍스트 내용을 우선시해야 한다.

"시에라Sierra의 읽기는 수준 30"과 같은 무미건조한 읽기 수준과 달리, "시에라는 단어 인식과 명시적 이해는 뛰어나지만 읽기 속도가 느리고 고르지 못하며 함축적 이해에 어려움을 겪는다."처럼 단어 인식, 유창성, 이해와 관련하여 학생의 강점과 필요를 구체적으로 아는 것은 그 아이에게 차별화된 읽기 교육을 안내할 수 있는 실질적인 평가 정보를 제공한다.

우리는 1년에 세 번, 즉 학년 초, 중간, 학년 말에 모든 학생을 대상으로 읽기 능력 검사를 실시할 것을 권장한다.

비공식 읽기 평가

교사는 학생들의 학습을 분석하고, 그들의 읽기에 대해 개별적으로 논의하고, 수업 중에 그들의 작업을 관찰함으로써 학생들을 매일 비공식적으로 평가해야 한다. 이러한 매일의 비공식 평가를 통해 교사는 학생의 강점과 필요에 대하여 섬세한 시각을 가질 수 있다. 또한 이를 통해 교사는 학생을 알게 되고 그의 문해 능력의 사회적 · 정서적 · 문화적 · 동기적 요소에 대한 정보를 얻을 수 있으며, 이런 개별 특성에 따라 수업을 계획할 수 있다. 이런 비공식 평가는 교사 일상생활의 한 부분이다. 그래도 우리는 교사가 비공식 평가를 문서화하는 시스템을 개발하기를 권장한다. 학생들의 참여를 관찰하고, 작업을 검토하고, 그들과 이야기하면서 문해력 연차시 수업 전반에 걸쳐 일화적인 메모를 기록하면 학생, 그의 작업 습관, 관심사, 질문, 사고 패턴, 상호작용, 회피 행동 등에 대한 탄탄하고 섬세한 그림을 얻을 수 있다.

학생의 읽기 동기 평가하기

읽기 동기는 학생의 읽기 성취도와 밀접한 관련이 있다(Becker et al., 2010; Toste et al., 2020). 학생들이 동기 부여된 독자이면 더 많이 읽는 경향이 있다. 그리고 학생들이 더 많이 읽을수록 더 많이 숙련되고, 더 유창해지고, 어휘력이 더 늘어나고, 배경지식이 쌓이며, 이해력이 향상된다(Stahl & Heubach, 2005). 그에 더하여, 독자로서 동기 부여가 되어 있는 학생은 어려움에 직면했을 때 더 끈질기다. 그는 더 전략적이며, 독자로서 동기화되어 있지 않은 학생들보다 읽기에 더 자신감이 있다(Schiefele et al., 2012). 동기는 단순한 하나의 특성, 즉 학생이 지니고 있거나 그렇지 않은 무엇이 아니다. 실제로 동기는 매우 가변적이며 학교 수업 시간 내내 변화한다(Miller & Meece, 1999). 교사는 학생의 동기를 강화하는 수업을 설계할 수 있는 능력을 가지고 있다. 동기는 학생들의 가치, 신념, 경험에 의해 영향을 받는다(Guthrie & Barber, 2019). 동기가 부여된 독자는 독서를 중요하게 여기고, 독자로서 긍정적인 자기 인식을 가지고 있으며, 자신의 독서를 통제하고 있다고 느낀다(Malloy et al., 2017; Parsons, Parsons, et al., 2018). 학생의 문해 기능과 동기를 지원하는 데 초점을 맞춘 교육 실천과 중재에 대해서는 6장에서 더 깊이 살펴보겠지만, 여기서는 가끔 간과되기 쉬운 문해력 평가의 중요한 측면을 이야기하고자 한다.

읽기 동기는 읽기 성공과 관련이 있고, 교사는 학생의 동기를 향상시킬 수 있는 능력이 있기 때문에 학생의 읽기 동기를 확인하는 것이 중요하다. 학생들의 읽기 동기를 평가할 수 있는 여러 가지 설문 조사가 있다. 우리가 권장하는 것은 읽기 동기 프로필the Motivation to Read Profile: MRP(Gambrell et al., 1996)이다. 이는 최근 MRP-소설 및 MRP-비소설(Malloy et al., 2017)과 나 그리고 나의 읽기 프로필me and my reading profile(Marinak et al., 2015)을 포함하도록 최신화되고 확장되었다. MRP-소설과 MRP-비소설은 3~6학년 학생들을 위해 설계되었으며, 나 그리고 나의 읽기 프로필은 초등 2학년 학생들을 위해 설계되었다. 이러한 모든 진단 도구는 동기의 기대-가치 이론을 기반으로 한다(Wigfield et al., 2009). 즉, 그들은 학생들의 성공에 대한 기대치를 평가하며(읽기에 대한 자기효능감이 높은 학생들은 자기효능감이 낮은 학생들보다 더 동기화된다), 그리고 독서를 가치 있는 활동으로 여긴다.

문화적으로 관련된 평가

문화적으로 관련된 평가는, (1) 단어 인식, 유창성, 이해에 대한 읽기 능력 검사, (2) 학생의 행동, 토론, 작업 결과물에 대한 비공식 평가, (3) 문화적으로 관련된 평가를 용이하게 하는 동기의 융합이다. 읽기 검사 도구만으로는 학생이 누구인지에 대한 섬세한 차이와 복잡성을 놓치게 되는데, 이는 문화적으로 관련된 문해력 교육과 학생의 독자로서의 발전을 지원하는 데 필수적이다. 읽기 능력은 뛰어나지만 학교를 싫어하고 자존감이 낮으며 학업에서 멀어진다면, 우리가 이 학생을 적절하게 교육하고 있는 것일까? 학생들의 가정생활, 흥미, 문화, 친구, 취미 등에 대해 알아야, 우리는 그들의 삶과 관련이 있고 그들의 희망과 꿈에 부합하며 그들이 이미 알고 있는 것을 바탕으로 하는 평가와 교육을 제공할 수 있다.

평가를 논의할 때 신뢰도와 타당도는 핵심 고려 사항이다. 신뢰도는 일관성을 의미한다. 특정 평가가 학생을 평가하는 방식에 일관성이 있는가? 신뢰할 수 있는가? 타당도는 정확성을 의미한다. 평가가 평가하고자 하는 내용을 평가하고 있는가? 이들 개념은 문화적으로 관련성이 있는 평가를 요구한다. 즉, 평가는 백인 학생들과 흑인 학생들이 무엇을 알고 있으며, 무엇을 할 수 있는지에 대해 일관되고 정확한 정보를 제공하는가? 부유한 학생들과 저소득층 학생들에 대해서는 어떤가? 영어를 모국어로 사용하는 학생들과 추가 언어로 영어를 배우는 학생들에 대해서는 어떤가? 전통적으로 많은 표준화 평가가 그랬듯이 평가가 백인 중산층 학생에게 편향되어 있다면(SAT에서 그 예를 볼 수 있음)(Rosales & Walker, 2021), 그것은 신뢰할 수도 없고 타당하지도 않다.

오하이오 남동부 외딴 시골에 사는 로니Ronnie의 예를 생각해 보자. 그가 살고 있는 곳은 인구가 너무 적어서 시내에 있는 학교에 가기 위해서는 버스를 타고 30분을 가야 한다. 다른 2학년 학생들은 로니의 말투가 투박하고 문법이 부정확하다고 놀린다. 로니의 교사는 비공식 읽기 평가를 실시하고 그가 단어를 정확하게 읽고 있음에도 불구하고 강한 악센트가 있는 그의 발음이 틀렸다고 벌점을 준다.

이 가상 시나리오는 문화적으로 관련된 읽기 평가와 반대되는 것으로, 가난한 학생, 흑인 학생, 동양인 학생에게 너무 오랫동안 불리했던 평가 유형이다. 학생들의 문화나 언어의 차이를 결함이나 잘못된 것으로 간주함으로써, 교사는 학생들이 진정으로 알고 있는 것이 무엇인지 볼 수 없다. 반대로, 교사가 학생의 수행에 대하여 자신의 해석이 편향되지 않도록 경계하면서, 결손 지향이 아닌 자산 기반 입장에서 평가와 수업에 접근할 때, 그는 차이점에서 성공을 볼 수 있으며, 차이와 편견으로 가려진 지식과 기능이 아니라 실제로 학생이 가진 지식과 기능을 볼 수 있다. 몬테네그로와 얀코프스키(Montenegro & Jankowski, 2017)는 다음과 같이 말한다.

> 문화적으로 관련된 요소에는, 학생의 학습 결과 설명에서 시작하여 학생의 학습 개선으로 끝맺음하는 평가 과정이 학생의 차이를 고려하여 다양한 학생 집단에 적합한 평가 방법을 사용하는지 확인하는 것이 포함된다(p. 9).

평가 개요

다음은 유치원에서 초등 2학년까지의 학년별 권장 평가 일정이다.

유치원

- **기준 평가**: 알파벳 지식, 인쇄물의 개념, 음운론적 지식, 파닉스 지식, 개별 단어 인식, 문맥 안에서의 단어 인식, 읽기 속도, 자기 교정/메타인지, 이해
- **일상적 평가**: 학생 과제 검토하기, 학생과 대화하기, 학생의 학습 관찰하기, 해독, 유창성, 어휘, 이해, 사회적 상호작용, 기분, 흥미, 동기에 주의 기울이기

유치원을 마칠 때까지 학생은 다음을 할 수 있어야 한다.

- 책의 부분들을 식별한다.
- 읽어 주는 것을 들으면서 인쇄물을 추적한다.
- 모든 대문자와 소문자의 이름을 대고, 쓴다.
- 많은 글자와 소리의 대응을 이해한다.
- 친숙한 이야기를 다시 말한다.
- 많은 일반적인 단어를 눈으로 보고 인식한다.
- 소리 내어 읽어 준 이야기에 대한 질문에 정확하게 대답한다.
- 책 표지를 바탕으로 예측한다.
- 음소를 CVC(자음—모음—자음, 예: cat 또는 top) 단어로 결합한다.
- CVC 단어에서 음소를 분리한다.
- 운율이 맞는 단어를 식별한다.
- (고안된 철자법에 따라) 단어를 소리 나는 대로 쓴다.

- (쓰기 규약에 맞지 않더라도) 의미 구성을 위해 글을 쓴다.
- 자신의 온전한 성과 이름 및 여러 친구의 이름을 쓴다(Reutzel & Cooter, 2009).

1학년

- **기준 평가**: 음운론적 지식, 파닉스 지식, 개별 단어 인식, 문맥 안에서의 단어 인식, 읽기 속도, 자기 교정/메타인지, 이해
- **일상적 평가**: 학생 과제 검토하기, 학생과 대화하기, 학생의 학습 관찰하기, 해독하기, 유창성, 어휘, 이해, 사회적 상호작용, 기분, 흥미, 동기에 주의 기울이기

1학년 말까지 학생은 다음을 할 수 있어야 한다.

- 규칙적인 철자법을 따르는 단음절 단어를 해독한다.
- 철자가 불규칙한 일반적인 단어를 인식한다(예: was, of, said).
- 300~500개의 일견 단어를 안다.
- 읽을 때 단어가 이해되지 않으면 스스로 고쳐 읽는다.
- 소설과 비소설 텍스트를 모두 이해한다.
- 보다 표준적인 언어를 사용한다.
- 다른 사람을 위해 문자 텍스트를 만든다.
- 간단한 문자 지시 사항을 이해한다.

- 이야기에서 다음에 일어날 일을 예측하고 근거를 댄다.
- 텍스트에서 얻은 정보를 자신의 말로 설명한다.
- 읽은 내용에 대하여 간단하게 글로 쓴 이해 질문에 대답한다.
- 단어의 음절 수를 헤아린다.
- 3~4자로 된 단모음 단어의 철자를 정확하게 쓴다.
- 파닉스에 기반한 철자 쓰기를 한다.
- 기본 구두점을 사용한다(Reutzel & Cooter, 2009).

2학년

- **기준 평가**: 문맥 안에서의 단어 인식, 읽기 속도, 자기 교정/메타인지, 이해
- **일상적 평가**: 학생 과제 검토하기, 학생과 대화하기, 학생의 학습 관찰하기, 유창성, 어휘, 이해, 사회적 상호작용, 기분, 흥미, 동기에 주의 기울이기

2학년 말까지 학생은 다음을 할 수 있어야 한다.

- 학년 수준의 소설 및 비소설 텍스트를 읽고 이해한다.
- 음성학적으로 규칙적인 다음절 단어를 해독한다.
- 이중모음을 가진 불규칙 단어와 일반적인 단어 어미를 정확하게 읽는다.
- 좀 더 공식적인 언어를 사용하고, 자신의 흥미를 위해 자발적

으로 읽는다.

- 의미가 분명하지 않을 때 문장을 다시 읽는다.
- 이야기에서 사실과 세부 사항을 기억한다.
- 가상 놀이fantasy play를 통해 텍스트에 창의적으로 반응한다.
- 이야기 간의 유사점과 차이점을 토론한다.
- 모든 소리를 철자로 표현한다. 다양한 장르의 글을 쓴다 (Reutzel & Cooter, 2009).

3학년부터 5학년까지

- **기준 평가**: 읽기 정확도, 읽기 속도, 자기 교정/메타인지, 이해
- **일상적 평가**: 학생 과제 검토하기, 학생과 대화하기, 학생의 학습 관찰하기, 유창성, 어휘, 형태, 상위인지, 이해, 사회적 상호작용, 기분, 흥미, 동기에 주의 기울이기

3학년이 되면 탄탄한 읽기 교육을 받은 학생들은 일반적으로 학년 수준의 텍스트에서 접하는 대부분의 단어를 인식하고, 한눈에 알아보지 못한 단어도 대부분은 해독할 수 있다. 효과적인 읽기 교육에도 불구하고 3학년 학생들이 이러한 기능을 익히는 데 어려움을 겪고 있다면, 읽기 장애 또는 음운 처리 문제 등 읽기 전문가의 교육이 필요한 다른 문제가 있을 가능성이 높다. 따라서 초등학교 고학년의 읽기 교육은 어휘(단어의 의미), 형태론(어간, 어미 등 형태소의 의미), 이해(연결된 텍스트의 의미) 등 의미에 더 중점을 두는 경

향이 있다. 학년이 올라갈수록 텍스트는 점점 더 복잡해진다. 그래서 초등학교 고학년의 문해력 교육에서는 다양한 유형의 텍스트와 학문적 문해력(예: 역사가처럼 읽기, 과학자처럼 쓰기), 유창성에 더 많은 관심을 기울인다.

초등학교 고학년에 대해서도 저학년에서 했던 것과 동일한 평가 지침, 즉 1년에 세 번(학년 초, 중간, 학년 말) 기준 평가를 실시하기, 일상적으로 학생의 작업을 분석하여 비공식 평가를 지속하기, 학생의 읽기에 대해 그들과 함께 이야기하기, 학생이 작업을 완료하는 모습을 관찰하기를 권한다. 초등학생들은 짧은 시간 안에 읽기 기능이 크게 향상된다. 대부분의 학생은 유치원에서 알파벳과 인쇄물의 개념을 익히고, 그래서 단어 인식 능력이 빠르게 발달한다. 그들은 파닉스에 대한 폭넓은 지식도 얻게 되기 때문에 해독 기능도 엄청나게 발전한다. 또한 많은 텍스트에 노출되면서 어휘력이 늘어나고, 유창성이 향상되며, 배경지식도 쌓이는데, 이 모든 것이 이해를 향상시킨다. 3학년이 되면 많은 기본 기능(한정적 기능)이 숙달된다. 반대로, 고차원적인 의미 구성 기능(비한정적 기능)은 초등학교 전 기간과 평생 계속해서 발전한다. 결과적으로 초등학교 고학년 이상 읽기 성취도는 초기 형성기에 비해 덜 극적이다.

이러한 이유로 우리는 3~5학년에 대해서는 학년별 평가가 아니라 전체적인 평가 체계를 제안한다. 5학년 말까지 학생은 다음을 할 수 있어야 한다.

- 텍스트에 명시적으로 진술된 내용을 설명할 때와 텍스트에서

추론을 끌어낼 때 정확하게 텍스트를 인용한다.

- 이야기나 드라마의 등장인물이 어려움에 어떻게 대응하는지, 시에서 화자가 주제를 어떻게 반영하는지 등과 같은 텍스트의 세부 사항을 바탕으로 이야기, 드라마, 시의 주제를 결정한다.
- 텍스트를 요약한다.
- 텍스트의 특정한 세부 사항(예: 인물이 상호작용하는 방식)을 바탕으로, 이야기나 드라마에서 둘 이상의 인물, 배경, 사건을 비교하고 대조한다.
- 은유나 직유 같은 비유적 언어를 포함하여 텍스트에 사용된 단어 및 구절의 의미를 결정한다.
- 일련의 장, 장면 또는 연이 어떻게 결합되어 특정 이야기, 드라마 또는 시의 전체 구조를 만드는지 설명한다.
- 서술자나 화자의 관점이 사건이 설명되는 방식에 어떻게 영향을 미치는지 설명한다.
- 소설, 민담, 신화, 시의 다매체적 표현 및 그래픽 소설의 시각적이고 멀티미디어적인 요소가 텍스트의 의미, 어조 또는 아름다움에 어떻게 기여하는지 분석한다.
- 유사한 주제와 화제에 대한 접근 방식에 대해 동일한 장르(예: 미스터리와 모험 이야기)의 이야기를 비교하고 대조한다.
- 이야기, 드라마, 시를 포함한 문학 작품을 독립적이고 능숙하게 4~5학년 텍스트 복잡성 범위에서 최고 수준으로 읽고 이해한다(National Governors Association Center for Best Practices & Council of Chief State School Officers, 2010)

〈표 5-2〉 평가하려는 기능과 전략을 사용한 평가의 예

평가 도구 예/기능과 전략	알파벳 지식	단어의 개념	인쇄물의 개념	음소 인식	음운론적 인식	파닉스	개별 단어 인식	맥락 내 단어 인식	읽기 속도	읽기 운율	자기 교정 / 메타 인지	명시적 이해	함축적 이해	읽기 동기
발달적 읽기 발달 평가Developmental Reading Assessment: DRA								×	×	×	×	×	×	×
질적 읽기 목록Qualitative Reading Inventory: QRI							×	×	×		×	×	×	
수준별 읽기 목록Leveled Literacy Invention: LLI														
지속적인 기록Running records								×	×	×	×	×	×	
음운 인식 검사Phonological Awareness Test: PAT	×	×		×	×	×								
인쇄물의 개념Concepts of print			×		×				×	×				
초기 기초 기능 동적 지표Dynamic Indicators of Basic Early Skills: DIBELS	×			×					×	×				
음독 유창성Oral Reading Fluency: ORF									×	×				
CORE 파닉스 설문CORE Phonics Survey	×	×		×	×									
CORE 고빈도어 설문CORE High-Frequency Survey							×							
카우프만 교육 성취도 검사Kaufman Test of Educational Achievement	×	×			×	×	×	×	×	×	×	×	×	

학습자 과정 평가Process Assessment of the Learner						×	×	×	×	×		×		
웩슬러 개인 성취도 검사Wechsler Individual Achievement Tes								×	×	×		×		
우드콕 읽기 능숙도 검사Woodcock Reading Mastery Test: WRMT				×	×	×	×	×	×	×	×	×	×	
단어 읽기 효율성 검사Test of Word Reading Efficiency: TOWRE									×	×				
그레이 음독 검사Gray Oral Reading Test (IV) GORT-4								×	×	×				
교육과정 기반 평가Curriculum-Based Measurement: CBM	×					×	×		×	×				
읽기 능력 평가Degrees of Reading Power: DRP											×	×	×	
포괄적 음운 처리 검사Comprehensive Test of Phonological Processing: CTOPP					×	×	×							
아이오와 기초 기능 검사Iowa Test of Basic Skills					×	×	×	×						
텍사스 초등 읽기 목록Texas Primary Reading Inventory: TPRI							×	×	×	×				
초기 읽기 진단 평가Early Reading Diagnostic Assessment: ERDA	×	×	×	×	×	×	×	×	×	×				
프라이 이독성 검사Fry Readability Test												×	×	
읽기 동기 프로필-F Motivation to Read Profile-F														×
읽기 동기 프로필-NF Motivation to Read Profile-NF														×
나 그리고 나의 읽기 프로필Me and My Reading Profile														×

평가

앞에서 언급한 것처럼 여러분의 학교에는 학교가 관리하는 평가 프로그램이 있을 가능성이 높다. 「아동낙오방지법」(2002) 이후, 연방 정부가 학년 말에 적절하게 향상되었을 경우에는 보상을 하고 부진할 경우에는 불이익을 주면서 모든 하위 집단 학생(예: 인구통계학적 배경 또는 교육적 범주)에 대해 수학과 읽기 발달에 대한 연간 평가를 의무화하자, 학교는 학생의 진도를 관리하기 위한 추가 조치를 취했다. 이러한 이유로 우리는 특정한 평가를 권장하지는 않는다. 그렇지만 평가하는 기능과 전략, 지식을 간략하게 설명하는 평가 목록을 〈표 5-2〉에서 제공한다. 이 표를 통해 학교에서 현재 평가하는 것과 평가해야 할 기능, 전략, 지식을 교차 점검할 수 있다. 이러한 교차 점검을 통해 여러분의 평가 프로그램의 차이를 파악할 수 있고, 만일 차이를 확인했거나 특정 평가에 만족하지 않는다면 평가에 대한 아이디어를 얻을 수 있다. 여러분이 이 평가 목록을 완성하고, 그 결과를 학교 차원의 실행 계획을 개발하고(3장 참조), 문해력 리더십 팀과 함께 전략적 목표와 실행 가능한 단계를 논의할 때(4장 참조) 포함하기를 권한다.

모든 학생의 문해력 학습을 촉진하기 위한 차별화된 문해력 교육

캐롤 앤 톰린슨Carol Ann Tomlinson은 1990년대 후반과 2000년대 초반에 차별화 개념을 대중화했다. 그의 차별화 개념틀은 학생들의 준비 상태, 흥미, 학습 기록철을 기반으로 내용과 과정, 결과물을 변경하는 것이었다. 이 개념틀은 차별화를 위한 **계획하기**를 강조했다. 그런데 우리는 차별화 교육을 보다 광범위하게 생각한다([그림 5-1] 참조). 즉, 차별화에는 매일 일상적으로 순간순간 수정하는 것도 포함된다(Parsons, Dodman, et al., 2013). 다시 말해, 차별화 읽기 교육의 정의는 “필요에 따라 텍스트, 기능, 지원 수준을 조정하여 독자의 개별 요구를 충족하도록 교육을 수정하는 것”이다(Amendum & Conradi Smith, 2021, p. 123).

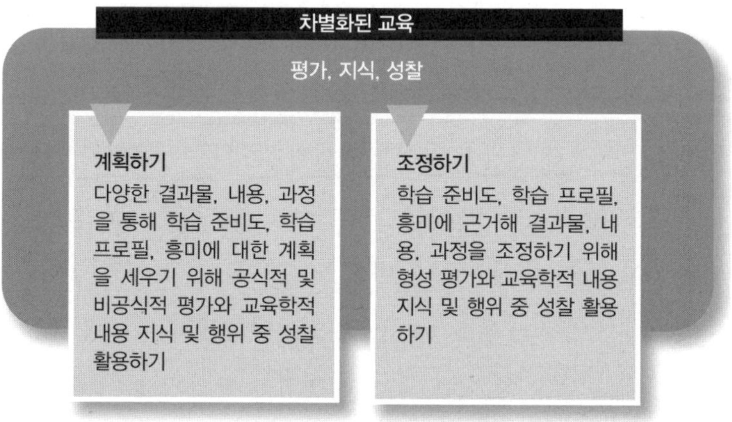

[그림 5-1] 차별화 교육 모델

출처: Parsons, Dodman, & Burrowbridge (2013)에서 발췌. PDK International의 허가를 받아 재인쇄함.

교사로서, 여러분은 학생들의 읽기 수행에 대한 정보를 제공하는 주기적인 기준 평가를 통해 수집한 자료를 분석해야 한다. 이 정보를 사용하여 학생들에게 적합한 수업을 설계할 수 있다. 너무 쉽지도, 너무 어렵지도 않은 '딱 맞는' 교육, 즉 흔히 '골디락스 원리 Goldilocks principle'라고 말하는 근접발달영역(Vygotsky, 1978)에 교육의 중점을 둠으로써, 우리는 각 학생을 앞으로 나아가게 하는 교육을 제공할 수 있다. 그러나 앞에서 설명한 것처럼, 교사는 상황 자료나 관찰 자료, 즉 일상적인 비공식 평가도 사용해야 한다. 이 자료들은 교사가 학생의 작업을 검토하고, 학생과 협의하고, 내용에 대한 학생의 반응을 관찰하고, 학생이 작업하면서 나누는 대화를 듣는 등의 과정에서 발견하는 것이다.

이러한 비공식 관찰 자료를 통해 교사는 자신이 계획한 수업을 학생의 요구에 맞게 조정할 수 있다. 종종 이러한 조정은 이전에 확인되지 않은 오개념 또는 이해의 격차, 심지어 학생들의 기분이나 사회적 관계와도 관련이 있다. 예를 들어, 모리스Maurice가 아침에 버스를 탈 때 가장 친한 친구와 말다툼을 했다면 교사는 미니레슨에 들어가기 전에 모리스가 자신의 감정을 처리하는 것을 돕기 위해 그와 함께하는 소모둠 수업을 조정해야 할 수도 있다. 만약 새이야Saija가 단원의 필수 어휘 중 일부를 잊어버렸다면, 계획된 수업을 시작하기 전에 어휘를 복습할 수 있도록 수업을 조정하는 것이 가장 좋을 수 있다. 이러한 유형의 적응적 교수(Vaughn et al., 2015)는 교사가 상황적이고 예상하지 못한 요구를 고려할 수 있도록 해 주는 중요한 차별화의 형태이다. 다른 사람들도 그랬듯이

(Hattie, 2009), 우리는 적응적 교수가 효과적인 교수의 핵심이라고 주장한다(Parsons et al., 2011).

우리는 동료들과 함께 1975년부터 2014년까지 적응적 교수에 관한 연구를 종합적으로 검토했다(Parsons, Vaughn, et al., 2018). 교사의 적응적 교수에 관한 연구 논문 66편을 깊이 있게 분석하고 우리가 자체적으로 연구를 한 결과, 적응적 교사의 두드러진 특징은 학생을 잘 알고 있다는 점임을 발견했다. 그들은 학생의 학문적 강점과 필요를 알고 있었으며, 더 중요한 것은 한 사람으로서의 학생을 알고 있었다는 것이다. 학생의 읽기 강점과 필요뿐만 아니라 흥미, 열정, 문화, 꿈, 싫어하는 것, 사회적 상황을 알면 적절하고 의미 있고 문화적으로 지속 가능한 교육을 제공할 수 있다.

우리는 차별화된 문해력 교육을 위해 학생을 아는 것이 중요하다는 점을 강조했다. 그런데 교사가 수업을 효과적으로 차별화하려면, 페다고지에 대한 깊은 지식이 필요하다. 페다고지에 대해 생각해 보면, 여기에는 학생, 교과 내용 그리고 교육학에 대한 지식이 포함된다. 독자로서의 학생에 대한 정보(주기적인 기준 평가로부터 얻은 거시적인 자료와 학생에 대한 일상적인 관찰 및 상호작용에서 얻은 미시적인 자료)를 보유하면 학생에게 필요한 것이 무엇인지 알 수 있다. 강력한 교육학 지식은 동기를 부여하고 깨우치는 방식으로 학생들의 필요를 충족하는 교육을 설계하는 데 도움이 될 것이다.

우리는 차별화를 위해 교사에게 필요한 것이 무엇인지에 초점을 맞췄다. 그렇다면 실제로 수업을 어떻게 차별화하는가? 읽기 교육을 차별화하는 효과적인 방법은 학생들을 모둠으로 만드는 것이다. 오랫동안 교사들은 안내된 읽기를 위해 읽기 수준에 따라 모둠 만들기를 해 왔다(Fountas & Pinnell, 1996). 우리는 읽기 수준에 따른 이런 차별화는 '입자 크기grain size'가 너무 크다고 생각한다. 대신에 특별한 필요에 따라 학생 모둠을 만드는 것을 권장한다. 예를 들어, 월폴과 맥케나(Walpole & McKenna, 2017)는 전형적인 읽기 기능 발달 과정을 따르는 읽기 기능을 기반으로 네 가지 유형의 모둠을 제시한다. (1) 음운 인식 및 단어 인식, (2) 단어 인식 및 유창성, (3) 유창성 및 이해, (4) 어휘 및 이해가 그것이다. 이 장에서 설명한 것과 같은 평가 프로그램을 사용하면 학생들의 음운 인식, 단어 인식, 유창성, 어휘 및 이해에 대한 정보를 얻을 수 있다. 따라서 교사는 비슷한 필요를 가진 학생들을 모둠으로 만들 수 있다. 학생을 기능에 따라 모둠으로 만들면, 교사는 학생들이 자신에게 필요한 특정 분야를 향상시키는 데 도움이 되는 목표 지향적이고 명시적인 소모둠 교육을 제공할 수 있다.

학생들을 기능별로 모둠화하는 데 특히 중요한 것은 모둠 구성의 한시적 특성이다. 즉, 1~2주 동안 선택과 협력을 통해 명시적인 교수, 안내된 연습, 매력적인 텍스트 및 실제 과제를 사용하여 지정된 기능이나 전략에 대해 소모둠과 함께 학습한 후, 학생들을 다시 모둠짓기하여 그다음 기능을 학습하도록 한다. 읽기 수준을 기반으로 한 모둠이 학년 내내 상당히 안정적으로 유지되는 경향이 있는 것과 달리, 이러한 모둠은 시종일관 뒤섞인다. 이 형식은 학생들이 독서 모둠을 기준으로 자신이나 다른 사람을 '잘 읽는' 독자 또는 '못 읽는' 독자로 식별하는 함정을 피한다.

또 다른 일반적인 차별화 형태는 읽기 수준에 따라 학생들의 텍스트를 차별화하는 것이다. 이런 유형의 차별화는 수십 년 동안 초등학교 읽기 연차시 수업의 표준이었던, 학생들이 읽기 수준에 따라 모둠으로 나누어지고 읽기 교육 수준에 맞는 책을 읽는 안내된 읽기와도 관련이 있다(Fountas & Pinnell, 1996). 앞에서 언급했듯이 우리는 이러한 모둠 만들기 전략에서 벗어나고 있으며, 또한 앞서 설명했듯이 학생과 텍스트를 짝지을 때 텍스트 수준에 초점을 맞추는 것에서 벗어날 것을 권한다(Amendum & Conradi Smith, 2021). 교사는 특정 모둠이나 특정 학생을 위한 텍스트를 신중하게 고려하여 읽기 교육을 확실하게 차별화할 수도 있지만, 주로 읽기 수쥰에 초점을 맞추는 대신 주제, 학생의 흥미, 가르치는 기능이나 전략과의 연계를 강조할 것을 권한다.

물론 우리는 아농이 자신의 능력을 훨씬 넘어서는 책을 읽으려고 하는 것을 원하지 않지만, 학생들이 많은 책에 접근할 수 있고 관심 있는 책을 선택할 자유가 있다면, 특히 교사가 학생들이 흥미가 많은 텍스트를 선택할 때 안내해 준다면, 이러한 상황은 저절로 해결되는 경향이 있다. 실제로, 텍스트 수준과 읽기에 대한 연구는 학생들이 자신에게 조금 어려운 텍스트를 읽는 것을 지원한다(Morgan et al., 2000; Shanahan, 2017; 2019). 텍스트를 기능이나 전략과 짝짓는 것은 차별화된 소모둠 교육을 위한 좋은 접근법이다. 예를 들어, 1학년 모둠이 해독 작업을 하고 있다면 해독 가능한 텍스트가 해당 모둠에 가장 적합할 것이다. 다른 모둠은 배경 설정과 성격 묘사에 초점을 맞추고 있다면, 매력적인 그림책이 더 나은 텍스트 선택이다. 이 예에서 교사는 (1) 특정 읽기 기능과, (2) 텍스트를 기준으로 학생을 모둠으로 만들고, 가르치는 특정 기능에 적합한 텍스트를 선택하여 차별화하고 있다.

앞에서 우리는 학생들에게 약간 어려운 텍스트를 읽게 하는 것이 괜찮다고, 심지어 바람직하다고 제안했다. 여기서 중요한 점은 학생들이 자신에게 다소 어려운 텍스트를 읽을 때 교사의 지원이 늘어나야 한다는 것이다. 지원은 점진적인 책임 이양, 어려운 어휘 복습, 텍스트에 접근하기 위한 배경지식 제공, 학생들이 텍스트의 오디오북 버전을 읽을 수 있도록 하기 등 다양한 형태로 제공될 수 있다.

결론

원칙에 관해 이야기하면서 이 장을 시작했는데, 끝맺음도 그러하다. 모든 학생의 문해력 학습을 촉진하려면 교육을 차별화해야 한다. 차별화가 효과적인 문해력 교육의 원칙이다. 교육을 차별화하려면 학생들을 잘 알아야 하는데, 이는 효과적인 문해력 교육의 또 다른 원칙인 일관된 공식적 및 비공식적 평가를 통해 달성된다. 효과적인 차별화는 교사의 교육학 지식에 달려 있다. 여기서 새롭게 등장하는 것은 교사 역할의 중요성이다. 효과적인 교육은 쉬운 일이 아니며, 대본으로 작성된 프로그램을 읽는 것으로는 절대로 달성할 수 없는 일이다. 이것은 교육학과 학생에 대한 깊은 지식을 갖춘 사려 깊고 성찰적인 실천가가 필요한 일이다. 학교와 학교 체계는 프로그램이 아니라 교사와 교사의 지속적인 전문적 성장에 투자해야 한다. 모든 학생의 문해력 학습 촉진은 오직 전문 교육자만이 이루어 낼 수 있는 일이다.

성찰하기

- 여러분의 학년과 학교에서 사용하는 평가 유형 목록을 작성해 봅시다. 학습 회복을 지원하는 데 필수적인 정보를 제공하는 평가는 무엇입니까? 일부 평가는 다른 평가보다 더 특정 기능을 대상으로 합니까? 학습 회복에 초점을 맞춘 평가 계획을 개발하는 데 필수적인 것이 무엇인지 문해력 리더십 팀과 협력하여 확인해 봅시다.
- 각 교사나 학년이 수업을 차별화하기 위해 사용하는 수업 방식은 구체적으로 무엇입니까? 학년 내, 학년 간의 계획 수립을 지원하는 데 도움이 되는 자원 목록을 만들어 봅시다.
- 이때 학생 동기의 중요한 역할에 대해 학년별 계획 시간에, 그리고 학교 차원에서 비판적으로 이야기해 봅시다. 학생들의 동기를 부여하고 지원하는 방법 목록을 브레인스토밍해 봅시다.

6장

문해 기능, 동기 및 문화적 관련성을 강조하는 중재

ACCELERATING LEARNING RECOVERY
FOR ALL STUDENTS

이전 장에서 평가가 주도하고 교과 내용, 페다고지, 학생에 대한 깊은 지식을 바탕으로 진행되는 차별화된 교실 문해력 교육에 대해 논의했다. 효과적인 교실 문해력 교육이 학생의 문해력 학습을 지원하지 않는 경우, 교수 방식을 변경하거나 보완해야 한다. 우리는 학생(들)을 중재해야 한다. 이 장에서 제시하는 주요 원칙은 학교가 명시적이고 동기를 부여하며 문화적으로 관련 있는 표적 읽기 중재를 제공해야 한다는 것이다. 이는 다층적 지원 시스템Multi-Tiered Systems of Support: MTSS 철학을 따르는 사고방식이다.

다층적 지원 시스템

MTSS는 모든 학생을 지원하는 것을 목표로 하는 개념틀이다(Gersten et al., 2009). MTSS의 첫 번째 단계는 모든 학생을 위한 양질의 교실 수업이다. 지속적인 평가를 통해 효과적인 수업을 받았음에도 불구하고 학생이 기대한 성과를 얻지 못하고 있음이 입증되면, 교사는 명시적 교육을 통해 개인별로 또는 소모둠별로 표적 교육을 실행한다(2단계). 표적 소모둠 교육 후에도 여전히 진전이 없으면, 학생은 전문가로부터 일대일 표적 중재를 받아야 한다(3단계). 모든 단계에서 지속적으로 모니터링하여 학생의 발전을 평가한다. 3단계에서 발전이 없는 경우 학교의 전문가(읽기 전문가, 문해력 코치, 학교 심리학자, 특수 교육 교사)는 평가와 진단을 통해 학생에게 발전을 방해하는 장애가 있는지, 특수 교육 지원이 필요한지를 판단한다. [그림 6-1]은 MTSS 모델이다.

이러한 MTSS 접근 방식은 학생이 필요한 교육을 받을 수 있도록 보장하며, 읽기 장애가 있는지를 조사하기 전에 학교가 다른 모든 교육 방법을 다 동원할 것을 요구한다. 이 철학은 특수 교육 대상 학생, 특히 특수 교육에서 과도하게 대표되는 유색인종 학생을 과잉 식별하는 것을 막기 위해 등장했다(Skiba et al., 2016). 교육자는 특수 교육을 위한 진단을 고려하기 전에 학생이 특정하고 효과적인 교실 수업과 표적 소모둠 중재를 경험하도록 요구함으로써, 문제가 학생에게 있는 것이 아니라 제공된 교육에 있음에도 불구하고 학생이 불필요하게 특수 교육 대상으로 분류되는 가능성을 줄이고 있다.

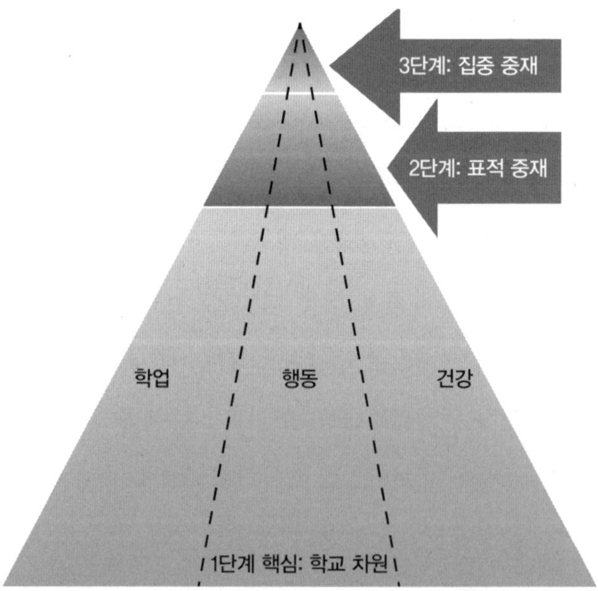

[그림 6-1] MTSS 모델

출처: 페어팩스 지역 공립학교 허가를 받아 재인쇄함.

MTSS의 세 가지 계층은 모두 문해력 교육 원칙과 일치해야 한다. 즉, 포괄적이고 차별화되며 동기를 부여하고 문화적으로 관련 있는 평가 기반 교육assessment-driven instruction을 포함해야 한다.

- **평가 기반 교육**: 지속적이고 다양하며 문화적으로 관련된 평가를 사용하여 학생의 이해를 모니터링하고, 그 평가에 기초하여 설계하고 조정하는 교육(McKenna & Walpole, 2005; 5장 참조).
- **포괄적 교육**: 구두 언어, 알파벳, 음소 인식, 파닉스, 유창성, 어휘, 이해, 말하기, 듣기, 기술 문해력technological literacies, 다양한 장르, 창의적 문해력 등을 포함하여 읽기의 다양한 구성 요소를 가르치는 교육(Stahl, 2011). 포괄적 교육은 문화적으로 관련이 있으며(Aronson & Laughter, 2016) 명시적인 교육, 안내된 연습, 기능과 전략의 실제적 사용을 포함한다(Duffy, 2009).
- **차별화된 교육**: "텍스트, 기능 또는 지원 수준을 조정함으로써 독자의 개별 요구를 충족하기 위해"(Amendum & Conradi Smith, 2021, p. 123) 수정된 교육.
- **동기를 부여하는 교육**: 흥미롭고 관련성이 높은 텍스트, 읽기 및 쓰기의 실제적 목적, 협력, 학생의 선택, 적절한 도전을 포함하는 문해력 교육(Guthrie & Barber, 2019; Parsons, Parsons et al., 2018).
- **문화적으로 관련된 교육**: 학생의 삶과 관련되고 그들이 누구인지를 존중하는 교육. "문화적으로 관련 있는 학습 맥락을 만드는 교육자는 학생들의 문화를 그들의 성공에 해가 되는 것

이 아니라 자산이 되는 것으로 보는 이들이다. 교사들은 실제로 교육과정 계획과 실행에 학생의 문화를 활용한다"(Milner, 2011, p. 69).

우리의 경험에 따르면, 학교는 평가를 사용하여 교육을 진행하는 데 꽤 능숙하고, 그래서 학생을 모둠 짓기 하는 형태의 차별화를 많이 볼 수 있다. 예를 들어, 카르모나Carmona 교사의 3학년 교실을 생각해 보라. 학년이 시작되기 전에 그는 평가 정보를 활용하여 학생들을 파악한다. 그는 학급 명단을 받으면 학년 말 읽기 능력 평가 결과를 검토하여 학급의 전반적인 읽기 능력을 파악한다. 그는 '여름 하락summer slide'을 인식하고 있기에, 일부 학생은 여름 방학 동안 책을 접할 기회가 부족하고 독서량이 적어 읽기 능력이 퇴보했을 가능성이 있다는 것을 알고 있다. 그래서 학년 시작 첫 달에 교사는 수업 절차, 일과 및 긍정적인 교실 문화를 확립하면서 각 학생과 함께 독서 목록을 작성하며 독자로서 현재 그들의 장점과 필요를 파악한다. 그는 또한 학생들의 관심사, 취미 및 열정을 알 수 있도록 그들의 관심 목록을 조사한다. 5장에 제시된 것처럼, 그는 학생들의 필요에 따라 독서 모둠을 만든다. 해독에 중점을 둔 몇몇 모둠, 유창성과 어휘 발달에 중점을 둔 몇몇 모둠, 이해에 대한 지원과 연습이 필요한 모둠 등이다. 다음 몇 주 동안 그는 일주일에 여러 번 각 모둠과 함께 학습하면서, 확인된 특정한 필요에 대해 명시적인 교육을 제공하고, 관심 목록과 학생들과 함께하는 동안에 그가 배운 것을 토대로 매우 흥미로운 실제적 텍스트에 가르친 기능과 전략을 적용할 것이다.

역으로, 읽기 동기나 문화적으로 관련된 문해력 교육에 대한 관심은 제한되어 있음을 보는데, 특히 중재가 필요한 학생들에게 그러하다. 쑤와 드레임(Xu & Drame, 2008)은 다음과 같이 설명한다.

> 문화적 · 언어적으로 다양한 배경을 가진 학생들은 그들의 문화, 언어, 유산, 경험이 양질의 교육의 일부가 되어 그들의 학습과 발전을 촉진할 때 학업에서 우수한 성과를 거둘 수 있을 것이다. …… 교육자가 중재를 계획하고 실행하거나 학생을 특수 교육 평가 대상으로 추천할 때 아동의 가정문화, 언어, 문화 적응을 고려해야 한다(p. 306, 309).

표적 읽기 중재는 읽기 학습에 어려움을 겪는 학생들에게 일반적으로 수용되고 실행된다. 그러나 표적 읽기 중재가 동기를 부여하고 문화적으로 관련성이 있는지를 확인하는 것이 일반적인 관행은 아니다. 실제로 우리가 목격하는 대부분의 읽기 중재 교육은 고통스러울 정도로 지루하고 학생들의 삶과 무관하다. 알렉산더(Alexander, 2018)가 주장한 것처럼, "독자 및 작가로 참여하는 사람들은 자신의 문해력 개발에 참여하지 않으려는 사람들에 비해 상당한 학문적 · 동기적 · 정서적 · 사회적 이점을 갖는다"(p. 735). 라파엘 멘데즈와 동료들(Raffaele Mendez et al., 2016)은 중재에 게임과 같은 매력적인 측면을 불어넣었다. 그들은 다음과 같이 결론을 내렸다.

> 2단계 중재에서 학생들과 함께하는 사람들은, 읽기 전문가가 소모둠의 다른 학생들과 일대일로 작업하는 동안, 학생들이 2인 또는 3인 모둠으로 완료할 수 있는 매력적인 읽기 활동을 제공함으로써 학습을 극대화할 수 있다(p. 294).

우리가 교육에서 볼 수 있는 부끄러운 양상은 성공적인 독자인 학생들을 위한 특정 형태의 문해력 교육과 읽기에 어려움을 겪는 학생들을 위한 또 다른 형태의 문해력 교육이다. 불행하게도 우리는 학교를 방문할 때마다 이런 일을 반복적으로 보게 된다. 예를 들어, 한 지역 초등학교를 방문하는 동안 우리는 한 모둠의 학생들이 이야기를 재빨리 읽고 미리 주어진 주간 읽기 구절의 질문에 답한 것에 대해 어떻게 보상받는지 보았다. 이 학생들은 자신과 관심 주제에 대한 발표물을 만들도록 격려를 받았다. 한편, 나머지 학생들은 이야기를 큰 소리로 읽은 후 읽기 학습지에 답해야 했다.

표면적으로는 이것이 바로 학교에서의 교육 모습이라고 생각할 수 있다. 여러분은 자신의 학교 교육을 생각하고 그것이 괜찮았다고 생각할 수도 있다. 즉, 학생들이 과제를 마치면 자신이 원하는 활동을 선택하여 참여하고 도전하는 것이다. 하지만 여기에 문제가 있다. 모든 학생이 처음부터 자신에게 매력적이고 도전적이며, 그래서 흥미롭고 동기 부여가 되는 자신이 선택한 활동을 수행할 수 있어야 한다. 게다가 연구를 통해 우리가 알고 있는 것은 역사적으로 소외된 집단의 학생들이 도전적이지 않고 반복적인 교육 활동을 하도록 내버려진 바로 그 학생들인 경우가 흔히 있다는 것이다. 이 책 전반에서 말했듯이, 학생들이 학습지를 완성하는 것은 일반적으로 도전적이지 않고 실제적이지 않으며 그들의 삶과 관련이 없다. 여러분이 이 교실에 있다면 어떤 활동에 참여하고 싶은지, 그 이유는 무엇인지 생각해 보라.

이 예에서와 같이, 책을 잘 읽는 학생들은 종종 매력적인 수업을 받으며, 동료들과 협력하고 영어 교과의 텍스트와 구성 요소에 관한 활동과 프로젝트를 완료할 수 있는 기회를 많이 갖는다. 반면, 읽기 학습에 추가 지원이 필요한 학생들은 종종 흥미롭지 않은 암기 연습을 받는다. 예를 들어, 둘리와 어새프(Dooley & Assaf, 2009)는 두 개의 4학년 교실에서 언어 수업을 연구했다. 하나는 주로 부유한 백인 학생들을 가르치는 교외 학교이고, 다른 하나는 저소득 라틴계 학생들을 가르치는 도시 학교이다. 교사들은 문해력 교육 및 학습에 대해 유사한 견해를 가지고 있었지만, 교육적 실천은 엄청난 불평등을 보여 주었다. 교외 학교의 학생들은 텍스트와 주제에 대한 지식을 사회적으로 구성하고 있는 반면, 도시 학교의 학생들은 개인적으로 개별 기능을 익혔다. 유사하게, 발데스(Valdes, 2001)는 최근 미국으로 이민했지만 영어를 구사하지 못하는 학생들의 학교 경험을 연구했다. 그는 다음과 같은 사실을 발견했다.

> ESL 학생들은 계속해서 ESL 과정에 등록하고 미술, 요리, 체육과 같은 '접근이 쉬운' 과목에 등록하는 고착화된 패턴에 갇히게 된다. …… 지적인 성장을 계속할 가능성은 그들이 영어를 '잘할' 수 있다고 여겨질 때까지 틀림없이 지연될 것이다(p. 17).

우리는 읽기 학습에서 추가 지원이 필요한 학생에게는 표적 중재가 필요하다는 것을 알고 있지만, 중재가 향상되어야 할 기능과 전략을 겨냥할 수 있어야 하며, **동시에** 동기를 부여하고 문화적으로 관련될 수 있어야 한다고 상정한다. 중재가 학생들에게 두려운 일이어야 한다는 규칙은 없다. 실제로 우리는 여러 학교의 연구에서 동기 부여적인 과제에 초점을 맞추고 학생의 언어적 · 문화적 배경을 지원하는 중재가 어떻게 학생들의 참여를 유도하고 학문적으로나 사회적 · 정서적 수준 모두에서 중요한 결과를 가져올 수 있는지 반복적으로 확인했다.

갬브렐과 동료들(Gambrell et al., 2011)의 연구에서, 100명이 넘는 학생이 실제적 과제에 초점을 맞춘 읽기, 쓰기, 토론에 참여했다. 학생들은 자신이 읽고 있는 내용에 대해 어른들에게 편지를 쓰고 책 친구 펜팔이 되었다. 이 연구 결과에 따르면, 학생들의 문해력 동기가 학년 초부터 학년 말까지 크게 증가하였다. 비슷한 결과가 읽기와 과학 통합 수업에서 실제적 텍스트의 사용, 텍스트 선집에서의 선택권, 안내된 학생 탐구를 통해 학생들의 동기를 지원하는 데 초점을 두고 설계된 연구(Guthrie et al., 2000)에서도 발견되었다. 이 연구와 같이, 우리는 중재가 텍스트를 포함하고 학생들이 교과 내용에서 멀어지지 않도록 하기를 원한다. 텍스트와 교과 내용 모두 이해에 필수적인 배경지식을 구성하기 때문이다.

이들 연구가 강조하듯이, 학생의 흥미, 살아 있는 삶, 언어를 반영하는 중재를 활용할 때 학생들은 독자로서의 자신에 대해 보다 긍정적인 시각을 가지게 될 가능성이 높으며 학업 목표를 향해 더 나아갈 것이다. 읽기 중재에 동기 부여적이고 문화적으로 관련된 실천을 불어넣으면 학생들의 문해력 성장을 촉진하는 데 성공할 가능성이 더 높다.

읽기 중재

5장에서는 모든 학생의 요구에 적합한, 즉 차별화된 수업을 제공하기 위해 공식 및 비공식 평가를 사용하는 방법을 설명했다. 이 장의 시작 부분에서는 중재에 대한 MTSS 접근 방식을 설명했다.

- **1단계**: 우수하고 차별화된 강의식 수업
- **2단계**: 1단계 교육에도 불구하고 어려움을 겪는 학생들을 위한 소모둠 표적 중재
- **3단계**: 2단계 교육에도 불구하고 어려움을 겪는 학생들을 위해 교육 전문가(예: 읽기 전문가 또는 문해력 코치)와 함께하는 일대일 환경에서의 집중적인 표적 중재

2단계 읽기 교육(소모둠 중재)을 시행할 때 수업은 어떤 모습이어야 하는가? 여기서는 교사가 지속적이고 다양한 평가를 사용하여 학생의 요구를 파악했다고 가정한다. 5장에서 우리는 문해력의 주요 요소(단어 인식, 유창성, 의미)와 다섯 기둥(음소 인식, 파닉스, 유창성, 어휘, 이해)을 하위 구성 요소 및 기초 기능과 함께 제시했다. 읽

기에 어려움을 겪는 학생을 중재할 때 평가를 활용하여 학생이 연마해야 할 지식, 기능 또는 전략이 무엇인지 파악해야 한다. 거기에서부터 교사는 목표가 명확하고 동기 부여적이며 문화적으로 관련 있는 수업을 설계할 수 있다. 여기에서 우리는 여러분에게 문해력 향상을 위한 학교의 실행 계획을 고려하도록 상기시키고자 한다(이 주제에 대한 자세한 내용은 3장 참조). 학교는 문해력 비전을 개발하고 만들기 위해 학교 차원의 문해력 팀을 참여시켜야 한다. 이에 대한 구체적인 내용은 개별 학생과 학년 수준 팀에 필요한 문해력의 요소가 무엇인지 확인하는 것이다.

명시적 교수

명시적 교수는 직접 교수(Gersten & Carnine, 1986)와 직접 설명(Duffy et al., 1986)에서 유래한다. 루첼과 동료들(Reutzel et al., 2014)은 명시적 교수를 다음과 같이 설명한다.

> (명시적 교수는) 텍스트 처리에 어떤 전략이 어떻게, 언제, 왜 사용되는지에 대하여 사고 구술과 함께 직접적인 설명과 교사 시범 보이기를 활용한다(Duke & Pearson, 2002). 또한 교사는 학생의 연습에 비계를 제공하고 안내하며, 명시적 교수를 통해 즉각 피드백을 제공하는 동시에 전략 사용에 대한 책임을 점진적으로 학생에게 이양한다. 궁극적으로 학생들에게 자기 조절 전략 사용 능력을 개발하기 위해 독립적으로 연습할 수 있는 충분한 기회를 제공한다(Archer &

Hughes, 2011, p. 408).

읽기에 어려움이 있는 학생에 대한 중재는 명시적 교수를 따라야 한다. 점진적인 책임 이양(Webb et al., 2019)을 따르는 명시적 교수 모델([그림 6-2] 참조)에서는 교사가 수업에 대한 초기 통제권을 가지고 학생들에게 앞으로 배울 지식, 기능, 전략에 대해, 그것이 무엇인지, 왜 중요한지, 어떻게 해야 하는지를 설명한다(Duffy, 2009). 다음으로, 교사는 기술이나 전략을 시범 보이는데, 말 그대로 그 과정을 사고 구술하면서(학생들이 그것을 어떻게 완료하는지, 무엇을 생각하는지, 무엇에 관심이 있는지 또는 주의를 기울이는지), 그것을 완료하는 방법을 보여 준다.

그런 다음 교사가 관찰하고 피드백을 제공하면서 학생들이 기

명시적 교수 모델

- ✔ 기능이나 전략 설명하기: 그것이 무엇인가, 그것이 왜 중요한가, 그것을 어떻게 하는가
- ✔ 기능이나 전략 시범 보이기: 보여 주기와 말하기(행하기와 사고 구술하기)
- ✔ 학생이 구체적인 피드백과 함께 기능이나 전략을 완성하도록 연습하기
- ✔ 기능을 활용하여 독립적으로 연습하기

[그림 6-2] 명시적 교수 모델

능이나 전략을 시도하게 하고, 점차적으로 학생에게 책임을 이양한다. 이 시점 이전에는 교사가 모든 통제권을 가지고 있었다. 이제 통제가 더 균형이 잡히게 전환된다. 학생이 행위를 하고 있지만, 교사가 바로잡아 주고, 안내하고, 비계를 제공하며 칭찬해 준다. 명시적 교수 모델의 안내된 실습 부분에서는 피드백이 중요하다. 자신의 진행 상황과 이해에 대하여 구체적인 피드백을 받는 것은 수행에 강력한 영향을 미친다(Wisniewski et al., 2020). 마지막으로, 교사는 학생들에게 전적으로 책임을 이양하는데, 그들은 독립적으로 기능이나 전략 사용을 연습한다.

차별화된 교육 및 중재를 안내하기 위해 평가를 사용하면 가르치는 지식, 기능 및/또는 전략을 학생의 필요에 맞출 수 있다. 명시적 교수 모델을 사용하면 기술이나 전략을 완성하는 데 필요한 과정과 사고를 학생들에게 분명하게 보이는 방식으로 가르칠 수 있다. 그러나 평가 지향적인 명시적 교수는 가르치는 수업에 참여하려는 학생의 관심이나 의지를 고려하지 않는다. 게다가 불행하게도 읽기에 어려움을 겪는 학생들은 특히 학교에서 소외되고 읽기 활동을 완수하려는 의욕이 없을 가능성이 높다(Toste et al., 2019). 이러한 이유로, 해당 학년보다 읽기 수준이 낮은 학생을 가르치는 교사는 동기를 부여하는 수업과 문화적으로 관련된 교수법에도 주의를 기울여야 한다.

동기를 부여하는 중재하기

우리는 원칙을 따르고 싶다고 충분히 분명하게 밝혔으므로, 여기에서는 동기 부여 수업의 원칙에 대해 논의하려 한다. 원칙은 여러 상황에서 적용되는 경향이 있는데, 항상 성공적인 것은 아니다. 따라서 교사는 지식이 풍부하고 성찰적인 전문가로서 이들 원칙, 학생, 교육과정, 현재 맥락에 대한 지식을 활용하여 특정 수업 상황에 어떤 원칙을 적용할지를 결정해야 한다.

여기에 제시된 원칙은 자기 결정 이론에 의해 알려진 것으로, 자율성, 관계성, 역량을 인간의 세 가지 기본적인 심리적 요구로 제시한다(Ryan & Deci, 2017). 자율성은 자신의 운명을 스스로 통제하고 있다는 느낌, 즉 지금 일어나고 있는 일에 대해 자신이 발언권을 갖고 있다는 느낌이나. 자율성의 반대는 통제되는 느낌인데, 이는 마치 모든 결정과 결과가 자신을 위해 이미 만들어져 있는 것처럼 느끼는 것이다. 관계성은 함께 있는 사람들과 연결되어 있다는 느낌, 즉 소속감이다. 역량이란 자신 앞에 놓인 과제를 성취할 수 있다고 느끼는 것이다. 이러한 심리적 요구가 충족되면 사람들은 본질적으로 동기를 부여받고, 열심히 일하고, 어려움에 직면해도 견디고, 더 나은 성취에 도달한다(Ryan & Deci, 2017).

교사는 자기 결정 이론에 따라 다음과 같은 원칙을 교육에 통합함으로써, 읽기 또는 문해 활동 참여에 대한 학생의 동기를 고양할 수 있다. 학생의 읽기 동기를 뒷받침하는 가장 강력한 요소 중 하나는 학생의 선택권이다. 연구자들은 선택이 문해력 교육에서 동기를 부여하는 구성 요소임을 반복적으로 확인했다(Guthrie et al., 2007; McGeown et al., 2016; Parsons et al., 2018). 이는 선택이 흥미와 직접적으로 관련되고, 학생에게 동기 부여의 핵심인 자율성을 제공하기 때문에 유의미하다(Deci & Ryan, 2017). 학생들은 읽을거리나 완료할 과제를 자신이 선택하게 되면 참여하려는 동기가 더 높아진다.

여기서 중요한 점은 많은 학생, 특히 읽기에 어려움을 겪는 학생이 책을 선택할 때 지도가 필요하다는 것이다. 학생, 특히 중재가 필요한 학생은 어떤 책이 있는지, 자신이 어떤 유형의 책을 좋아하는지 알지 못하는 경우가 많다. 그들은 자신에게 흥미가 있을 법한 텍스트를 찾을 수 있는 기술이나 자원이 없으며 도서관, 심지어 학급 도서관으로 향하는 것이 부담스러울 수 있다. 학생은 도서 목록(지역 도서관에는 이와 같은 훌륭한 자료가 있다!), 교사 및/또는 학생이 책의 개요를 읽어 주는 북토크, 연령에 적합한 책 서평, 학생들의 서평, 새 책의 첫 장 소리 내어 읽기 등을 통해 흥미로운 텍스트를 접할 수 있다. 교사는 학년 내내 학생을 알아 가면서 그의 삶, 관심사, 목표에 대한 깊은 지식을 얻게 되며, 이 모든 것은 교사가 바로 그 학생의 손에 바로 그 책을 전달하는 데 도움이 될 수 있다.

이와 관련하여, **흥미로운 텍스트**가 동기를 부여한다(Guthrie et al., 2007). 중학생을 대상으로 한 연구에서 아이비와 존스턴(Ivey & Johnston, 2013)은 두 교실을 그들이 '엣지 텍스트edgy texts'라고 부른 책으로 가득 채웠다. 즉, 그들은 학생들의 생활과 관련된 주제에 초점을 맞춘 최신 도서를 구입했다. 중요한 것은 그런 다음, 학생들에게 책을 소개했다는 것이다. 그들은 책의 뒷면을 읽거나 개요를 제공하여 학생들에게 이들 새로운 책이 무엇에 관한 것인지를 알려 주었다. 학생들에게는 수업 시간에 책을 읽을 시간도 제공되었다. 흥미로운 텍스트가 유입되고 그것을 읽고 이야기할 시간이 늘어나면서 학생의 읽기 빈도, 흥미, 성취도가 높아진다는 것을 그들은 발견했다. 자신에게 흥미롭지 않은 책을 읽는 것을 좋아하는 사람은 아무도 없는데, 학교는 너무 오랫동안 아이들에게 어른들이 좋아하거나 가치 있게 여기는 책을 읽도록 강요해 왔다. 이는 학생의 선택권을 박탈하고 학생의 흥미와 삶을 무시하며, 읽기 동기를 촉진할 가능성이 낮다.

학생들에게 문해력 동기를 부여하기 위한 유사한 고려 사항은 **실제성**인데, 이는 활동이 그들의 삶과 관련이 있거나 학교 밖의 삶을 반영하는 정도를 의미한다(Duke et al., 2007; Parsons & Scales, 2013). 학생들에게 부여하는 과제가 그들의 삶을 반영하지 않거나 실제 생활과 전혀 유사하지 않을 때, 그들은 과제에 참여하는 목적을 이해하기 어렵다. 단순히 학교 기반 과제인 활동, 즉 학교 밖과 무관한 활동을 수행할 때 실제를 살아가는 사람인 학생들은 흥미를 잃고, 참여하려는 동기도 낮아진다. 실제적인 이유로 읽고 쓰기를 하고, 자신의 학교 밖 생활과 관련된 문해 활동을 할 때 학생들이 참여하려는 동기가 더 커진다(Gambrell et al., 2011; Marinak, 2013).

협력은 학생들에게 동기를 부여하는 문해력 교육의 또 다른 요소로, 관계에 대한 심리적 요구를 구현한다. 학습은 사회적 현상이며

(Vygotsky, 1978), 읽기는 사회적 상호작용에 도움이 된다. 우리에게는 열렬한 독서가인 친구가 여러 명 있는데, 책에 관해 지속적으로 이야기하고, 문자를 보내고, 이메일을 보낸다. 우리는 책을 추천하고 추천을 받으며, 책에 대한 반응을 표현하고, 책을 비평하고, 인물을 분석하는 등의 작업을 한다. 이는 우리가 독자로서 시작하는 자연스러운 토론이며, 읽기를 더욱 재미있게 만든다. 종종 우리가 책을 다 읽고 나서 가장 먼저 하는 일은 친구에게 우리의 반응을 문자로 보내는 것이다. 그러나 우리는 학생들에게는 텍스트를 중심으로 이러한 종류의 사회적 행동에 참여할 기회를 너무 드물게 제공한다. 우리가 학생들에게도 그렇게 할 때, 그러한 것들이 학생들의 읽기 동기를 강화한다(Ivey & Johnston, 2013; Parsons, Parsons, et al., 2018).

우리는 어려움을 겪고 있는 학생들과 함께 읽기 중재를 완료하고자 할 때 조급해한다는 것을 경험을 통해 알고 있다. 어쩌면 한 학생과 일주일에 두 번 30분씩만 함께할 수도 있고, 또 어쩌면 결석으로 인해 학생이 마지막 수업을 놓쳤을 수도 있다. 어쨌든 시간은 결코 충분하지 않으며 우리는 매 순간을 극대화하기를 원한다. 통제권을 가지고 모든 것을 결정하고, 학생과 일대일로 학습하여 정해진 시간 안에 수업 전부를 최대한 압축하여 넣고 싶은 충동이 있다. 그런데 학생이 통제를 받고 내용이 자신의 관심사와 무관하기 때문에 지루해하거나 저항하거나 좌절한다면, 그 시간이 효과적으로 사용되고 있는 것인가? 학생의 심리적 요구를 더 잘 충족하고 동기를 높이기 위해 약간의 시간과 통제력을 잃는 것은 가치가 있다.

여기에서 자기 결정 이론과 관련된 중요한 점은 중재에서 읽기에 대한 추가 지원이 필요한 학생은 읽기와 관련된 역량이 부족할 가능성이 있다는 것이다. 반복되는 실패와 그에 따른 혼란 그리고 대부분의 동료가 성공하는 것을 볼 때의 당혹감은 그들의 역량에 해를 끼친다. 그러므로 반복적인 실패를 경험한 독자들에게 우리가 할 수 있는 가장 좋은 일 중 하나는 그들에게 성공의 느낌을 주는 것이다. 따라서 자신이 선택한 매우 흥미로운 텍스트를 쉽게 많이 읽을 수 있는 것이 유리하다. 선택에 관해 참고할 점은 그것이 넓게 열린 선택일 필요는 없다는 점이다. 학생이 관심을 가질 가능성이 있다면, 그에게 세 가지 선택권을 주는 것은 자율성을 허용하기에 충분하다. 그럼에도 불구하고 읽기 능력이 좋지 않은 학생, 특히 반복적인 어려움을 겪는 2학년 이상의 학생은 중재 방식에 저항하거나 부정적일 가능성이 높다는 점을 교사가 인식하는 것이 중요하다.

읽기의 인지적 측면뿐만 아니라 동기 부여 측면에도 중재를 집중함으로써 읽기에 어려움을 겪는 학생들과 함께하는 학습을 향상시킬 수 있다. 그리고 중재를 문화적으로 관련 있도록 만들기 위해 노력한다면 학생들과의 학습을 최적화할 수 있다. 다음에서 설명하는 것처럼 동기 부여의 원칙과 문화적으로 관련된 교육의 원칙 사이에는 겹치는 부분이 많다.

문화적으로 관련된 중재하기

여기에서는 백인과 아시아인 학생들이 흑인과 라틴계 학생들보다 더 높은 성취도를 보이는 '**성취 격차**achievement gap'에 주목하고자 한다. 다른 이들(McIntyre & Turner, 2013)처럼, 우리는 '성취 격차'라는 용어는 잘못된 명칭이라고 제안한다. 압도적으로 백인 중산층 여성인 교사들은 전통적으로 자신의 경험과 문화에 부합하는 방식으로 가르쳐 왔으며, 이를 통해 백인, 중산층의 규범, 가치, 우선순위를 반영하는 교육을 제공했다(Goldenberg, 2014). 그 대신에 문화적으로 관련 있는 수업을 제공하는 교사는, 다양성을 문제로 보지 않고 학생들이 가져오는 지식의 보고로 생각하는 방식으로 수업을 차별화한다. 이에 맥킨타이어와 터너(McIntyre & Turner, 2013)는 '성취 격차' 대신 '학습 기회 격차'라는 용어를 제안하고 있다. 모든 학생에게 학습 기회를 제공하려면 교사는 문화적으로 적절한 교육을 제공해야 한다. 이 장을 구성하는 MTSS 접근 방식의 모든 단계에서 문화적으로 관련된 교육이 구현되어야 한다. 따라서 비록 중재에 관한 이 장에서 우리가 문화적으로 관련된 교육을 논의하지만, 이는 모든 수업에 필요하다.

아론슨과 래프터(Aronson & Laughter, 2016)는 문화적으로 관련된 교육자들의 다음과 같은 특징을 확인하면서 사회 정의를 위한 문화적으로 관련된 교육의 지표를 공유했다.

- 문화적으로 관련된 교육자는 구성주의적 방법을 사용하여 학생의 문화적 자원을 학문적 기능 및 개념과 연결하는 교량을 개발한다.
- 문화적으로 관련된 교육자는 학생이 교실에 가져오는 지식과

문화적 자산을 기반으로 한다. 문화적으로 관련된 교실은 모든 학생을 포용한다.

- 문화적으로 관련된 교육자는 학생이 자신의 삶과 사회에 대해 비판적 성찰을 하도록 유도한다.
- 문화적으로 관련된 교육자는 교실에서 나타나는 모든 문화에 대한 분석을 지원하기 위해 포용적인 교육과정과 활동을 사용한다.
- 문화적으로 관련된 교육자는 학생의 문화적 역량을 촉진한다. 문화적으로 관련된 교실은 학생이 자신과 다른 사람의 문화에 대해 배우고 자긍심을 키우는 장소이다.
- 문화적으로 관련된 교육자는 권력 담론에 대한 비판을 통해 억압적인 시스템의 가면을 명시적으로 벗기고 해체한다. 문화적으로 관련된 교육자는 교실 안에서만 활동하는 것이 아니라 모든 사회 구성원을 위한 사회 정의를 추구하는 데에도 적극적이다(p. 167).

마찬가지로 터너와 동료들(Turner et al., 2021)은 문화적으로 관련된 교육을 제정하는 원칙으로 다음을 제시했다.

- 학생, 가족, 지역사회와 배려하는 관계를 구축한다.
- 학생의 문화와 언어 지식을 유지하는 학습을 촉진한다.
- 학생의 문화적 · 언어적 지식 자산을 활용하여 학교 문해력에 접근하도록 한다.

- 학생의 사회정치적 의식을 함양한다(p. 237).

이러한 지침을 보면 관계성이 문화적으로 관련된 교육의 핵심임이 분명하다. 우리는 여러분이 학생을 잘 아는 것이 중요하다고 강조했는데, 한 걸음 더 나아가 학생들과 신뢰하고 존중하는 관계를 구축하는 것이 중요하다. 학생이 누구인지를 진정으로 존중하고 그를 잘 알아야만 교과 내용과 기능을 그의 경험, 가정생활, 문화에 연결할 수 있다. 문화적으로 관련된 교육의 이러한 핵심 특징은 자기 결정 이론에서 관계성이라는 심리적 요구와 일치한다.

또한 앞서 제시된 아론슨과 래프터(Aronson & Laughter, 2016) 및 터너와 동료들(Turner et al., 2021)의 문화적으로 관련된 실행을 구현하려면, 교육자는 다양한 문화적 가치, 경험, 규범, 기대를 배우기 위해 열심히 노력해야 한다. 그리고 교사는 자신의 문화와 자신이 가지고 있는 의식적 · 무의식적 편견을 더 잘 이해하기 위해 깊은 성찰 작업을 수행해야 한다. 학교가 유색인종 학생들을 소외시키고 그들에게 해를 끼치는 장소가 되는 경우가 너무 많다(Whitaker, 2022). 교사와 학교는 모든 아동이 학교에 속해 있다는 느낌을 가지도록 할 책임이 있다. 이를 위한 첫 번째 단계 중 하나는 결핍 관점을 제거하고 대신 학생들이 가져오는 풍부한 지식 자산에 초점을 맞춘 자산 기반 관점을 채택하고(Gay, 2010), 학생들이 자신의 문화적 배경의 풍부함을 볼 수 있도록 도와주는 것인데, 이것이 학교가 가치 있게 여기는 것과 항상 일치하지는 않는다(Ladson-Billings, 2006).

중재가 동기를 부여하고 문화적으로 관련될 때, 성공할 가능성이 크다. 실제로 우리는 1단계와 2단계 교육 모두 동기 부여 교육의 원칙을 따라야 하며, 효과적인 교실 및 소모둠 교육으로 '자격을 갖추기' 위해서는 문화적으로 관련된 교육이 제시되어야 한다고 생각한다. 그렇지 않으면, 일부 학생들은 학생과 관련된 어떤 문제 때문이 아니라 수업의 결점 때문에 성공하지 못할 것이다.

실행에서의 효과적 중재

우리는 실제 수업으로 전환하기 어려울 수 있는 탈맥락화된 교육 지침과 원칙을 제시하고 있음을 인지하고 있다. 따라서 여기서 동기를 부여하고 문화적으로 관련 있는 읽기 중재가 표적 읽기 중재에 적용될 때 어떤 모습일 수 있는지에 대한 두 가지 수업 사례를 제시한다.

1학년 학생들을 위한 언어 연차시 수업의 사례

제니퍼 오어Jennifer Orr
버지니아 페어팩스 지역 공립학교Fairfax County Public Schools, Virginia

아침 회의와 짧은 스트레칭/운동 후, 우리는 카펫으로 돌아와 언어 과목을 시작한다. 나는 1학년 학생들에게 캐롤 보스턴 웨더포드Carole Boston Weatherford의 책 『재즈 베이비Jazz Baby』 표지를 보여 준다. 재즈 음악을 아는 사람이 있는지 물어보고, 노래의 일부를 짧게 연주한다. 나는 책을 큰 소리로 읽어 주고, 그들이 돌아서서 책과 등장인물에 대해 짝과 이야기할 수 있도록 몇 번 멈추기도 한다.

책을 읽고 이야기를 나눈 후, 나는 책에 나오는 몇 가지 단어(strike, strings, sway, swing)를 이젤 위에 올려놓는다. 각 단어의 시작 부분에 있는 겹자음consonant blends을 살펴보고 이들이 만드는 소리에 대해 이야기한다. 학생들이 독립적 읽기를 위해 카펫을 떠날 때 나는 그들에게 st 또는 sw 겹자음이 포함된 다른 단어를 찾도록 과제를 부여한다. 그들은 책에 해당 페이지를 표시하고 나중에 우리가 함께 볼 수 있도록 카펫에 다시 가져올 수 있다.

학생들은 자신의 책 상자를 들고 일어나서 책을 읽을 조용한 장소를 찾는다. 책 상자에는 소모둠 환경에서 나(또는 다른 교사)와 함께 읽은 책 모음이 들어 있어 다시 읽기rereading에 완벽하다. 그들은 읽기 시간에 우리가 함께 읽은 시와 노래가 담긴 읽기 공책도 가지고 있는데, 이것도 다시 읽기에 유용하다. 마지막으로, 그들은 교실 도서관에서 선택한 책을 가지고 있다. 이 책들은 학생들이 아직 독립적으로는 읽을 수 없는 책이지만, 그들이 선택한 책, 흥미로운 책, 읽고 싶어지는 책이다. 독립적인 읽기 시간 동안, 학생들은 책 상자에서 선택 가능한 책을 모두 읽는다, 그들은 또한 이 시간에 자신이 가지고 있는 책과 시에서 겹자음 단어를 찾는다. 학생들은 책의 페이지를 표시하거나 찾은 단어를 쉽게 적을 수 있는 포스트잇을 가지고 있다.

학생들이 읽기 자료를 받으면 나는 첫 번째 모둠을 부르고 우리 교실의 보조교사도 그렇게 한다. 내가 만나는 네 명의 학생은 문해 기능뿐만 아니라 학습을 시작하는 데 추가 지원이 필요한 학생들이다. 그들과 먼저 만나서 두 가지 요구사항을 해결한다. 특정한 과제를 모둠에서 끝내고 그들을 독립적인 시간에 집중하도록 보낼 수 있는 것이다.

학생들은 자리에 앉으면 자신들 앞에 화이트보드와 마커가 놓여 있는 것을 발견한다. 나는 그들에게 이전 모둠에서 공부했던 단어의 부분을 사용하여 몇 단어를 쓰라고 한다. 그런 다음 바바라 플로레스Barbara Flores의 책 『나는 무엇이 될까What Should I Be?』를 소개하는데, 이 책은 파티에 입고 갈 옷을 고르는 소년에 관한 이야기이다. 우리는 파티에서 입고 싶은 옷에 대해 간략하게 이야기하고, 그 후에 학생들은 독립적으로 읽기 시작한다. 나는 각 아동이 나에게 한두 페이지 읽어 주는 동안 귀 기울여 들으면서 유창성과 해독 능력을 평가한다. 학생들은 그 책을 두세 번 읽는다. 우리는 소년이 고려한 의상이 가능한지에 대해 우리의 생각을 함께 이야기한다. 그런 다음 책을 살펴보면서 sh 이중음자digraphs가 있는 단어를 찾고, 또한 ch 및 wh 이중음자가 있는 단어를 찾는다. 우리는 화이트보드에 이런 이중음자로 된 몇 가지 단어를 쓰는 연습을 한다. 그 후에 학생들은 책을 가져와 책 상자에 추가하여 계속해서 읽는다. 떠나기 전에, 각 아동은 가서 자신의 책 상자에 있는 것 중에서 어떤 책을 먼저 읽을지 나에게 보여 준다.

나는 다음 모둠의 학생 한 명을 먼저 부른다. 나는 그 아이에게 독립적으로 읽고 있는 책에 대해 물어보고 그가 가장 좋아하는 책 중 하나를 나에게 읽어 달라고 한다. 그런 다음 나는 그 모둠의 다른 아이들을 부른다. 이 모둠도 학년 수준 목표보다 낮은 성취를 기록하고 있다. 나는 이 학생들에게 바바라 플로레스, 엘레나 카스트로Elena Castro 및 에디 에르난데스Eddie Hernandez의 『나를 위한 아침 식사Breakfast for Me』를 준다. 읽기 전에 우리는 아침 식사로 무엇을 먹고 싶은지에 대해 이야기한다. 학생들이 책을 읽는 동안 다시 한번 나는 귀 기울여 일대일로 듣고 각 학생의 필요에 따라 지원한다. 책 속의 소년은 아침 식사로 계란, 토르티야, 국수 등 다양한 것을 먹는다. 이들 음식에 대한 학생들의 지식에 따라 이 책이 다소 어려울 수도 있다. 책을 몇 번 읽은 후, 우리는 그 소년이 먹은 음식 중 우리가 가장 좋아하는 음식에 대해 이야기한다. 마무리하기 전에 st 및 br 겹자음이 포함된 단어를 찾고 해당 단어 중 일부를 작성한다.

보조 교사가 두 번째 모둠을 마친 후 학생들에게 책 수다 친구book buzz buddy(읽기 연차시 수업이 끝날 때 함께하는 짝)를 찾도록 한다. 학생들은 몇 분 동안 함께 책을 읽거나 서로 책을 공유할 수 있다. 그런 다음 학급 전체가 카펫으로 돌아간다.

st 또는 sw 단어를 찾은 학생들은 이를 공유하고 우리는 그것을 차트에 추가한다. 우리가 탐구해 왔고, 그리고 학생들이 스스로 읽은 내용에서 찾은 겹자음 및 이중음자가 포함된 단어로 가득 찬 차트를 우리는 함께 읽었다. 나는 학생들에게 겹자음과 이중음자에 대한 자신의 지식을 활용하여 독자로서 그리고 작가로서의 자신에게 도움을 줄 수 있으며 그들이 원할 때 언제든지 『재즈 베이비』를 다시 읽을 수 있다는 점을 상기시킨다!

6학년 학생들을 위한 언어 연차시 수업의 사례

사라 버로우브리지Sarah Burrowbridge
버지니아 페어팩스 지역 공립학교

초등학교 고학년에서 학년 수준보다 훨씬 낮은 수준으로 책을 읽는 학생이 읽기에 어려움을 겪는 데에는 여러 가지 이유가 있을 수 있다. 따라서 교사는 종종 총체적 관점에서 중재를 살펴봐야 한다. 예를 들어, 부진한 학생은 배경지식, 내용 어휘 또는 특정 읽기 능력이 부족할 수 있다. 나는 주로 영어를 추가 언어로 배우는 저소득층 학생들로 구성된 학생 집단을 대상으로 하는 Title I 학교에서 가르치고 있다. 나의 6학년 교실(페어팩스 지역에서는 초등학교가 6학년까지임)에서는 수업 구조 안에 중재가 설계되어 있다. 수업은 그날의 기능을 가르치는 짧은 학습으로 시작된다. 해당 기능은 일반적으로 이전 기능을 기반으로 구성되며 학생들이 이전에 배운 다른 기능과 함께 차트에 나열된다. 모든 학생에게 동일한 공유 텍스트를 활용하는데, 그를 통해 학생들은 동일한 지식을 공유한다. 수업이 끝난 후 학생들은 독립적인 읽기를 통해 연습할 기능에 대한 목표를 설정한다. 나는 각 학생이 목표를 설정했는지, 그것이 적절한 목표인지를 확인한다. 나는 이 목표를 사용하여 면담을 구상하고 기능별로 작은 모둠을 만든다. 이 접근법의 필수 구성 요소 한 가지는, 학생이 매우 관심이 있고 자신의 수준에 맞는 텍스트에 접근하고 그것을 선택할 수 있다는 것이다.

학생들의 읽기 수준은 수업에서 각 학생의 학습 시간 구성 방식에도 영향을 미친다. 나는 학생의 읽기 수준을 높이는 가장 중요한 요소 중 하나가 과제에 집중하는 시간을 최대한 늘리는 것이라고 믿는다. 읽기에 어려움을 겪는 학생 중 다수는 지구력이 떨어지는 편이어서, 수업 시간이 반 친구들보다 좀 더 구조화되어 보일 수 있다. 미니 레슨이 끝나면 즉시 추가 지원이 필요한 학생이 있는지 확인한다. 나는 면담을 통하여 그들이 읽기를 하면서 수행하는 구체적이고 실제적인 과업이 있는지 확인한다. 예를 들어, 나는 "한 등장인물과 다른 등장인물이 어떻게 상호작용하는지 세 가지 예를 찾아보고, 그것이 주인공에 대해 무엇을 말하는지 생각해 보세요."라고 말한다. 교실을 돌아다니며 면담을 통해 확인한 후 소모둠을 시작한다. 이들 소모둠은 일반적으로 기능에 초점을 맞춘다. 시범 보이기에 사용하기 위해 뽑아 온 짧지만 흥미로운 텍스트를 활용한다.

나는 학생에게 흥미로운 텍스트를 결정하기 위해 관심 목록과 학생 면담을 활용한다. 이 예에서는, 우리는 파블로 카르타야Pablo Cartaya가 쓴 『마르쿠스 베가는 스페인어를 말하지 않는다Marcus Vega Doesn't Speak Spanish』의 첫 장을 읽고 있었다. 이번 수업에서는 학생들에게 무엇을 시범 보일지 계획을 세운다. 예를 들어, "저는 오늘 읽으면서 주인공이 다른 등장인물과 상호작용할 때마다 포스트잇을 붙여 놓을 예정입니다."라고 말한다. 나는 한 부분을 정하여 읽기 시범을 보인 다음, 학생들에게 시도해 보라고 요청한다. 그런 다음 "이제 멈추어 상호작용을 다시 읽고 그것이 주인공에 대해 무엇을 말해 주는지 알아보겠습니다."라고 한다. 시험 보이기를 마친 후 학생들에게 시도해 보라고 요청한다. 학생들이 시도하는 동안 나는 각 학생이 무엇을 하고 있는지 엿보고 재빨리 그와 이야기한다.

이와 같은 매우 구체적인 수업에서도 학생이 어려움을 겪을 수 있는 데에는 여러 가지 이유가 있다. 내가 이야기한 첫 학생은 사용되는 단어 중 몇 개를 몰라서 혼란에 빠진다. 나는 그와 함께 문맥 단서를 사용하여 어려운 단어를 해독한다. 또 다른 학생은 이야기를 개인적인 경험과 멋지게 연결하여 등장인물의 상호작용을 이해하는 데 도움이 되었다. 나는 모둠에 도움이 되도록 내가 관찰한 학생의 전략을 강조한다. 마지막으로 그들을 다시 자신들의 개인 텍스트로 안내한다. 나는 학생들이 내 근처에서 책을 읽을 수 있는 몇 분의 시간을 주는데, 이는 그들이 자신의 지식을 읽기에 적용하는지를 확인하기 위해서이다. 나는 다음 단계를 결정하기 위해 관찰 내용을 기록한다. 그 모둠은 단순히 학생들의 읽기가 학년 수준보다 낮다는 이유로 함께 있지는 않을 것이다. 그들은 유사한 기능에 어려움을 겪고 있는 학생들과 합류할 것이며, 그들이 이 기능에 진전을 보이고 다른 기능을 숙련해야 할 때 나는 그들을 다른 학생들과 모둠으로 만들 것이다. 명시적인 시범 보이기를 자주 하고 학생들은 이를 각자의 읽기에 적용하므로, 가르치는 기능이 동일하더라도 모둠 내에서 읽기 수준이 다를 수 있다.

이러한 수업 사례에서 알 수 있듯이, 교사는 목표로 하는 문해 기능을 강조하고 학생들에게 동기를 부여하고 흥미로우며 문화적으로 반응하는 교육에 대해 우리가 알고 있는 것과 연결되는 교육적 중재를 제공하는 데 집중할 수 있다. 효과적인 문해력 교육은, 교사가 기능과 전략을 시범 보이고 학생들이 그 기능과 전략을 사용하여 연습할 때 **구체적인 피드백**을 제공하는 **명시적 교수**를 포함한다. 효과적인 문해력 교육은 음운 인식 및 파닉스 같은 한정적 기능과 어휘 및 이해와 같은 비한정적 기능을 다룬다는 점에서 **포괄적**이다.

결론

효과적인 교육에도 불구하고 읽기 능력이 향상되지 않는 학생에게는 추가적인 다른 교육, 즉 다음 단계로 나아가기 위해 필요한 지식, 기능 및 전략에 초점을 맞춘 교육이 필요하다. MTSS 프레임워크를 사용하면 교사는 우수한 교실 수업과 일대일 또는 소모둠별 표적 교육(중재)을 제공하여 모든 학생의 필요를 충족할 수 있다. 중재에는 일반적으로 평가 기반 소모둠 교육이 포함되며 우리가 지원하는 기능과 전략에 대한 명시적 교수를 사용한다. 이러한 중재는 수업이 동기 부여 원칙과 문화적으로 관련된 교수 원칙을 따르도록 함으로써 강화될 수 있다.

성찰하기

- 단계적 중재 시스템 내에서 현재 중재를 비판적으로 검토해 봅시다. 중재가 학생들에게 동기를 부여합니까? 앞서 설명된 대로 문화적으로 관련된 교육에 대해 우리가 알고 있는 내용과 실천이 일치합니까?
- 앞서 설명한 교실 예를 사용하여 각 교사가 학생의 학습을 확장하고 지원하기 위해 할 수 있는 추가 교육 과제와 미래를 위한 중재는 무엇입니까?
- 이 장을 읽은 후 3장에서 개발된 학교 차원의 실행 계획을 다시 살펴봅시다. 동기를 부여하고 문화적으로 관련 있는 중재를 지원하기 위해 교육 활동과 학교 차원 계획을 포함할 수 있는 학교 차원의 실행 계획 내 대상 영역은 무엇입니까? 학교의 문해력 리더십 팀과 구체적으로 논의하고 보고해 봅시다. 그런 다음 피드백, 검토 및 공동 수정을 위해 교사들과 널리 공유해 봅시다.

7장

학교 안팎의 보충학습 프로그램

ACCELERATING LEARNING RECOVERY
FOR ALL STUDENTS

우리는 학교 전반의 이해관계자 팀의 일원으로서 최근 학습 회복 지원 및 향상을 위해 여러 학교가 제출한 제안서를 검토해 달라는 요청을 받았다. 우리는 이 과정에 참여하게 되어 기뻤고, 이 책에 대한 우리의 작업을 고려할 때 매우 시의적절한 기회라고 생각했다. 하지만 제안서 전반에서 확인할 수 있었던 것은 학년 성취 수준 이하의 학생들을 위한 전산화된 읽기 프로그램과 중재 교육과정 자료의 라이선스에 대한 추가 요청이었다. 예를 들어, 한 제안서는 여름방학 중 반나절 프로그램에서 학생들을 가르치기 위해 고도로 숙련된 독서 중재 전문가를 고용했음에도 불구하고, 학생들이 전산화된 읽기 프로그램에 참여할 수 있도록 더 많은 시간을 제공할 수 있게 해 달라고 했다. 또 다른 학교에서는 처방된 교육과정 안에 더 많은 텍스트를 추가하기 위한 지원금을 요청했다.

우리가 기술의 가치를 인정하고 그것이 학생의 문해력 학습을 향상할 뿐만 아니라 학교의 교육과정을 위한 요구에 중요하게 기여하는 것을 인정한다고 하더라도, 이러한 구성 요소만으로는 모든 학생의 교육적 요구를 충족하지 못한다. 이 책 전반에서 언급해왔듯이, 문해력 프로그램이든 기술 프로그램이든 단일한 한 가지 방법만으로는 모든 학생의 필요를 충족하지 못하며, 당장에 무언가를 얻을 수 있는 빠른 해결책이 될 수도 없다.

학습을 촉진하는 것은 학교가 학습 격차를 해소하고 학교 전반의 학생 성공 목표를 지원하기 위해 협력적으로 생각하며 학생의 학습 요구를 충족하기 위해 학교 안팎 모두에서 실천을 구현하도록 요청하는 통합적인 절차이다. 이러한 보충 프로그램을 구현하기 위한 전략적 접근 방식은 학생의 문해 기능과 지식을 향상시키는 것이 주요 목표임을 인식하고 학생의 웰빙을 지원하는 것이다. 효과적인 학교 안팎의 보충 프로그램은 단계적인 학습과제 제시와 지원을 통해 학생들에게 필요한 기능과 지식을 습득할 수 있도록 힘을 실어 주는 데 중점을 둔다. 이 장에서는 학교 안팎의 학습 프로그램이 모든 학습자의 문해력 학습을 지원하고 향상시킬 수 있는 방법을 간략히 설명하고자 한다.

우리는 학교 안팎의 보충학습 프로그램을 정규 수업 시간 내외에서 이루어지는 학습 활동을 의미하는 **확장 학습 시간**Expanded Learning Time: ELT이라는 용어로 통칭하여 사용하고자 한다. 효과적인 ELT 프로그램은 학생의 학습 격차를 해소하며, 특히 역사적으로 소외된 인구, 영어 학습자, 특수 교육이 필요한 학생, 빈곤층 또는 그 이하 가정 출신의 학생을 지원할 수 있는 프로그램에 중점을 둔다. 게다가 성공적인 ELT는 학교 전반의 학습 목표와 연결되며, 효과적인 학습 환경에 대해 우리가 알고 있는 것에 관해 실제적이고 문화적으로 반응적이며 효과적인 접근 방식을 보완한다.

이 장에서는 **모든 학생의 독서량과 책에 대한 접근성**에 관한 결정적 원칙에 대해 논의할 것이다. 이 원칙을 염두에 두고 효과적인 ELT 프로그램을 설계하는 방법에 대해 논의할 것이다. 그런 다음, 독서량을 촉진할 수 있는 ELT 보충학습 프로그램의 핵심 개념들로서 문화적으로 반응적인 문헌과 진정한 문해력 실천의 역할에 대해 탐색해 볼 것이다. 마지막으로, 학생의 문해력 학습을 지원하고 촉진하기 위해 학교 전반 실행 계획의 일부로 구현될 수 있는 효과적인 학교 안팎의 튜터링 프로그램의 특징 및 그 밖의 다양한 혁신적 접근 방식에 관해 논의할 것이다.

독서량과 책에 대한 접근성

독서량과 책에 대한 접근성이 그 어느 때보다 중요한 이유는 무엇인가

최근 몇 달 동안 예기치 못한 상황이 발생하면서 학교는 학생들에게 온라인 교육과 학습 경험을 제공했지만, 많은 학생이 독서 자료 없이 지냈거나 집에서 평소보다 많은 여가 시간을 보냈다. 직접적인 결과 중 하나는 매일 독서하는 시간이 줄어든 것이다. 독서에 대한 시간과 관심 부족은 심각한 결과를 초래했으며, 이로 인해 학교 안팎에서 학습 노력을 구조화하기 위한 집중적 접근의 필요성이 대두되었다. 직관적으로 더 많이 읽는 학생이 더 숙련되고 더 이해력이 깊으며 독서를 삶의 일부로 여기는 것은 당연한 일이다.

독서량은 아동이 독서를 하며 보내는 시간으로, 독서 능력과 숙련도를 개발하는 데 필수적이다(Allington, 2009). 운동선수가 경기력을 향상하기 위해 매일 연습을 하는 것처럼, 학생들은 읽기 능력을 향상하기 위해 독서 시간을 투자해야 한다. 특히 여름철에는 학생들이 독서할 기회가 거의 없는 경우가 많다. 이는 부분적으로는 다른 야외 활동, 부모의 책임, 그리고 자원의 가용성 때문이다. 일

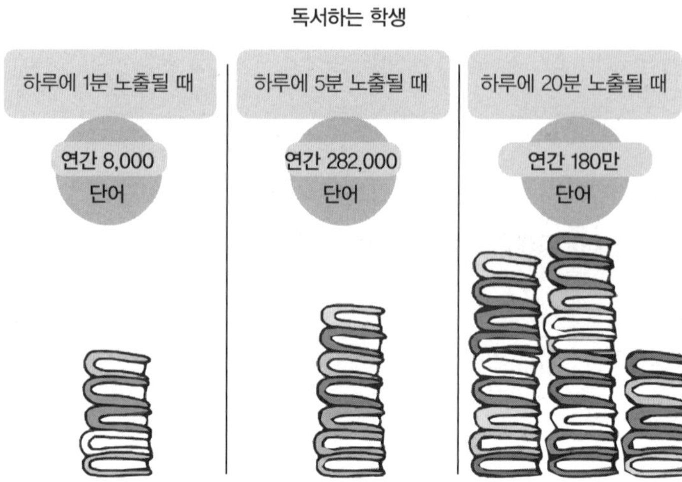

[그림 7-1] 독서량과 어휘

반적인 학교 수업 시간 동안에 학생들이 다양한 텍스트와 자료를 사용하고 다양한 장르에 노출되면서 어떻게 독서를 하도록 권장되는지 생각해 보자. 우리는 학생들이 매일 독서하는 시간의 비율과 어휘 습득은 서로 연결되어 있다는 것을 알고 있다. 그들이 매일 더 많이 읽을수록 더 정교한 어휘를 개발할 가능성이 높아지며, 더 깊은 지식과 이해, 향상된 문해 기능을 기를 수 있다([그림 7-1] 참조).

이 [그림 7-1]에서 흥미로운 점은 매일 독서를 실천한다는 아이디어가 직관적으로 드러나면서 그것이 학생들에게 어떤 의미가 있는지 알 수 있음에도 불구하고, 우리가 좋은 의도를 가지고 있더라도 학습 회복을 위한 계획을 세울 때 이 중요한 전략을 때때로 소홀히 할 수 있다는 것이다. 예를 들어, 알링턴(Allington, 2012)은 학생들이 문해 기능과 궁극적으로 독해 수준을 유지하려면 평균적으로 하루에 최소 90분 이상 책을 읽어야 한다고 권장했다. 예컨대 우리가 평균적으로 학생들이 블록 타임의 독서 시간 동안 실제로 읽는데 들이는 시간이 얼마나 되는지 생각해 본다면, 실질적으로 이 시간의 절반만큼도 겨우 읽을까 말까 한다는 것을 알 수 있다. 흥미롭게도 브레너와 히버트(Brenner & Hiebert, 2010)의 연구에 따르면, 학생들은 의무로 해야 하는 처방적 문해력 교육 프로그램 동안 평균 10분에서 24분 정도만 읽었다. 우리가 ELT 프로그램에 대해 생각하는 것처럼, 우리는 독서, 즉 참여적이고 문화적으로 관련성이 있는 문헌과 자료 읽기에 계속해서 초점을 맞추고자 한다.

또한 학생들이 독서에 대한 높은 참여도와 동기를 부여할 수 있는 기회를 지원하는 것이 중요하다(Barber & Klauda, 2020). 학생들이 독서에 지속적인 관심을 가지기 위해서는 읽기(예: 해독, 이해)에 필요한 기능과 전략을 보유하고 있어야 할 뿐만 아니라(Afflerbach et al., 2008), 흥미로운 문해 활동에 참여해야 한다(Guthrie & Cox, 2001). 이처럼 독서를 지속하는 시간 동안, 학생들은 읽고 싶은 책을 선택하고 흥미도가 높은 텍스트를 중심으로 동기를 부여하는 경험에 참여할 수 있는 충분한 기회를 가져야 한다(6장 참조).

이와 같이 학교 안팎의 보충학습 프로그램을 계획할 때 독서량을 늘리도록 장려해야 한다. 우리는 또한 아동이 매우 흥미롭고 문화적으로 반응적이며 매력적인 **책에 접근**해야 한다는 것을 알고 있다. 폭넓은 독서를 통해 학생들은 다양한 텍스트에 참여하고 자신이 읽고 있는 내용이 무엇인지 이해해야 한다.

텍스트에 참여하는 것, 즉 폭넓고 많은 양의 독서를 통해 읽은 텍스트에 대해 토론하고 분석하거나, 혹은 쓰거나 반응하는 것은 학생들의 읽기 이해를 발달시키는 데 핵심적이다(Duke et al., 2021, p. 666)

학생들은 그래픽 소설과 만화부터 정보 전달 텍스트, 소설, 역사 소설, 판타지물에 이르기까지 다양한 장르를 폭넓게 읽어야 독해력을 키울 수 있다. 독서량과 책에 대한 접근성은 복잡하게 얽혀 있다. 예를 들어, 책 사막을 생각해 보자. 책 사막은 학생들이 이용하고 접근할 수 있는 책과 자료가 부족한 지역사회를 말한다.

우리는 책 사막은 빈곤층이 밀집되어 있고 학생들이 책과 기타 독서 자료에 대한 접근이 제한된 지역사회에서 더 만연하다는 것을 알고 있다. 예를 들어, 노이만과 냅칙(Neuman & Knapczyk, 2020)은 67%의 아동이 소득이 낮고 빈곤, 혹은 빈곤 이하 수준으로 생활하는 가정 출신인 지역사회에서는 833명의 아동이 책을 읽기 위해 단 한 권의 책을 공유해야 한다고 밝혔다. 이러한 지역사회에서 공공 도서관을 통해 책을 접할 수 있는 기회는 어떨까? 안타깝게도 최근 몇 년 동안 지역 내 도서관 예산이 제한되어 운영 시간이 줄어들고 자금 부족으로 인해 소장도서를 최신화하고 유지하는 데 많은 어려움을 겪고 있다(Matthews, 2020).

따라서 학교는 특히 학생들이 일반적으로 학교에 가지 않는 여름철에 많은 지역사회에서 학생과 가족들에게 책과 여타 독서 자료에 대한 접근성을 제공하는 막중한 책임을 지닌다. 독서량 지원의 핵심은, ELT 프로그램 내에서 학생들을 위한 실제적이고 흥미로운 문해력 경험을 구성하는 데 사용될 수 있는 문화적으로 관련성 있는 문헌에 대한 **접근성**이다.

문화적으로 반응적인 도서의 역할

ELT 프로그램을 강화한다고 할 때, 우리는 문화적으로 관련성이 높은 도서를 사용하는 것뿐만 아니라 문화적 관련성을 중심으로 한 교육적 실행을 포함하는 것이 중요하다는 것을 알고 있다. 문화적으로 반응적인 교육은 학생과 가족의 민족, 인종, 종교 및 사회경제적 배경을 교육과정에 초대하고 자산 지향적인 사고방식으로 문화와 삶을 바라본다(Gay, 2000; Ladson-Billings, 1994). ELT 프로그램을 위한 교육 활동을 계획할 때 우리는, 우리가 활용하는 자료가 문화적으로 반응적인지 그리고 학생들의 관심사, 학교 밖 생활, 가족의 역동성뿐만 아니라 개인의 문화적 · 인종적 · 언어적 정체성을 인정할 수 있는지 확인하고자 한다.

ELT의 초점은 학습 격차를 지원하는 것이며, ELT는 그 본질과 정의상 보충적이지만, 이러한 프로그램의 내용, 교육과정, 그리고 전반적인 문해력의 초점은 자산 지향적인 사고방식으로 학생과 가족을 지원해야 한다는 것이다. 문화적으로 반응적이고 학생 중심적인 사고방식에서 비롯된 교육과정을 수반하는 프로그램은 학생의 강점, 문화적 지식, 그리고 배경 경험에 초점을 맞춘 지식을 개발하여 학생의 역량을 강화한다. 문화적으로 반응적인 개념들에 중심을 둔 ELT 프로그램을 구현하는 실용적인 방법 중 한 가지는 매우 흥미롭고 문화적으로 관련성이 높은 책을 통합하는 것이다. 문화적으로 관련 있는 도서는 학생들이 창문, 거울, 미닫이 유리문을 통해 세상을 볼 수 있는 기회를 제공한다.

> 책은 때때로 현실이거나 상상의 세계, 익숙하거나 낯선 세계를 보게 해 주는 창문이다. 이 창문은 또한 미닫이 유리문이기도 해서, 독자는 상상 속에서 그 문을 통과하기만 하면 저자가 창조하거나 재창조한 그 어떤 세계의 일부가 될 수 있다. 조명 조건이 적절하다면 창문은 거울이 될 수도 있다. 문학은 인간의 경험을 변형시키고 우리에게 그것을 다시 반사하며, 그 반사 속에서 우리는 자신의 삶과 경험을 더 큰 인간 경험의 일부로서 볼 수 있다. 따라서 독서는 자기-확인self-affirmation의 수단이 되고, 독자들은 종종 책에서 자신의 거울을 찾는다(Bishop, 1990, p. ix).

문화적으로 반응적인 책에 대한 접근성을 제공하는 것은 학생의 문해력 학습을 향상하려는 노력에서 매우 중요하다. 학교는 다양한 도서 목록에 접근하여 문화적으로 반응적인 텍스트를 찾을 수 있다. 우리가 자주 활용하는 목록에는 다음이 포함된다.

- **스콜라스틱 출판사**(www.scholastic.org)는 가족 및 지역사회 참여Family and Community Engagement: FACE 프로그램을 통해 다양한 장르의 문화적으로 반응적인 반응형 텍스트 세트를 제공한다. 학교에서 대량으로 구매하면 할인된 가격과 다양한 인

센티브를 제공하므로 학교는 문화적으로 관련 있는 텍스트에 대한 접근성을 쉽게 높일 수 있다.

- **우리는 다양한 책이 필요해요**WeNeedDiverseBooks(www.diversebooks.org)는 책 속의 다양한 표현을 옹호하는 단체이다. 학교는 다양한 도서 목록에 접근하여 다양한 언어와 문화를 대표하는 도서를 확보한 뒤 하계 독서 및 기타 ELT 프로그램에 포함시킬 수 있다.

다른 자원으로는 수상 경력에 빛나는 다양한 다문화 도서 목록을 제공하는 미국도서관협회American Library Association: ALA(www.ala.org)를 들 수 있다. 다음은 학생, 가족 및 지역사회에 필요하다고 생각되는 창문, 거울 및 미닫이 유리문을 제공하기 위해 학교에서 포함할 수 있는 몇 가지 목록이다.

- **아메리칸 인디언 청소년 문학상**American Indian Youth Literature Award: 이 상은 북아메리카 원주민과 미국 원주민에 대한 글과 삽화가 뛰어난 책에 수여된다(https://ailanet.org/activities/american-indian-youth-literature-award/).
- **아시아/태평양계 미국인 문학상**Asian/Pacific American Literature Award: 이 상은 아시아 태평양계 미국인사서협회Asian Pacific American Librarians Association가 아시아/태평양계 미국인의 문화와 유산을 기리는 도서에 수여하는 상이다.
- **코레타 스콧 킹 도서상**Coretta Scott King Book Awards: 이 상은 미

국도서관협회가 매년 아동 · 청소년을 위해 아프리카계 미국인 문화와 인간의 가치를 보여 주는 책을 쓴 뛰어난 아프리카계 미국인 작가와 삽화가에게 수여하는 상이다.

- **돌리 그레이 아동 문학상**Dolly Gray Children's Literature Award: 이 상은 발달장애를 가진 개인을 묘사한 책에 수여되는데, 미국특수아동위원회Council for Exceptional Children가 수여한다.
- **푸라 벨프레 상**Pura Belpré Award: 이 상은 아동 · 청소년을 위한 문학 작품에서 라틴계 경험을 긍정적으로 묘사한 라틴계 작가와 삽화가에게 수여된다.

이러한 자료는 ELT 프로그램을 기획하고자 노력할 때 다양한 목소리와 표현을 포함하도록 지원할 수 있다. 학교는 이들 사이트에 방문하여 다양한 수상작에 대해 알아보고, 이들을 학생들의 독서 기회 접근을 늘리려는 노력에 포함할 수 있다.

하계 독서 프로그램

우리는 여러 연구를 통하여 여름철 독서 손실의 부정적인 영향에 대해 알고 있다. 평균적으로 학생들은 학교를 쉬는 여름 방학 동안 전년도 학습 성취도의 17~34%를 잃게 된다(Atteberry & McEachin, 2021). 게다가 당해 여름에 여름 학습 손실을 경험한 학생은 다음 해 여름에도 학습 손실을 계속 경험할 가능성이 더 높다. 성취도 격차는 학생 집단간에도 커진다. 예를 들어, 가정 소득 수준은 학생들이 여름철 학습 손실을 경험하는 방식에 중요한 역할을 한다. 따라서 학습 회복을 위한 노력을 촉진하는 방법을 고민할 때, 여름철 독서 손실을 겨냥한 하계 독서 프로그램을 잘 구성하려는 노력이 중요하다.

효과적인 하계 독서 프로그램 개발의 핵심은 학생들이 읽을 책에 대한 선택권을 가지고 자신이 유창하게 읽을 수 있는 적절한 책을 스스로 선택할 기회를 제공하는 것이다. 또한 어른과 교사가 하계 독서 프로그램에 참여하면 학생들의 학습 속도가 빨라진다. 왜 하계 독서 프로그램을 개발하는 것이 중요할까? 하계 독서 프로그램의 우수 사례는 무엇이며, 학교에서 하계 독서 프로그램이 학교 전체의 학생 개개인에 맞춘 목표와 구체적인 필요를 가장 잘 지원할 수 있도록 하려면 어떻게 해야 할까? 여기서는 독서량과 흥미도가 높은 도서에 대한 접근을 장려하는 프로그램의 세부 사항을 요약하고, 학교 및 지역사회에서 이러한 프로그램을 어떤 방법으로 구성할 수 있는지를 살펴보고자 한다.

교내 하계 독서 프로그램

독서량과 책에 대한 접근성을 장려하기 위해 학교가 여름방학 동안 학생들이 집에 가져가서 읽을 수 있는 책을 제공함으로써 학생들의 문해력 학습과 회복을 향상시킨 방법을 살펴보자. 알링턴(Allington, 2012)은 3년 동안 학생들을 위한 도서 박람회를 운영하여 매년 약 500권의 도서를 학생들이 직접 선택하여 여름방학 동안 집으로 가져갈 수 있도록 지원했다. 교내 하계 독서 프로그램에 포함될 만한 좋은 책은 무엇일까? 온라인과 여러 문헌(예: www.diversebooks.org; Vaughn & Massey, 2021; Vaughn, 2022)에는 아동이 좋아하고 문화적으로 관련이 있으며 학생들의 삶과 경험에 적합한 수많은 책의 목록이 나와 있다.

우리는 이러한 자료 외에도 학교와 공공 도서관을 참조할 수 있다. 또한 적극 권장하는 것은 아이들과 책에 대해 이야기하는 것이다. 여기서 논의하고 있는 전략은 여름 독서에 초점을 맞추고 있지만, 학생들이 책에 대해 토론하고 서로 책을 추천하면서 학교와 지역사회에서 독서를 모든 학생이 하는 무언가로 여기는 학교 전반의 문화를 일 년 내내 발전시키는 것은 필수적이다. 이것은 2장에서 학생과 지역사회 비전을 도출하고 학교 도서관과 교실에서 구입해야 할 책을 정할 때 학생의 목소리를 포함시키는 것과 관련하여 논의한 것과 같은 방식으로 시작할 수 있다. 일반적으로 하계 독서 프로그램에 어떤 책을 포함시킬지 고려할 때 우리가 학교에 추천하는 바는 다음과 같다.

- 모든 학년의 학생들에게 추천 제목을 물어보라.
- 인기 있는 시리즈를 포함하라(예: 『빅 네이트Big Nate』와 같이, 교사가 '진짜' 읽기가 아니라고 생각할 수도 있는 책).
- 학부모에게 가족이 좋아하는 제목을 추천해 달라고 초대하라.
- 학생들이 다양한 모국어로 된 텍스트를 읽을 수 있도록 다국

어 텍스트를 포함하라.

- 높은 흥미도를 가질 수 있는 책인지 확인하라. 학생과 출판사에 인기 있고 관심이 많은 텍스트를 물어볼 수 있다.
- 책이 문화적으로 반응적인지, 학생의 생생한 경험 및 삶과 관련이 있는지 확인하라.

하계 독서 프로그램에서 흥미로운 점은 책에 대한 접근성을 높이고 독서량을 지원할 수 있는 잠재력이다. 이는 궁극적으로 학생들의 독서 성취도에도 도움이 될 수 있다. 예를 들어, 알링턴(Allington, 2012)의 연구에서 주state별 독서 성취도 데이터에 따르면, 스스로 선택한 독서 프로그램이 학생들의 독서 성취도를 향상시킨다는 통계적으로 유의미한 결과가 나왔다(Allington et al., 2010). 학교는 이를 어떻게 조직할 수 있을까? 이 중요한 연구와 마찬가지로, 학교는 할당된 구제 기금을 활용하여 학생들에게 흥미롭고 문화적으로 관련성이 높은 텍스트를 구입하거나 보조금, 기부금, 지역사회 협력 기관과의 파트너십을 추구할 수 있다. [그림 7-2]는 학생들이 직접 텍스트를 선택하는 데 중점을 둔 하계 독서 프로그램을 개발하기 위한 일정, 활동, 전체 계획을 제시한다.

문해력 학습 회복을 향상하기 위한 학교 차원 실행 계획의 일환으로, 학교는 학교 전체의 문해력 비전의 일부로서 하계 프로그램을 의도적으로 포함할 것을 권장한다. 이 비전을 개발하는 데 필요한 이해관계자와 학교 전체의 문해력 비전 개발에 대한 자세한 내용은 3장을 참조할 수 있다. 여기서는 ELT 프로그램을 계획할 때

[그림 7-2] 문해 기능의 유형

목표: 여름 동안 독서량과 책에 대한 접근성을 지원한다.
전략: 학생들에게 여름 동안 읽을 수 있는 책을 제공한다.
근거: 매일 흥미롭고 문화적으로 반응적인 책을 읽으면 학생들은 여름방학 동안 독서 수준을 유지하거나 높일 수 있다.
일정표:

3월	4월	5월	6월	효과성 모니터링
최근 문해력 성취도 데이터를 기반으로 학군 내 학생을 식별한다. 하계 독서 도서 프로그램에 대한 정보가 담긴 가정통신문을 보낸다. 다양한 장르 및 여러 학년에 걸쳐 도서 목록을 제공하여 학생들이 스스로 선택할 수 있도록 한다. 목록을 생성하거나 특정 텍스트 목록을 선정할 수 있는 출판사와 협력할 수 있다(예: www.scholastic.com, www.barnesandnoble.com).	학생의 선택에 토대해 여러 장르와 학년에 걸쳐 관심도가 높은 텍스트를 구매하라.	책 꾸러미를 다음과 같이 꾸려라. • 학생이 직접 선택한 텍스트 묶음(감당할 수 있는 만큼, 15개 정도가 이상적) • 독서 기록지 • 공책(학생들이 책에 대해 그림을 그리고 글을 쓸 수 있도록 하기 위한 것)	학생과 가족을 초대하는 가족의 밤을 개최하라. 학생들은 독서 실천과 관심도가 높은 책 읽기에 대한 정보와 유인물을 받게 된다. 책, 독서 기록지, 공책이 담긴 책 꾸러미를 집으로 보낸다.	사전/사후 주(state)별 문해력 성취도 데이터 학생 독서 기록지 독서 공책

고려해야 할 몇 가지 프로그램을 다음과 같이 간략하게 설명할 것이다.

공공 도서관 하계 프로그램

공공 도서관은 학생의 독서 기회를 지원하는 데 있어 학부모, 가족, 지역사회에 귀중한 자원이다. 재정적인 어려움에도 불구하고 공공 도서관은 여름 하락을 이겨 내기 위한 하계 독서 프로그램을 시행하기 위해 끊임없이 노력하고 있다. 실제로 『디지털 포용성 조사 국가 보고서Digital Inclusion Survey National Report』(GSMA, 2014)에 따르면, 미국 공공 도서관의 95%가 지역사회에 봉사하고 학생과 가족을 위한 독서 기회를 지원하기 위해 하계 독서 프로그램을 제공하는 것으로 나타났다. Bing(검색 사이트)에 '하계 독서 프로그램' '공공 도서관' '2022'라는 검색어로 검색하면 1,610,000,000개의 결과가 나온다!

학교는 공공 도서관과 협력해 지역 사서를 학교로 초대하여 이러한 공공 도서관 연합 하계 프로그램과 학교 자체 하계 독서 프로그램을 위한 협력 관계를 만들어 갈 수 있다. 이와 같이 독서량과 책에 대한 접근을 지원하는 파트너십은 문해력 학습과 회복을 향상시키기 위해 여름방학 동안 학습 경험을 구조화하는 한 가지 결정적인 요소이다. 이러한 공공 도서관 도서 프로그램의 특징은 학생과 가족의 책무성을 지원하기 위해 읽은 책을 기록하도록 하고, 읽은 책에 대한 상품과 상을 제공하는 등 여름 동안 독서 습관을 장려하기 위한 다양한 팁과 전략을 포함하는 것이다. 협력 관계 맺기를 계획할 때 지역 및 주 전체 도서관에 물어봐야 할 중요한 질문은 다음과 같다.

- 우리 학교가 공공 하계 도서관 프로그램의 파트너가 되려면 어떻게 해야 하는가?
- 주/지역 차원에서 하계 독서 연합 프로그램을 위한 협업을 지원하는 데 사용할 수 있도록 배당된 지원금이 있는가?
- 공공 도서관 프로그램이 현재 여름에 제공되는 다른 지원금 기회와 겹칠 수 있는가? 예를 들어, 많은 학교에서는 학생과 가족이 매일 무료 점심을 제공받을 수 있는 프로그램을 운영하고 있다.
- 공공 도서관이 앞과 같은 프로그램(이니셔티브)에 연계되어 있어 여름방학 동안 무료 점심을 받는 학생들이 책과 다른 독서 자료에 대한 접근성도 가질 수 있는가?

지역 및 주 전체 도서관에 이러한 중요한 질문을 던짐으로써 학교는 현재 제공되는 하계 프로그램 기획을 개선하고 잠재적으로 더 많은 학생과 지역사회에 다가갈 수 있다.

공공 도서관 혁신 프로그램 파트너십

우리는 어렸을 때부터, 그리고 지금은 문해력 연구자이자 부모로서 항상 공공 도서관의 열렬한 팬이었다. 공공 도서관에서는 책과 자료에 접근할 수 있도록 주도하는 다음과 같은 다양한 혁신적인 프로그램을 지역사회에 제공하고 있다. 다양한 지역의 도서관에서 어떻게 책에 대한 접근성을 제공하고 독서량을 늘릴 수 있는 잠재력을 창의적으로 지원하는지 그들이 수행하고 있는 최근의 혁신적 프로그램에 대해 다음과 같이 소개하고자 한다.

도서 자동판매기

창의적 지역사회 연결 육성fostering creative community connections 프로젝트는 공공도서관협회와 숏 에디션Short Edition 출판사가 협력하여 나이트Knight 재단의 보조금을 지원받아 진행하는 프로젝트이다. 이 프로젝트는 고객에게 1분, 3분, 5분 간격으로 단편소설을 무료로 제공하는 자판기를 운영하는 것을 중심으로 진행된다. 고객이 읽고 싶은 단편소설을 선택하고 버튼만 누르면 해당 단편이 인쇄된다. 이 자판기는 필라델피아 공항과 애크론 공항에서 큰 성공을 거두었다(www.ala.org/pla/initiatives/shortstorydispensers/information). 또한 공항에서는 누구나 무료로 책을 이용할 수 있는 다른 유형의 도서 자동판매기도 볼 수 있다(https://soarwithreading.com/about).

한 책 프로그램

지역사회는 도서관과 협력하여 도시 전체의 독서클럽인 '한 책 프로그램'에 참여할 수 있다. 이 프로그램은 지역사회가 특정 책을 동시에 읽고 선택한 책에 대해 도시 전체가 토론에 참여하도록 장려한다. 워싱턴 도서관 센터장인 낸시 펄Nancy Pearl은 이 프로그램을 이렇게 설명한다. "사람들은 며칠씩 가까운 가족 외에는 누구와도 대화하지 않고 지낼 수 있습니다. 인종적 배경, 경제적 수준 또는 연령이 다른 사람들이 함께 모여 중요한 아이디어에 대해 토론할 수 있는 기회는 소중하지만 매우 드문데, 이 프로젝트는 그러한 기회를 제공합니다."

도서관과 함께하는 하계 프로그램에 관한 앞의 질문과 같이, 학교는 지역 및 주 전체 도서관의 프로그램에 참여할 수 있는 방법에 대해 초점화된 질문을 할 수 있다. 학교가 그러한 프로그램에 참여하려면 어떻게 시작해야 할까? 우리는 다음과 같은 방법을 제안하고자 한다.

- 해당 지역사회의 도서관 친구Friends of the library에게 연락하여 학교/학급에서 참여할 수 있는 기존 프로그램에 대해 문의하라. 각 공공 도서관에는 일반적으로 예산 항목과 프로그램 진행에 대한 안내와 도서관 및 지역사회 간의 연락 담당자 역할을 하는 도서관 친구 조직체가 있다.
- 지역, 광역 및 주 도서관 조직체를 만나 여러분이 관심 있는

파트너임을 알려라. 많은 주에는 한 지역뿐만 아니라 여러 지역에 걸쳐 도서관 활동에 대한 자세한 정보를 제공할 수 있는 다양한 도서관 리더십 조직이 있다. 예를 들어, (마거릿이 거주하는) 아이다호에는 주 전역의 도서관을 지원하는 역할을 하는 아이다호 도서관위원회가 있으며, 이 조직은 학교 도서관을 위해 특별히 기금 지원 기회를 지정한다. 마찬가지로 버지니아주(세스가 거주하는 곳)에는 주 전역의 도서관과 지역사회를 지원하고 봉사하는 비영리 단체인 버지니아 도서관 재단이 있다.

- 여러분의 학교에 사서가 있는 경우, 그와 협력하여 장서뿐만 아니라 지역사회에서 책과 자료에 대한 접근성을 높이는 데 도움이 될 수 있는 가족 문해력 프로그램 활동에도 보조금을 지원받을 수 있도록 하라.

공공 도서관은 학생과 가족의 독서량과 도서 및 자료에 대한 접근성을 높이기 위한 노력에 동참하는 단체들을 환영하고 있다. 이러한 혁신적인 프로그램에서 알 수 있듯이, 학교는 지역사회에서 독서 문화를 조성하기 위해 기존 프로그램과 협력할 수 있다. 이러한 노력을 통해 학교는 책과 함께 가족을 참여시키고 지역사회의 독서 문화를 발전시킬 수 있다.

지역사회 도서 프로그램

도서관과 협력하는 것 외에도 여름방학 동안 문해력 향상을 위해 학교가 협력할 수 있는 지역사회 기반 프로그램이 많다. 이러한 많은 프로그램의 목표는 아동이 책을 손에 쥐게 하려는 노력을 지원하는 것이다. 지역사회에 이 사실을 알리고 학생들이 책을 접할 수 있도록 학교에서 할 수 있는 일은 무엇일까? 몇 가지 지역사회 도서 프로그램 목록을 소개하고자 한다. 많은 경우, 다른 사람들에게 묻고 이야기하는 것은 책을 접할 수 있는 방법을 배우는 훌륭한 방법이다. 예를 들어, 최근 비행기를 타고 가던 중 마거릿은 한 교사를 만나 그 지역사회에서 책을 어디서 구할 수 있는지 물어본 적이 있다. 그녀는 자신이 사는 도시(샌프란시스코)에 교사가 자신의 학급과 학생들을 위해 무료로 책을 구할 수 있는 무료 지역 단체가 있다고 공유해 주었다. 아동 도서 프로젝트(www.childrensbookproject.org)라는 조직은 도움이 필요한 아동들에게 책을 제공하기 위해 1992년에 설립된 단체이다. 이 단체는 설립 이래 3백만 권이 넘는 책을 기부했다. 그 밖의 다른 프로그램을 몇 가지 예로 들면 다음과 같다.

- **도서 은행**Book Bank: 학생, 가족, 지역사회가 무료로 책을 받을 수 있는 장소를 지원하기 위해 도서 은행이 전국에 여럿 있다. 버니Bernie 도서 은행은 영유아 및 학령기 아동을 위해 새 책 또는 깨끗하게 사용한 중고책을 받아 더 많은 책을 소장할 수

있는 공간을 포함하고 있다(www.berniesbookbank.org). 학교는 지역 커뮤니티의 자원을 확인하여 다른 도서 은행을 찾을 수 있다.

- **손을 뻗어 읽어 보세요**Reach Outand Read: 이 단체는 소아과 의사들과 협력하여 조기 문해력을 지원하기 위한 도서를 제공한다.
- **이동도서관**Bookmobiles: 우리는 이동도서관이 학생과 가족에게 책과 자료를 제공하기 위해 전국적으로 점점 더 많이 사용되고 있음을 볼 수 있다. 2018년 현재 미국에는 약 650대의 이동도서관이 있다[미국 박물관 및 도서관 서비스 연구소(imls.gov), 2022]. 뉴욕과 같은 도시와 켄터키주 메이필드와 같은 외곽 지역에서도 이동도서관을 볼 수 있다.
- **책 사막 없애기**#EndBookDeserts: 책을 접하기 어려운 극빈층 지역의 아동들을 위해 책을 기부할 수 있는 다양한 단체나 지역사회 자원 및 공간을 찾을 수 있는 자원이다.
- **무료 온라인 자료**: 다양한 책과 장르를 제공하며 여름방학 동안 독서 자료를 이용할 수 있도록 지원한다.
  - 문해력 향상을 위한 연합(www.uniteforliteracy.com)
  - 안내된 독서 도서관(www.lib.uidaho.edu/digital/guidedreading)

보다시피, 지역 도서관 및 기타 기관과 협력하여 책을 접할 수 있는 기회를 늘리고 학생들의 독서량을 늘리는 것은 학생들의 학습 손실에 대응하기 위한 중요한 전략이다. 이러한 자원 외에도 학교에서는 여름방학 동안 독서 자료에 대한 접근성을 늘리고 독서량을 지원할 수 있는 방법을 제공하는 데 초점을 맞춘 교내 독서 프로그램을 제공할 수 있다.

교내 하계 독서 프로그램

여름방학 동안 학교 내 독서 프로그램은 효과적인 튜터링 프로그램과 동일한 원칙을 적용해야 한다. 즉, 교내 독서 프로그램은 학생들에게 흥미를 유발하고 동기를 부여하며 실제적인 문해 경험을 제공함으로써 학생들의 참여를 유도해야 한다. 학교 내 독서 프로그램을 구성하는 실용적인 방법 중 하나는 문화적으로 관련성이 높고 흥미도가 높은 텍스트를 중심으로 효과적인 읽기 및 쓰기 교육의 원칙에 초점을 맞추는 것이다. 학교에서는 학생들이 참여하는 반나절 또는 종일 교내 독서 프로그램을 구성할 수 있다.

- **소리 내어 읽기**: 소리 내어 읽는 동안 학생들은 실제 생활에서 하는 것처럼 읽고 있는 책에 대해 이야기하고, 그 책에 대한 자신의 생각을 다른 사람들과 공유하며, 책에 대해 토론하는 데 참여한다.
- **문학 동아리**: 학생들을 문학 동아리로 초대하는 실천은 독자들의 공동체를 장려한다. 이러한 방식으로 학생들은 독서 문화에 참여하고 다양한 이해 전략을 적용하면서 책에 대하여 서로 토론할 수 있다.

- **독자 및 작가 워크숍**: 교내 독서 프로그램에서 교사는 학생의 특정한 교육적 필요에 중점을 두어 시범을 보이고, 이어서 학생에게 시범 보인 전략을 연습하도록 초대할 수 있다. 이는 읽기 및 쓰기 연습에서 모두 이루어질 수 있으므로 학생들이 실제 독자와 작가로서 과업을 수행할 수 있다.
- **다중양식 작문**: 효과적인 여름방학 교내 독서 프로그램을 구상할 때, 우리는 학생들이 다양한 양식(예: 구두, 기술, 종이, 연필, 온라인 및 종이책 텍스트)으로 참여하는 것을 상상해 볼 수 있다. 학생들은 교육적 과제의 목적에 따라 다양한 매체를 사용한다.
- **다양한 독서 기회**: 기타 활동으로는 혼자 읽기, 함께 읽기, 오디오북이 포함된다.

우리는 이러한 프로그램에 담임교사 및 문해력 연구원으로서 참여해 왔다. 일반적으로 이러한 교내 독서 프로그램은 수업 일수보다 적은 시간 동안, 여름방학에는 몇 주 동안 제공되는 짧은 일정으로 인해 우리는 학교가 교내 튜터링 프로그램의 주요 목표가 무엇인지 고려하기를 원한다. 이는 3장에서 설명한 학교의 실행 계획 및 목표와 깊이 연관되어야 한다. 학생들의 읽기 성취도와 사회정서적 요구 모두를 지원한다는 측면에서 성공적인 여름방학 교내 독서 프로그램에는 다음과 같은 것들이 포함된다.

- 작은 규모

- 개별화된 내용
- 부모 참여
- 질 높은 교육

국립 교육통계센터에서 실시한 연구에 따르면, 가족 참여가 문해력 발달을 향상시키는 가장 강력한 요인 중 하나임이 입증되었다. 미국 교육부에 따르면, 가족 문해력 프로그램은 부모와 자녀가 상호작용하여 기능을 개발할 수 있는 문해 활동을 통합하고, 학부모가 문해력 성취를 지원하도록 교육하며, 가족 차원에서 스스로 할 수 있는 문해력 교육의 지원을 강조하고, 적절한 교육 활동을 활용하여 부모의 자녀 교육에 도움이 되는 방법을 모델화하는 것을 목표로 한다. 학교는 부모가 자녀의 첫 번째 교사라는 사실을 인식해야 한다. 학생과 가족의 모국어를 지원하는 가족 문해력 프로그램은 학교와 가족 간의 협력적 파트너십을 강화하는 데 도움이 될 수 있다. 다음은 학생의 문해력 학습을 지원하기 위해 교실 안팎에서 가족 문해력을 키울 수 있는 중요한 방법들이다.

- 학부모와 지역사회 구성원을 초대하여 그들의 경험을 학교와 공유하도록 하라.
- 학생들과 함께 가족 도서를 공동으로 제작하라. 학생들은 일정 분량pages을 집으로 가져가 가족과 함께 만들 수 있다. 이 부분을 모아 학교 안팎에서 읽을 수 있는 학급 도서로 엮을 수 있다.
- 가족과 함께 문해력 학습 기회를 개발하라. 수업에서 공유할

수 있는 학생의 모국어가 있는가? 가족 및 지역사회 구성원이 수업에 참여하거나 오디오로 녹음하여 공유할 수 있는 중요한 가족 이야기가 있는가?

- 학부모와 지역사회 구성원을 초대하여 학교 전체의 문해력 비전을 개발하라. 의도적으로 학부모를 찾아 초대하여 비전 개발에서 교과서 실행에 이르기까지 학교의 의사결정 실천에 참여시키고, 학교의 포용적인 문화를 발전시키는 데 기여하도록 하라.

연구자들은 사회경제적 수준이 낮은 가정 아동의 발생적 문해 기능과 관련한 가족 문해력 프로그램을 검토한 결과, 효과적인 프로그램은 한정된 활동과 특정 기능, 부모와 가족이 함께 설계된 modeling 교육 프로젝트에 참여하는 교육 경험에 초점을 맞춘다는 사실을 발견하였다(Kaiper-Marquez et al., 2020).

학교는 개별화된 내용과 소규모 학급을 아우르는 수준 높은 교육을 통합함으로써 학생들의 문해력을 지원하는 교내 독서 프로그램을 재조직할 수 있다. 여기서 중심이 되는 것은, 그 과정에 부모와 보호자를 포함하고 참여시키는 것이다. 문해력 회복을 지원하고 향상시키는 데 있어 부모와 가족의 참여에 초점을 맞춘 접근 방식을 다음과 같이 간략하게 설명하고자 한다. 그런 다음 학교가 학기 중 효과적인 교내 튜터링을 위해 계획할 수 있는 방법에 대해 논의할 것이다.

효과적인 튜터링 프로그램

학생의 학습을 촉진하는 중요한 목표는 학교 수업 시간을 넘어 ELT에 대한 접근 방식을 강화하는 데 초점을 맞추는 것이다. 먼저, 학교 안팎에서 효과적인 튜터링 프로그램에 대해 우리가 알고 있는 내용을 간략하게 설명할 것이다. 그런 다음 학생의 문해력 학습을 향상시킬 수 있는 다른 혁신적인 ELT 프로그램에 주목할 것이다.

학생의 문해력 학습을 전략적으로 지원하기 위해 효과적인 튜터링 프로그램이 시행될 수 있다. 이러한 프로그램의 기본은 튜터링을 받는 학생이 다양한 이유로 학교에서 어려움을 겪고 있으며 학습 목표를 달성하기 위해 추가 지원이 필요할 수 있다는 점을 이해하는 것이다. 그런데 추가 지원이 필요한 학생이 튜터링을 받는 동안 학습지를 반복해서 작성하고 '기능과 반복연습' 방식으로 튜터링에 참여할 때, 좋은 의미에서 진정한 효과를 얻을 수 있는 프로그램을 얼마나 자주 볼 수 있을까? 이와 같은 접근 방식은, 학생들에게 전이 가능한 학습 효과를 거의 제공하지 않으며 학생들이 자신을 유능한 학습자로 보는 데 도움이 되지 않음에도 불구하고 자주 일어난다.

효과적인 튜터링 프로그램의 가장 중요한 측면 중 하나는 학생이 자신의 능력과 학습 접근 방식에 관한 관계를 구축하고 강화하는 것이다. 이는 학생들이 실제적이고 몰입적인 학습 경험에 참여할 수 있는 기회를 제공함으로써 이루어져야 한다. 이상적인 교내 튜터링 프로그램은 어떤 모습일까? 이를 간략히 설명하며, 학교 안팎에서 튜터링을 계획할 때 학교는 사회정서적 필요 및 학교 교육과 학생 간 관계의 가치로운 역할에 대한 이해에 초점을 맞추어야 한다는 점을 강조할 것이다. 학생의 사회정서적 필요와 튜터링과의 관계를 이해하는 것은 학생의 학습을 촉진할 뿐만 아니라 학생의 건강과 웰빙에도 매우 중요하기 때문에 이 점을 조명하고자 한다.

학교 교육의 변화와 앞으로 계속될 변화를 고려할 때, 관계를 형성하고 실제적이고 참여적이며 문화적으로 관련성이 높은 원칙에 중점을 둔 튜터링 프로그램은 학교 회복 및 그 이후에도 강력하게 작용하는 것으로 드러날 수 있다. 이 책 전반에서 문화와 관련된 교수법에 대해 논의하고 있는데, 여기서는 학교 안팎의 보충 학습 프로그램 안에서 반응적인 학습 환경을 지원하는, 문화적으로 반응적인 교수법의 핵심 원칙을 논의하고자 한다.

이러한 방식으로 효과적인 ELT 프로그램은 학생들이 자신과 타인, 그리고 자신의 직접적인 반경 외부의 세계를 볼 수 있도록 관심도가 높고 문화적으로 반응적인 텍스트를 활용한다(Vaughn & Massey, 2021). 예를 들어, 효과적인 교내 튜터링 프로그램에는 학생을 특정 관심사, 아이디어, 신념을 가진 개인으로 간주하는, 문화적으로 반응적인 텍스트와 교육적 접근 방식이 포함되어 있다. 교사가 교내 튜터링 보충 프로그램을 위해 개발한 다음의 〈표 7–1〉의 교육 주간 계획에서 관심도가 높은 문화 관련 텍스트를 활용하는 예를 볼 수 있다. 학교 전체 보충 기금을 사용하여 단계별 지원을 통해 부진 학생을 지원하려는 노력의 일환으로, 학교는 문해력 전문가를 고용하여 소모둠의 학생들과 매일 25분씩 수업을 진행했

〈표 7-1〉 실제 독자 및 작가 튜터링 프로그램

1일차	2일차	3일차	4일차	5일차
읽기 목표: 관심 있는 책을 다양한 장르에서 스스로 선택하도록 학생들을 초대한다. 1. 학생들은 텍스트를 선택한 이유에 대해 토론하고, 읽기 방식(예: 짝 읽기, 혼자 읽기, 소리 내어 읽기, 묵독하기)을 선택한다. **쓰기 목표:** 1. 자신이 연구하고 싶은 관심사와 주제에 대해 공유하도록 학생들을 초대한다. 2. 학생들은 서로 인터뷰하고 답변을 적는다.	**읽기 목표:** 이해 전략의 초점: 연결 만들기 1. 학생들은 스스로 선택한 텍스트를 사용하여 연결고리를 만들고 서로 공유한다. **쓰기 목표:** 1. 학생들의 주제를 염두에 두고, 질문 전략을 가르치고 학생들에게 주제에 대한 질문을 적도록 한다. 2. 주제에 대해 배운 정보를 어떻게 공유할 것인지 학생들과 면담한다. 학생들은 전단지, 책, 시, 정보지 등을 선택하여 최종 프로젝트의 내용을 결정할 수 있다.	**읽기 목표:** 학생들은 자신이 관심 있는 읽고 싶은 책을 선택하여 특정 목표를 중심으로 읽기 시간을 가진다. 1. 학생들은 독서하면서 추론 전략을 이해한다. 학생들은 추론한 내용을 독서 노트에 적고 다른 사람들과 공유한다. **쓰기 목표:** 1. 학생들은 자신의 주제에 대한 초점화된 질문에 답하기 위해 조사를 수행하는 실제적인 방법을 배운다. a. 테크놀로지(예: 검색 엔진, 아동 친화적 사이트) b. 전문가 및 지역사회 구성원과 주제에 대해 논의할 계획 세우기 c. 학생들이 주제에 대한 학습 계획을 작성하기	**읽기 목표:** 학생들은 자신이 관심 있는 읽고 싶은 책을 선택하여 특정 목표를 중심으로 읽기 시간을 가진다. 1. 학생들은 책을 읽으면서 목표 어휘를 검토하는 이해 전략을 사용한다. 학생들은 전문 용어를 적고 맥락적 단서와 단어의 일부를 사용하여 해독하는 연습을 한다. **쓰기 목표:** 1. 학생들은 자신들의 주제에 대한 사실을 읽고 쓰기 시작한다. 교사는 종합하는 방법을 시범 보이고, 학생은 주제에 대한 정보를 수집하기 위해 자원을 사용하는 방법을 배운다.	**읽기 목표:** 학생들은 자신이 관심 있는 읽고 싶은 책을 선택하여 특정 목표를 중심으로 읽기 시간을 가진다. 1. 학생들은 책을 읽는 동안 깊이 생각하기 이해 전략에 참여한다. 학생들은 읽고 있는 내용에 대해 비판적으로 생각하도록 요청받게 된다. 초점화된 프롬프트를 사용하여 등장인물, 줄거리, 주제 등에 대해 학생들이 토론하도록 참여시킨다. **쓰기 목표:** 1. 학생들은 주제에 대한 사실을 읽고 쓰는 작업을 계속한다. 교사는 최종 프로젝트를 위해 필요에 따라 비계를 제공한다.

다. 주간 수업 계획 샘플은 유치원부터 5학년까지의 학생들을 위한 3주짜리 통합적 읽기 및 쓰기 프로젝트인 '독자와 작가 튜터링 프로그램'의 한 주간에 초점을 맞추고 있다. 이 프로젝트의 목표는 학생들이 관심 있는 주제에 초점을 맞춘 최종 프로젝트를 기획하고, 진정성 있고 실제적인 현실 세계의 목적을 위해 그들이 읽기와 쓰기에 참여하도록 하는 것이다.

이 주간 교육 계획 샘플에서와 같이 학생들은 낮은 수준의 교육 과제를 뛰어넘는 의미 있는 문해 활동에 참여한다. 학생들은 흥미롭고 문화적으로 반응적인 다양한 일련의 텍스트 샘플 중에서 읽고 싶은 텍스트를 선택한다. 매일 교사가 특정 이해 전략을 시범 보이면 학생들은 해당 텍스트를 읽으면서 표적 이해 전략을 연습한다. 읽은 후에 그들은 자신이 읽고 쓴 내용과 그날 읽은 글에서 특정 이해 전략을 어떻게 적용했는지에 대해 서로 대화한다. 학생들은 글을 읽고 전략을 활용한 후 글쓰기까지 통합함으로써 기능을 강화시킨다. 그런 다음 자신이 선택한 실제적인 글쓰기 프로젝트를 하며, 연구를 수행하는 방식, 실제적인 목적을 위해 글을 쓰는 방식, 자신들의 공동체에서 공유할 작품(예: 전단지, 책)을 만드는 방식을 배운다. 이러한 유형의 실제적인 목적을 위한 독서와 글쓰기는 실제 독자와 작가가 세상에서 어떤 일을 하는지에 대한 관점을 길러준다. 이 구조화된 튜터링 프로그램에서는 학생의 웰빙이 학습 과정의 중심이 된다. 학생들은 무엇을 조사하고 읽고 싶은지, 배운 정보를 어떻게 전달하고 싶은지 스스로 선택할 수 있는 기회를 가진다.

문헌 연구를 통해 우리가 알고 있는 것은 튜터링 프로그램이 학생들의 학습 요구를 지원하기 위해서는 처방적이고 획일적인 접근 방식에서 벗어나야 한다는 점이다. 우리는 이에 대해 이 책을 통틀어 동일한 유형의 '기능과 반복연습'을 되풀이하는 것은 문해력 교육에 대한 의욕을 떨어뜨리고 학교에서 실행하려는 바로 그 프로그램이 필요한 학생에게 더 큰 장벽을 만들 뿐이라는 점을 강조해 왔다. 대신, 이 사례에서 설명하듯이 학생들은 자신의 특정 교육적 필요와 관심사에 초점을 맞춘 실제적이고 문화적으로 관련성이 있으며 몰입할 수 있는 문해력 교육 활동에 참여해야 한다. 학생들은 다양한 배경, 문화, 언어 능력을 가지고 있으므로 ELT 기회에서 이를 지원해야 한다. 여러 연구를 통해 우리는 효과적인 튜터링 프로그램은 다음과 같은 점을 따른다는 것을 알 수 있다.

- 학생이 자신의 문화 및 언어와 관련된 관심 주제를 추구할 수 있도록 초대하고, 표적 교수 기능과 함께 이러한 측면을 포함한 교육적 비계를 제공하라.
- 수업의 초점을 학생의 구체적 · 교육적 · 동기 부여적 · 개별적 필요에 맞게 조정하라.
- 학생이 모국어를 활용하도록 장려하고 제1언어와 제2언어 사이에 교육적 비계를 만들 기회를 제공하라.
- 수행을 통한 학습, 제작을 통한 학습의 과정을 함양하고, 학생이 실수하게 되는 부분과 앞으로 나아가기 위한 전략을 성찰하고 처리하도록 장려하는 성장 마인드셋(Dweck, 2015)을 일상화하라.

- 학생의 문화와 언어적 능력을 지원하고 교육적 필요에 대한 비계를 제공하는 것을 목표로 하여 높은 도전을 요구하는 실제적 과제에 중점을 둘 수 있는 학습 목표를 구조화하라.

우리와 협력하고 있는 학교 중에 이러한 실천을 동반하면서 학교 안팎의 튜터링 프로그램에서 모범이 되는 곳이 몇 군데 있다. 예를 들어, 아메리칸 인디언 원주민 학생 수가 많은 한 학교에서는 교사들이 여름방학 보충 문해력 프로그램을 개발했다. 학생들은 부족의 언어와 영어로 된 자신만의 책을 만들었다. 유치원부터 5학년까지의 교사들은 원주민의 앎의 방식과 관련된 주제를 통합하는 데 중점을 둔 수업안을 썼다. 이 프로그램을 통해 부족의 원로, 학부모/보호자, 지역사회 구성원들이 자원하여 부족의 언어 수업과 역사 수업을 했으며, 학생들을 구두 스토리텔링에 함께 참여하도록 초대했다. 이중 언어 책은 6주간의 하계 프로그램을 통해 만들어졌으며 학교 도서관, 부족, 지역사회 센터에 기증되었다.

혹은 학교가 학군 내 영어 학습자들의 언어와 문해 기능 향상에 중점을 두었던 다른 하계 프로그램을 고려해 보자. 몇 주에 걸친 하계 언어 프로그램 동안 교사는 학부모, 학생, 지역사회 구성원들과 협력하여 학생들의 문해력 발달을 위한 발판을 마련했다. 학부모와 보호자는 이 과정에서 중요한 파트너였다. 그들이 학생들의 모국어와 영어로 일반 어구와 목표 단어 사전을 만드는 데 도움을 주었기 때문이다. 이 프로그램에는 11개 이상의 언어와 방언을 포함한 다양한 언어가 포함되었으며, 사전은 학군 전체의 교사들과 참여했던 각 가정에 제공되어 유용한 도구가 되었다. 이 프로그램에서 학생들은 학생들의 문해력 학습을 지원하는 것을 목표로, 실제적이고 문화적으로 관련 있는 실천에 초점을 맞춘 고난이도 과제에 참여했다.

또 다른 방과 후 튜터링 프로그램에서는 3~5학년 학생들이 관심도가 높은 텍스트와 관련된 문해 활동에 참여했다. 학생들은 관심 있는 텍스트를 선택하고 협업 팀을 구성하여 최종 프로젝트로 그들의 텍스트를 만들었다. 예를 들어, 한 학생 모둠은 주인공과 그의 가족이 노숙자이면서 식량부족을 경험하는 캐서린 애플게이트Katherine Applegate의 『크렌쇼Crenshaw』를 읽은 후 학교 전체에 푸드 뱅크를 만들었다(Vaughn, 2021). 또 다른 체험형 방과 후 프로그램에서 학생들은 그 지역에 서식하는 식물과 야생동물을 조사하고 안내 책자와 함께 야외 벽화를 만들어 학생들이 벽화에 묘사된 특정 동식물에 대해 자세히 배울 수 있도록 했다. 이러한 프로그램 전반에서 학생들의 언어, 문화, 관심사가 가장 중요하게 고려되며, 학습 회복을 위해 미래를 계획할 때 실제적이고 매우 흥미로우며 문화적으로 반응적인 보충학습 프로그램이 어떤 모습이어야 하는지를 잘 보여 준다.

우리는 교내 튜터링 프로그램에서도 비슷한 긍정적인 결과를 확인할 수 있다. 니코와 동료들(Nickow et al., 2020)은 초중고(K-12) 튜터링 프로그램에 관한 논문 86편의 무작위 현장 실험을 검토한 결과, 튜터링이 실제로 학생들이 학습 격차를 완화하기 위해 필요한 기능을 습득하는 데 도움이 되는 신뢰할 수 있는 도구라는 사실을 발견했다. 이 연구에 따르면, 검토된 96개의 연구 중 평균적으로 80%에서 튜터링 프로그램이 학생들의 학습 성과 향상에 통계적으로 긍정적인 영향을 미친 것으로 나타났다. 우리는 교내 튜터링 경험 동안, 학생들의 참여를 유도하고 현실 세계의 목적을 위해 읽기 및 쓰기 과제를 수행하도록 장려하는 실제성 있고 동기를 부여하는 교육적 과제의 역할에 대하여 지속적으로 고민하고 있다.

우리는 학생들이 진정으로 독립적인 독자와 작가가 되기 위해 필요한 실제 세계와 연결된 활동 유형과 완전히 대조되는 비현실적이고 비실제적인 문해 활동에서 벗어나길 원한다.

이는 방과 전후의 튜터링 활동이 학생들이 흥미도가 높은 텍스트와 의미 있고 실제적이며 문화적으로 관련 있는 활동에 참여하도록 구성된다는 것을 의미한다. 표적 교내 튜터링 프로그램에는 학생의 학습 필요를 지원하기 위한 증거 기반 전략이 포함되어야

〈표 7-2〉 무엇이 튜터링 프로그램에서 효과적인가

	무엇이 효과적인가	무엇이 덜 효과적인가
튜터는 누구인가	인증된 교사	교육받지 않은 자원봉사자, 동료
교육과정은 어떠한가	문화적으로 반응적이고, 실제적이며 통합적인 기능 교육	학습지 및 '기능과 반복연습' 접근, 숙제 완료하기
빈도는 어떠한가	1년 내내, 매일 1시간	부분적이고 비체계적인 접근(예: 한 달에 한 번, 시험 기간 동안)
모둠 구조는 어떠한가	1:1 또는 1:2	다양한 학습 요구를 지원하기 위하여 차별화가 이루어지지 않은 학급 전체 단위

한다. 우리는 효과적인 집중 튜터링 경험의 기준을 찾기 위해 문헌을 검토했다. 그 결과는 〈표 7-2〉에서 확인할 수 있다.

이 표가 설명하듯이 인증된 교사의 참여, 매일 진행되는 프로그램, 소규모 모둠 구성, 문화적으로 관련 있으며 동기를 부여하는 참여도가 높은 수업이 가장 효과적인 튜터링 모델의 환경을 조성한다.

결론

학습 촉진을 계획할 때 학교는 혁신적인 ELT 프로그램을 고려해야 한다. 이는 학교가 지역 단체, 가정 및 지역사회와 협력하고 다양한 이해관계자를 초대하여 학생들이 독서량을 늘리고 흥미롭고 문화적으로 관련성이 높은 텍스트를 접할 수 있도록 지원하는 협업 과정이다(학교 및 지역사회 파트너십에 대한 자세한 내용은 2장 참조). 또한 성공적인 ELT는 학교 전체의 학습 목표와 연결되며 우리가 효과적인 학습 환경이라고 알고 있는 것에 실제적이고 문화적으로 반응적이며 효과적인 접근 방식을 보완한다. 하계 독서 프로그램은 학생들이 원하는 책을 읽고 매일 독서하는 습관을 기를 수 있는 기회를 제공함으로써 독서량을 늘릴 수 있도록 장려한다. 이 장에서 설명한 특성을 포함하는 학교 안팎의 효과적인 학습 기회는 매우 중요하다. 이는 역사적으로 소외된 계층의 학생과 영어 학습자, 특수 교육이 필요한 학생, 빈곤 수준 이하의 가정에서 온 학생에게 특별히 더 중요하다.

이 장에서는 이러한 보충 프로그램을 실행하기 위한 전략적 접근 방식을 강조하는데, 이는 학생의 웰빙을 인식하는 동시에 학생들의 문해력과 지식을 향상시키는 데 중점을 둔다. 학교는 이 장에서 설명한 자원을 활용하고 전통적인 수업 일수의 제한을 넘어 어떻게 학습 기회를 확장할 것인지 지속적으로 고민해야 한다. 효과적인 학교 안팎의 보충 프로그램은 학생과 가족에게 힘을 실어 주는 데 중점을 둔다.

성찰하기

- 지역사회 자원 목록 지도(2장 참조)를 다시 살펴봅시다. 독서 접근성을 지원할 수 있는 지역사회 파트너를 표로 작성해 봅시다. 각 기관이 어떤 기관인지, 독서 접근성을 지원하는 데 어떻게 도움이 될 수 있는지 구체적으로 나열해 봅시다.
- 독서량에 주목해 봅시다. 각 학급의 학생들이 독서하는 시간을 비판적으로 검토해 봅시다. 학생들이 하루 동안 높은 흥미를 가지고 문화적으로 반응적인 텍스트를 읽는 데 얼마나 많은 시간을 할애하고 있나요? 일/주/월/년 동안 학생들의 독서 근력을 키우기 위한 학급/학년/학교 목표를 설정합시다. 이를 그래프에 차트로 표시하고 학년별로 공유해 봅시다.
- 지역 단체와 협력하여 지역사회에 작은 도서관을 만들어 학생들과 가족들이 더 많은 책을 접할 수 있도록 하는 것도 고려해 봅시다. 이 프로젝트를 지원하기 위한 작업 목록을 만들고 지역사회 구성원을 초대해 봅시다.

8장

미래를 위한 계획하기

ACCELERATING LEARNING RECOVERY
FOR ALL STUDENTS

얼마 전 오리건 해안으로 여행을 계획하면서 나(마거릿)는 가족과 우리가 필요하다고 생각하는 모든 것을 차에 실었다. 트렁크가 옆까지 가득 찼다. 우리는 해변에서 8시간 정도 떨어진 곳에 살고 있기 때문에 타이어를 점검하고 차에 기름을 넣는 등의 작업을 했다. 우리는 준비가 끝났다고 생각했다. 여행을 떠날 생각에 들떠 있었는데, 가장 중요한 수영 장비(고글, 수영복 등)를 두고 왔다는 사실을 깨닫고 말았다. 필요한 모든 것을 다 갖추었다고 생각했는데, 막상 도착하는 데에만 너무 집중한 나머지 바다에서 수영을 즐기려는 본연의 목표를 놓쳤다는 사실을 깨달은 것이다. '나무만 보고 숲을 보지 못한다.'라는 옛 속담이 떠오르는 순간이었다.

이 예시와 같이 고립된 세부 사항에 너무 집중하면 최종 목표를 놓칠 수 있다. 반대로 최종 목표에 너무 편협하게 초점을 맞추면 세부 사항을 소홀히 할 수 있다. 이 책에서 설명한 학습 회복력 향상을 위한 원칙과 관련하여 이 아이디어를 생각해 보면 동일한 원칙이 적용된다. 학생들의 문해력 학습 지원이라는 최종 목표를 염두에 두지 않고 개별 원칙에 너무 집중하거나 주요 원칙을 염두에 두지 않고 최종 목표에 너무 광범위하게 집중하면 수영 장비와 마찬가지로 불가피하게 무언가를 놓칠 수 있다.

이러한 이유로 이 마지막 장에서는 학생의 학습 회복력 향상과 관련된 원칙에 관한 폭넓은 관점을 다시 한번 살펴보고자 한다. 이러한 원칙을 사용하여 학년별 계획을 세우는 기간에, 그리고 학년도 내내, 문해력 리더십 팀원들 간 대화를 하거나 동료들과 대화하는 동안 토론을 안내하는 다양한 방법을 제공하고자 한다. 우리는 문해력 학습 회복을 향상시킨다는 주요 목표를 염두에 두면서, 이 책에서 설명하는 원칙과 같은 세부 사항에 초점을 맞추는 이러한 유형의 반복적이고 성찰적인 접근이 현재와 미래의 학생들을 지원하기 위해 나아가는 데 필요하다고 제안하고자 한다.

이 장에서는 학생의 문해력 학습을 향상하기 위해 이러한 원칙을 연간 전체에 적용하는 데 중점을 둘 것이다. 각 장의 주요 원칙은 우리가 이 주요 목표에 지속적으로 초점을 맞출 수 있도록 도움을 준다. 현재와 그 이후의 문해력 학습을 미리 계획할 때 중요한 원칙에 중점을 두면, 학교는 주요 목표에 확실히 충실할 수 있다.

우리는 먼저 각 장의 주요 원칙과 연결된 아이디어를 요약하는 것으로 시작할 것이다. 그런 다음 학교가 이러한 원칙을 실행에 옮기기 위해 어떻게 미리 계획을 세울 수 있는지 간략하게 설명하고자 한다. 이 마지막 장의 원칙은 1장에서 소개한 주요 원칙을 다시 반복하는 것이다. **그것은 학생의 문해력 학습을 지원하고 향상시키기 위해 학교는 학생들의 문해력을 개발하는 동시에 학생들의 사회정서적 기능에 초점을 맞춘 보다 공정하고 적응적인 학습 환경을 개발하는 데 집중해야 한다는 점이다.** 그 중심에는 학습 회복을 향상시키기 위한 자산 지향적 접근 방식이 있다. 여기에는 학생, 가족, 그리고 지역사회에 대한 다음과 같은 신념이 포함된다.

- 학생의 가족과 지역사회는 학생의 문해력 학습을 지원하는 데 필수적인 파트너이다.
- 학생은 독자이자 작가로서의 자산과 강점을 가지고 있다.

- 교사는 통찰력과 지식을 갖춘 지식이 풍부한 전문가로서 자신이 함께하는 개별 학생에게 초점을 맞춘 교육을 제공할 수 있다.
- 교사는 학교 개혁의 중요한 공동 협력자이다.
- 효과적인 학습 환경은 학생을 몰입하게 하고 문화적으로 관련성이 있다.
- 효과적인 학습 환경은 학생이 성장할 수 있는 기회를 지원한다.

이러한 신념은 문화적으로 관련되며 학생들의 언어, 이전 경험, 가정생활을 교실로 끌어들이는 데 초점을 맞춘 교육의 관점을 구성한다. 모든 학생은 지식 자산을 가지고 있으며(Moll et al., 1992), 학교는 학습 회복을 계획할 때 이러한 관점에서 접근해야 한다. 학교에서는 학생들의 각기 다른 문해 능력과 교육적 필요를 파악하기 위해 다양한 평가를 실시하는 것에서부터 읽기 능력과 흥미를 지원하기 위해 교육 활동을 통합하는 것까지 다양한 방법으로 이를 수행할 수 있다.

학생의 사회정서적 요구와 웰빙에 관심을 기울이는 학교 전반의 문화에 초점을 맞추는 것이 가장 중요하다. 우리는 여러 연구를 통해 학교가 학생과 가족을 다양한 강점을 가진 필수적인 파트너로 여길 때 학생의 성취도가 높아질 가능성이 크다는 것을 알고 있다. 또한 교사는 학습 회복과 관련하여 학년 및 학교 차원의 노력을 진전시키는 데 매우 중요한 역할을 한다. 교사는 자산 지향적 관점에서 학생을 바라보는 환경을 조성하고 구축하는 데 도움을 주며, 학생이 성공할 수 있는 잠재력을 가진 환경을 조성하는 데 기여한다. 원칙을 실천으로 옮기기 위해 필요한 것은 학년도 내내 교육적 행동과 학교 전반의 실행 계획에 대한 비판적 성찰에 참여하겠다는 학교의 약속이다. 비판적 성찰은 학습 회복을 향상시키기 위한 학교 전반의 개혁에 필수적이다. 성찰은 교사와 교장에게 그들 자신의 실천에 대한 이해뿐만 아니라 자신의 실천, 학교, 그리고 학생의 학습 요구와 관련한 자기 스스로에 대한 이해를 제공한다. 자이크너와 리스턴(Zeichner & Liston, 2013)은 성찰적 수업의 주요 특징을 다음과 같이 요약한다. 성찰하는 교사는 다음과 같은 노력을 기울인다.

- 교실 실천의 딜레마를 검토하고 해결하기 위해 노력한다.
- 자신의 실천에 적용하는 가정과 가치를 인식하고 의문을 제기한다.
- 자신이 봉사하는 다양한 문화 공동체에 참여적이며 사회적인 관점을 가진다.
- 전문성을 기르기 위한 학습과 그 개발에 능동적인 자세를 취한다.

이러한 비판적 성찰의 목표를 염두에 두고, 여기에서는 각 주요 원칙에 대한 개요를 제공하고자 한다. 우리의 목표는 학교가 이러한 주요 원칙에 중점을 두고 학년도 내내 절차에 참여하도록 안내하는 것이다. 이렇게 함으로써 학교는 현재와 그 이후에도 학생의 학습 회복을 향상시키는 데 지속적으로 집중할 수 있다.

2장에서는 학생들의 문해력 학습을 향상시키기 위한 **학교와 지역사회 간의 효과적인 협력 원칙**에 대해 설명한다. 이 원칙의 핵심은 문해 기능과 교육에 대해 학부모와 지역사회가 알았으면 하는 메시지를 강조하는 것이다. 예를 들어, 학생이 능숙하게 읽고 쓰기 위해 갖춰야 하는 문해 기능의 유형과 강점 기반 교육 접근을 강조한다. 학교와 가정에서 강조하고자 하는 여러 유형의 기능에 대한 필수적 정보를 제공할 뿐 아니라, 두 가지 유형의 기능, 즉 한정적 기능과 비한정적 기능에 대해서도 간략히 설명한다. 한정적 기능은 파닉스, 인쇄물 인식, 알파벳 지식과 같이 숙달할 수 있는 기술이다. 즉, 학생들이 이러한 기능을 습득한 후에는 반복적인 교육이 필요하지 않기 때문에 이러한 기술은 한정적 기능으로 분류된다.

반대로, 비한정적 기능은 학생들이 지속적으로 개발하는 기능이다. 비한정적 기능의 몇 가지 예로는 이해, 어휘, 비판적 사고 등이 있다. 이러한 기능은 모든 학년의 학생, 심지어는 성인이 되어서도 계속 성장시키는 기능 유형이다. 이러한 메시지를 학부모와 지역사회에 전달하는 것이 중요한 이유는 무엇일까? 그 이유 중 하나는 가장 효과적인 읽기 교육 방법에 대한 논쟁이 현재 전국적으로 벌어지고 있기 때문이다.

현재 대중매체에서는 '읽기 전쟁'이 부활하고 '읽기 과학'과 가장 효과적인 읽기 교육 방법에 대한 논쟁이 벌어지고 있으며, 난독증 관련 법안을 강화하기 위한 주 차원의 노력도 활발하게 이루어지고 있다. 이 장과 책 전체에서 우리는 문해력 학습 지원에 초점을 맞추기 위해서는 다양한 관점과 접근 방식이 필요하다고 주장해 왔다. 이러한 이해에서 핵심적인 것은 기능의 다양성이 강화되어야 하며, 학교와 지역사회가 그 학습 회복을 지원하는 노력에서 파트너라는 점이다.

3장에서는 학교 차원의 실행 계획이 공정하고 적응력 있는 문해력 교육에 기반해야 한다는 원칙을 강조한다. 효과적인 학교 전반의 실행 계획을 충분히 개발하기 위해 학교는 연구에서 입증된 내용 및 학교에서 효과적인 학교 개혁을 위해 입증된 내용을 바탕으로 계획을 구조화할 수 있다. 학교의 비전을 신중하게 성찰하고, 학생의 학습에 대한 신념과 기준을 수립하며, 학생의 학습 회복과 관련하여 달성하고자 하는 목표에 대한 개요를 만든 학교는 효과적인 학교 전반의 개혁을 위한 올바른 궤도에 올라 있다. 이러한 핵심 신념과 기준이 개발되면 학교는 학생의 진도를 평가 및 모니터링하고 학생의 학습 결과에 따라 교육적 결정을 내릴 계획을 세울 수 있다. 이 접근에서 중요한 것은 학생의 문해력 학습을 지원하기 위해 처방적이고 단일한 교육적 접근 방식에서 벗어나 문해력 교육에 대한 적응적이고 유연한 접근을 구현하는 것이다.

교사는 의사결정 과정에서 자율성을 가져야 한다. 여기에는 교사가 학생의 개별 학습 및 사회정서적 요구를 지원할 수 있다고 믿는 중재 유형과 학생에 대한 지식, 교육학적 지식 및 경험을 바탕으로 그들이 실제로 중요하다고 생각하는 실질적인 평가 유형이 포함된다. 최근 몇 년간 교사를 바라보던 시각과 상반되는 문화적 변화를 조성해야 한다. 즉, 우리는 외적인 책무성보다는 교사의 주인

의식을 통해 학교 전반의 변화와 문해력 학습 향상을 장려하길 원한다. 우리는 평가와 학년 수준 및 학교 전체의 데이터 기반 계획도 옹호하지만, 효과적인 학교 차원의 실행 계획에서 필요한 것은 교사를 그 과정에서 필수적이고 지식이 풍부한 파트너로 보는 관점이다.

4장에서는 **협력적이고 분산된 문해력 리더십을 개발할 때 교사를 지식이 풍부한 전문가로 보는** 원칙을 설명한다. 이 원칙에서는 교사 주도성이 중추적인 역할을 하며, 이것은 협력적이고 분산된 문해력 리더십을 개발하기 위한 노력에서 핵심이 된다. 학교에서 협력적 문해력 리더십 역할을 개발함으로써 집단적 책임감을 함양할 수 있다. 학교 내에서 협력적 문해력 리더십을 개발하는 데 초점을 맞춘 학교 리더는 교직원 동기 부여, 학생의 문해력 성취도 향상을 위한 전반적인 노력, 긍정적인 학교 문화 조성을 촉진한다(Leithwood et al., 2008). 이렇게 함으로써, 학교 리더는 교사의 주도성에 대한 감각을 키울 수 있도록 지원한다. 교사 주도성이란 교사가 학생, 교사, 학교 전반의 학습에 기여하기 위해 자신의 지식을 사용하고, 목적의식을 가지고 행동하며, 전문적인 성장과 학습을 이끌어 가는 역량을 말한다.

분산된 문해력 리더십의 토대를 제공하는 교사 주도성을 근본 원칙으로 적용하지 않는다면 학생의 문해력 학습 향상에 초점을 맞춘 학교 전반의 실행 계획은 실패할 가능성이 크다. 우리는 교사 주도성을 우리 논의에서의 주도성과 매우 유사한 것으로 생각하며 여러분도 그렇게 생각할 수 있도록 초대하고 싶다. 전문적인 성장

기회 및 자신의 목소리와 지식을 공유할 수 있는 능력이 부족하다면 일을 지속할 동기가 생길 수 있을까? 4장에서는 두 학교의 사례를 소개한다. 한 학교에서는 교사들이 주도성을 가지고 질문을 하고, 수집한 자료를 활용해 자신의 결정을 알리며, 교육학 및 교육 실천에 대한 깊은 지식과 배경지식을 바탕으로 하여 특정한 학생들과 교육적 행위를 취하도록 장려되었다. 한편, 다른 학교의 교사들은 학생들에게 가장 도움이 될 것이라고 생각되는 문해력에 대한 교육적 결정을 내리거나 접근 방식을 관리할 수 있는 능력이 결여되어 있었다.

교사 주도성을 함양하는 데 있어 중요한 것은 교사를 학생의 문해력 학습을 지원하는 데 필요한 지식에 접근하고 이를 실행할 수 있는 리더십의 위치에 두는 것이다. 고려할 사항에는 전문 학습 기회 및 채용부터 교과서 위원회에 이르기까지의 의사결정 과정에 교사를 참여시키는 것이 포함된다. 학생의 학습 회복을 지원하는 데 필수적인 요소 중 하나는 동시에 교사를 지원하는 것이다. 교사를 지원하는 방식은 교사를 전문적인 주도성을 갖춘 지식이 풍부한 전문가로 보는 것에서부터 최근 교사들에게 발생한 스트레스와 사회정서적 피해를 인정해 주는 것까지 폭넓게 제시될 수 있다. 교사가 학교 내에서 자산으로 여겨질 수 있는 기회를 제공하는 것이 무엇보다 중요하다. 이를 위한 가시적인 방법 중 하나는 분산된 문해력 리더십을 개발하는 것이다.

5장에서는 학습 회복을 향상시키기 위한 학교 전반의 접근을 개발할 때 필수적인 효과적 문해력 교육의 두 가지 원칙, 즉 (1) **효과**

적인 문해력 교육은 차별화되어야 하고, (2) 지속적이고 신뢰할 수 있으며 타당하고 문화적으로 관련된 평가가 문해력 교육을 주도해야 한다는 점을 강조한다. 문해력 학습 회복을 계획할 때는 효과적인 문해력이 무엇이며 읽기 교육의 필수 구성 요소가 무엇인지에 대한 보다 넓은 그림에 초점을 맞추는 것이 중요하다. 미국독서위원회(The National Reading Panel, 2001)는 효과적인 읽기 교육을 위해 교사가 반드시 가르쳐야 하는 핵심 기능, 즉 읽기의 다섯 기둥을 확인했다. 이 다섯 가지 기둥은 음소 인식, 파닉스, 유창성, 어휘, 이해에 해당한다. 이러한 기둥에 포함된 기본 기능은 교사가 문해력을 길러 주고자 할 때 계획할 수 있는 구체화된 표적 기능이다. 하위 구성 요소에는 알파벳 원리, 단어의 개념, 인쇄물의 개념, 해독 전략, 정확성, 속도, 운율이 포함된다.

추가 기능으로는 형태론, 배경지식, 읽기 전략, 메타인시 등이 있다. 우리는 이러한 기본 기능에 대해 독자의 주의를 환기시키고 일부 기능(예: 음소 인식)이 왜 한정적 기능인지 강조하고자 한다. 예를 들어, 학생이 이러한 기능을 습득한 후에는 필요에 따라 다른 기능으로 넘어갈 수 있도록 문해력 교육을 차별화해야 한다. 차별화란 교사가 평가와 학생의 성취를 통해 파악한 내용을 기반으로 하는 구체적이고 표적화된 교육이다. 실질적인 차별화 전략에는 텍스트를 조정하고 과제를 다르게 수정하거나 혹은 필요에 따라 다른 형태의 지원을 제공하는 것이 포함된다.

차별화는 학생의 문해력 학습을 지원하고 향상시키기 위한 교육에서 가장 중요한 요소 중 하나이다. 학생의 교육적 필요와 SEL 요구 사항이 점점 복잡해짐에 따라 차별화 작업은 하루에 해결해야 할 도전들에 대비하는 추가 작업 또는 계획해야 할 또 다른 일련의 작업처럼 보일 수 있다. 그러나 문해력 교육과 문화적으로 관련된 평가를 차별화하면 모든 학생의 요구를 충족하기 위한 노력을 지원할 수 있다.

문화적으로 반응적인 평가는 자산 지향적 관점에서 학생을 바라보는 데서 추동된다. 즉, 학생에게는 강점, 지식, 풍부한 이전 경험이 있다. 문화적으로 관련된 교육은 이 원칙에 의존하며, 학생들이 무엇을 할 수 있는지 그리고 어떤 영역의 성장이 필요한지를 교사가 알 수 있는 평가를 다양하게 사용할 수 있도록 해 준다. 몬테네그로와 얀코스키(Montenegro & Jankowski, 2017)는 "문화적으로 관련된 요소들의 근본적인 지점은 학생에게 초점을 맞추는 것이다. 즉, 평가 과정의 모든 단계에 학생을 참여시키고 학생의 생생한 경험을 바탕에 둠으로써 학생을 중심에 두는 것이 중요하다."(p. 9)라고 설명한다. 학교는 평가 관행을 검토하여 문화적·인종적 편견이 없는지 살펴보고 학생들이 다른 방식들로 지식을 공유할 수 있는 다양한 평가를 사용할 수 있다.

6장에서는 학교에서 명시적이고 동기를 부여하며 문화적으로 관련성이 있는 읽기 중재를 제공해야 한다는 주요 원칙을 간략하게 설명한다. 수십 년에 걸친 연구에 따르면, 읽기 중재는 동기를 부여하고 문화적으로 관련성이 있을 때 가장 효과적이라는 것을 알 수 있다. 예를 들어, 동기를 부여하는 읽기 교육은 학생들에게 무엇을 어떻게 읽을지 선택할 기회를 제공하는 동시에 학생들의 삶과 관심사에 연결된 실제적인 과제에 참여하도록 한다. 우리는 교사 교육자 및 연구자로서 역할을 하면서 이에 대한 강력한 사례를 들 수 있다. 교사가 학생에게 텍스트를 선택하도록 초대하고 학생의 특정 교육적 필요에 따라 학습 요구를 비계로 삼는 읽기 중재를 볼 수 있다. MTSS 프레임워크는 학교가 실행할 수 있는 지침을 제공하는데, 그것은 학생의 교육적이고 사회정서적인 필요를 개념화하고 데이터를 수집하며 표적 중재를 실행할 수 있도록 한다.

문화적으로 관련된 중재는 학생의 교육적 필요를 목표로 하면서 학생의 삶과 관련된 주제에 학생을 참여시키는 것을 강조한다. 문화적으로 관련된 중재에는 학생의 SEL 요구 사항을 지원하는 것을 목표로 하는 교육적 접근 방식도 포함된다. 교사는 학생들이 선택할 수 있도록 SEL 차원에 초점을 맞춘 다양한 문화 관련 텍스트 목록을 선정한 다음, 학생들이 토론에 참여하도록 유도하고 그들에게 필요한 기능(예: 이해 전략)에 대해 명시적인 표적 교육을 제공할 수 있다. 예를 들어, 이러한 중재는 교사가 학생의 개인적인 경험과 고민을 해결하면서 학생과 협력할 수 있는 경로를 제공하는 동시에 의도된 문해력 교육 지원을 위한 발판으로 삼을 수 있다.

7장에서는 학생의 독서량과 책에 대한 접근성이 중요하다는 원칙을 제시한다. 독서량은 효과적인 문해력 교육과 학생의 실제적 삶과 관련된 학습 기회와 더불어 문해력 학습을 향상시키는 데 가장 중요한 요소 중 하나이다. 독서량은 학생들이 독서에 할애하는 시간을 의미하며, 읽기 능력과 숙련도를 개발하는 데 필수적이다. 학생들의 독서량을 지원하는 것은 꼭 필요하며, 이와 연계하여 다양한 수준, 장르, 주제의 책에 대한 접근을 지원하는 것이 중요하다. 학교와의 협업에서, 우리는 학생들의 읽기 선호도에 대한 연구와 인터뷰를 수행한다. 학생들과 이야기를 나누다 보면 많은 학생이 그래픽 소설을 가장 좋아함에도 불구하고 그것을 읽는 것을 격려받지 못한다는 말을 종종 듣게 된다. 흥미롭고 몰입도 높은 텍스트에 대한 접근을 제공하지 않음으로써 우리는 학생들의 요구에 부응하지 못하고 의도치 않게 독서량을 지원하려는 노력을 방해하고 있다.

독서량을 지원하는 중요한 방법 중 하나는 흥미롭고 문화적으로 관련성이 높은 책을 포함하는 것이다. 문화적으로 관련성이 높은 책은 학생들이 자기 자신과 가족, 그리고 자신의 언어를 바라볼 수 있는 통로를 제공하고, 세계의 다른 사람들을 바라볼 수 있는 렌즈를 제공한다. 책에 대한 접근은 다양한 방식으로 발전할 수 있다. 학교에서 사용할 수 있는 문화적으로 반응적인 도서를 찾을 수 있는 곳은 매우 많다.

미국도서관협회에서는 이러한 도서 목록(예: 푸라 벨프레 상 수상작, 라틴계 인물과 문화를 대표하는 수상 도서)을 제공한다. 또한 학교에서 하계 독서 프로그램을 구축하거나 학교 도서관 소장 도서 및 교사의 교실 도서관을 개선할 때 활용할 수 있는 문화 관련 도서 목록 자원도 있다. 우리가 수업에 자주 사용하는 자원 중 하나는 문화적으로 관련된 텍스트 목록을 정리한 '우리는 다양한 책이 필요해요'이다. 이는 소장 도서를 늘리고자 할 때 훌륭한 자료이다.

7장에서는 학생들이 흥미롭고 문화적으로 관련성이 높은 책을 접할 수 있는 기회를 지원하기 위해 학교 안팎 프로그램이나 보충 학습 프로그램(ELT)에 중점을 둔다. 지역 공공 도서관과 협력하여 학생들을 위한 하계 도서 프로그램 기회를 개발할 뿐 아니라 다른 방법(예: 도서 은행, 도서 자동판매기 프로그램)을 모색하여 학생과 지역사회가 책을 접할 기회를 제공하는 데 도움을 줄 것을 권장한다.

문화적으로 관련 있는 개념틀 내에서 ELT 프로그램을 구현하는 한 가지 실천적인 방법은 학생들의 관심이 높고 문화적으로 관련성 있는 도서를 포함하는 것이다. 우리가 제공하는 책과 문헌은 학생들이 창문, 거울, 그리고 미닫이 유리문을 볼 수 있는 기회를 제공한다. 학교는 학생의 문해력 학습을 지원하기 위한 학교 차원 노력의 일환으로 학교와 교실 도서관에서 문화적으로 관련 있는 텍스트를 수집하기 위해 지속적으로 고민하고 계획해야 한다.

1~7장에서 우리는 학교가 학습 회복을 향상시키는 네 초점을 둔 계획을 개발하는 방법에 대해 생각할 때 고려했으면 하는 구체적이고 활용도가 높은 원칙을 간략하게 설명했다. 우리는 이제 학년도에 걸친 실천에서 이러한 원칙을 구현할 수 있는 계획을 세울 때 그 계획을 전략적으로 생각하는 방법에 초점을 맞추고자 한다.

미래를 위해 계획하기

이러한 주요 원칙을 성공적으로 구현하기 위한 열쇠는 무엇일까? 이 원칙들을 어떻게 실행에 옮기며, 학교 전반 실행 계획에서 어떻게 이를 활용하도록 할 수 있을까? 여기서는 이러한 원칙을 사용하여 학습 회복을 향상시키기 위한 학교 전반의 문해력 진척도를 검토하는 방법을 간략히 설명하고자 한다.

학교 리더들은 학습 회복을 향상시키는 과정에서 현재 어느 단계에 있는지를 지속적으로 성찰하고 분석해야 한다. 이는 다가오는 학년도 이전의 마지막 날부터 시작하여 일 년 내내 지속되어야 한다. 그렇지만 학교가 기존에 맡고 있는 모든 책임을 감안할 때 어떻게 이를 수행할 수 있을까?

우리는 학교가 앞의 장들에서 언급한 원칙을 학년도 내내 다양한 실천 단계를 통해 개괄적으로 살펴보고 성찰할 것을 권장한다. 예를 들어, 학교는 주요 원칙이 무엇인지, 목표 원칙을 위해 어떻게 노력하고 있는지, 설명된 특정 원칙을 더욱 향상시키고 활용하기 위해 무엇을 할 수 있는지 생각해 볼 수 있다. 문해력 학습을 향상시키기 위해 이러한 원칙을 활용하여 학교 전반의 접근 방식에 적용하는 방법에는 여러 가지가 있다. 예를 들어, 이 원칙에 의해 학교 전반의 문해력 진척도를 점검하고, 원칙을 지원하기 위해 취해야 할 행동을 반영하며, 각 행동에 대한 평가지표를 개발하는 것 등을 제안할 수 있다.

이를 실천하기 위해 이 원칙들을 염두에 두고 학교 전반의 문해력 진척도를 점검하기 위한 두 가지 주요 접근 방식을 제안하고자 한다. 첫째, 학교에서 매달 한 가지 원칙을 선정하여 토론하라. 현재 여러분이 목격한 상황에 비추어 이 원칙을 검토하고 그것을 더 잘 실행하기 위한 단계를 계획할 것을 제안한다. 우리는 학교가 동

학년 및 학교 전반 계획 수립 시간에 제시된 원칙에 대해 심도 있게 검토할 수 있고 또 그래야 한다는 점을 강조하고자 한다. 둘째, 학년 수준에서 주의가 필요한 표적 영역을 파악한 다음, 이 책의 원칙에 따라 표적 영역을 실행 가능한 단계로 나누어 검토할 것을 권장한다. 문해력 리더십 팀은 원칙에 대한 성찰을 매달 안내할 수 있다. 팀에서 성찰할 수 있는 몇 가지 질문 예시는 다음과 같다.

- 원칙은 무엇인가?
- 이 원칙은 현재 학교 전체/학년/각기 다른 학생 인구에 어떻게 적용되고 있는가?
- 이 원칙을 더욱 강화하기 위해 추가로 취해야 할 행동은 무엇인가?
- 이 원칙을 성공적으로 구현하기 위한 아이디어와 그에 대한 장벽은 무엇인가?

이러한 대화와 성찰이 어떻게 이루어질 수 있는지 생각해 보자. 우리는 이러한 표적 질문을 염두에 두고 5장에서 설명한 차별화 및 문화적으로 반응적인 평가의 원칙에 대해 문해력 리더십 팀 간에 나눈 다음의 토론을 공유하고자 한다.

주요 원칙은 무엇인가

5장: 차별화된 문해력 교육을 위한 평가

이 원칙은 현재 학교 전체/학년/각기 다른 학생 집단에서 어떻게 적용되고 있는가

관찰과 수업 계획 검토를 통해 차별화를 위한 수정이 거의 이루어지지 않고 있음을 발견했다. 일부 학년에서는 약간의 수정이 이루어지고 있지만(예: 4학년에서는 학생들이 할당된 독서를 완료하면 관심 있는 주제에 대해 연장된 학습 시간을 제공), 평균적으로 학교 전체에서 차별화를 위한 접근은 없는 것 같다. 특히 우려되는 것은 기준치 이하의 학생들과 읽기 과제를 일찍 완료하는 학생들이다.

원칙에 기반한 문해력 리더십 팀의 관심사

월별 형성 평가의 일환으로 2학년 학생들의 읽기 기록을 검토한 결과, 2학년 교사들은 낮은 전략 범위(성취기준 미만)에 있는 학생들이 유창하게 읽지 못하는 것을 발견했다. 평가 점수는 학생들이 학년 수준의 기대치보다 훨씬 낮게 읽고 있음을 나타낸다. 우리는 학년별 팀과 함께 몇 가지 질문과 우려 사항을 확인했다.

2학년 수준의 팀

학년 전체에 걸쳐 읽기 유창성에서 기준점 이하인 학생이 14명 있다. 이 학생들을 지원하기 위해 매일 20분씩 명시적인 유창성 교육을 추가로 실시하고자 한다. 문제는 우리에게 실제로 시간이 없고 우리의 교육과정에 유창성을 가르칠 수 있는 흥미로운 책이 없다는 것이다. 우리가 가르치는 유일한 방법은 더 어린 학생들(1학년)을 위한 것으로 알려진 책을 읽는 것뿐인데, 이들은 그런 책을 읽는 것을 거부한다.

이 원칙을 더욱 강화하기 위해 추가로 취해야 할 행동은 무엇인가? 이 원칙을 성공적으로 구현하기 위한 아이디어와 그와 관련된 장벽은 무엇인가

학년 수준에 따라 문해력 리더십 팀에서 취할 행동

1. 교사가 차별화와 유창성을 가르치는 방법에 대해 고민하여 기준 이하의 다양한 학습자를 지원하는 방법에 대해 생각할 수 있도록 하라. 학년 수준에 따

라 유창성을 향상시키기 위해 차별화할 수 있는 다양한 방법을 도표로 만들어 보라. 예를 들어, 학생들의 유창성 연습을 지원할 수 있는 다른 방법에는 어떤 것이 있을까? 이러한 학생들을 위한 동료 인터뷰 프로젝트를 개발하도록 교사들을 초대하라. 학생들은 서로 인터뷰하고 답변을 적고 대본을 만들 것이다. 그 후 학생들은 이 대본을 읽는 모습을 서로 녹음할 것이다. 이 대본은 학생들과 유창하게 읽는 방법에 대해 이야기할 때 모델로 사용할 수 있으며, 유창성이 텍스트를 이해하기 위해 독자가 하는 일의 일부라는 것을 학생들이 알 수 있도록 도와줄 수 있다.

2. 학생이 스스로 선택한 흥미롭고 동기를 부여하는 텍스트를 읽을 때 그의 유창성을 체계적으로 평가하라. 학교는 학교 사서와 협력하여 이 모둠에 흥미도가 높은 텍스트를 제공한다. 학생들은 이러한 텍스트를 스스로 선택하여 읽게 된다. 유창성 평가는 매주 학년별 교사가 실시한다. 우리는 격주로 동 학년 교사들과 만나 학생들의 유창성 진척도에 대해 이야기할 것이다.
3. 학급에서 기준치에 미달하는 소수의 학생을 대상으로 20분 동안 일대일 문해력 추가 학습을 제공하라. 이 시간 동안 학년별 교사 또는 문해력 코치가 고강도 지노를 수행할 수 있다. 문해력 리더십 팀은 학급의 나머지 학생들과 협력하여 다른 학습자의 필요를 충족하도록 도울 것이다.

앞의 사례에서 차별화의 주요 원칙은 지속적인 평가를 통해 파악한 해당 학년 학생의 특정 필요를 기반으로 한 학년별 계획에 중점을 두는 것이었다. 문해력 리더십 팀은 차별화 주제와 표적 교육 초점(예: 유창성)에 접근하는 방법에 대한 교사의 피드백과 아이디어를 동 학년 수준에 요청한 후, 학생들을 지원하고 차별화 원칙을 적용하기 위해 동 학년 교사 팀과 함께 계획을 개발하는 데 도움을 주었다.

이 협력을 통해 학교 수준에서 필요한 지원(예: 매주 20분간의 표적

〈표 8-1〉 원칙-실행 개요의 사례

어떤 원칙인가	이 원칙을 뒷받침하기 위해 어떤 행동을 취했는가	이 원칙을 충족하기 위한 책무성은 무엇인가
차별화 및 문화적으로 반응적인 평가	1. 교사가 핵심 읽기 프로그램 노력을 보완하기 위해 차별화된 활동에 집중하는 동 학년 수준의 계획 시간을 조성한다. 2. 현재 평가를 검토한다. 편향성이 있는지 살펴보고 학교가 평가에서 편향성을 완화할 방법을 다룬다.	• 각 학년은 단원별로 차별화된 표적 실천집을 만든다. • 교직원 회의에서 교사는 조사 결과를 발표하고 다음 단계에 대한 아이디어를 제시하라는 요청을 받는다.

화된 소모둠 수업 시간에 대한 추가 지원)을 제공할 뿐만 아니라 구체화된 표적 교육에 맞는 조치(예: 동료 인터뷰 프로젝트 개발, 주간평가 실시)가 취해졌다. 이 교실 사례를 통해 문해력 리더십 팀뿐만 아니라 동 학년 수준의 팀에게도 책임이 있음을 알 수 있다. 우리는 학교(예: 문해력 리더십 팀원, 교사, 교장)가 어떤 원칙을 다루고 있는지, 학교에서 그 원칙을 구현하기 위해 어떤 행동을 취하고 있는지에 대하여 〈표 8-1〉과 같은 양식을 사용하여 문서화할 것을 권장한다. 이 작업 문서를 통해 팀 리더는 학년별 및 문해력 리더십을 계획하는 시간 내내 이러한 주요 원칙을 반영할 수 있다.

이 책의 주요 원칙 중 하나에 중심을 둔 교육적 실행을 검토할 수 있는 또 다른 학교 수준의 접근을 살펴보자. 그것은 학생의 문해력 학습을 지원하는 데 필수적 기반 요소를 어떻게 개발하는지에 관한 것이다. 다음 사례에서 우리는 다른 문해력 리더십 팀이 취한 협력적이고 분산된 문해력 리더십의 원칙(4장)에 대해 성찰한 후 토론과 실천적 단계를 제공하고자 한다.

월간 주안점

4장: 협력적이고 분산된 문해력 리더십

원칙에 기반한 문해력 리더십 팀의 관심사

9월 말, 올해의 학습 목표에 대한 익명의 설문조사를 실시한 결과 교사들은 다음 해의 전문성 개발에 관심이 없었다.

한 교사가 이렇게 썼다.

"우리는 학생들의 시험 점수를 올리려고 노력하기 위해 다음의 큰 과업으로 넘어갑니다. 작년에 겪은 일을 생각하면 더 많은 일을 요구받는 전문성 개발 프로그램에 더 이상 참석할 여력이 없습니다."

다른 교사는 이렇게 썼다.

"솔직히 말해서 저는 제가 참여하고 싶은 전문성 개발에만 참석하고 싶습니다. 그러니까 제가 말하고 싶은 것은, 실제로 학생들이 필요로 하거나 관심을 가질 만한 주제가 아닌, 하루 종일 지루하게 진행되는 교육청 차원의 전문성 개발에는 참석하고 싶지 않고, 제가 배우고 싶은 것을 선택해서 참여하고 싶습니다."

학교와 함께 취해야 할 문해력 리더십 팀의 행동

문해력 리더십 팀이 논의하는 주요 우선순위 중 하나는 '내년에 교사를 어떻게 지원할 것인가'이다. 어떻게 하면 교사를 전문성 개발 과정에 포함시킬 수 있으며, 교사가 다시 열정을 가지고 가르치는 일에 흥미를 가질 수 있도록 힘을 실어 줄 수 있을까? 앞의 설문 응답을 읽은 후 문해력 리더십 팀은 다른 접근을 시도하기로 결정하고 다음과 같은 계획을 세울 수 있다.

1. 요구분석을 실시하라. 교사들에게 내년 문해력 전문성 개발에서 배우고 싶은 것이 무엇인지 물어보라. 학년별 팀에게 학생들의 문해력 학습을 지원하기 위해 동료들이 어떤 일을 하고 있는지 적어 달라고 요청하라. 교사에게 자신의 강점을 적어 보고, 전문성 개발 프로그램을 운영하는 데 도움이 되는 것이 있다면 그것은 무엇인지, 그 이유는 무엇인지에 대해서도 적어 달라고 요청하라.
2. 교사 주도의 전문성 개발 워크숍 시리즈를 개발하라. 교사들이 관심 있고 그

들이 참여하기 원하는 주제를 선택하게 하여 그 시리즈에 대한 흥미를 가지도록 하라. 방과 후 전문성 개발 프로그램을 운영할 교사에게 예산을 편성하여 급여를 지급하라. 학교가 이러한 전문성 개발 프로그램을 기록하여 언제든지 교사 주도의 전문성 개발 시리즈를 이용할 수 있도록 권장하라.

3. 교사가 구체화된 표적 문해력 원칙과 주제에 집중하여 '주제 목록'을 만들 수 있도록 자원들과 자금을 제공하라. 이 목록에서 교사는 흥미로운 활동을 활용한 세 가지 수업 계획을 제공하고 필요한 텍스트, 자료 및 자원을 포함할 수 있다. 이 전문적인 주제 목록 방은 도서실과 마찬가지로 교사 연구실 또는 교사를 위한 기타 공용 공간에서 접근할 수 있다.
4. 문해력 리더십 팀은 각 프로그램이 끝난 후 참가자들에게, 교사 주도의 전문성 개발 시리즈에 대한 설문조사를 제공해야 한다. 이 응답을 취합한 후 학교는 학군의 교육과정 촉진자와 협력하여 향후 학군 전체 수준의 전문성 개발 프로그램을 계획하고 재고할 수 있다.

이 사례에서 알 수 있듯이, 학교는 이 책의 모든 장에 걸쳐 하나의 원칙을 가지고 현재 그들이 어디에 서 있는지, 그리고 어떻게 이론에서 실천으로 원칙을 반영하고 개선하며 확장할 것인지에 대해 성찰하고 평가할 수 있다. 이 사례에서 제안하는 것처럼, 학교는 매달 구체적인 주요 원칙을 선정하고 그달의 주요 초점으로 상정함으로써 학생의 문해력 학습을 향상시키기 위한 계획에서 현재 서 있는 위치를 비판적으로 성찰할 수 있다. [양식 8-1]에서는 일년 중 언제, 어떤 주제가 도움이 될지에 대해 사용할 수 있는 예시 가이드를 제공한다.

학교 차원 실행 계획에 명시된 학습 회복 목표를 비판적으로 성찰하는 또 다른 접근은 학교 차원 실행 계획에서 지정한 표적 목표

양식 8-1 목표로 하는 원칙을 위한 월별 계획 토론 가이드

	9월	10월	11월	12월	1월	2월	3월	4월	5월	6월
	원칙 1	원칙 2	원칙 3	원칙 4	원칙 5	원칙 6	원칙 7	원칙 3, 5	원칙 6	원칙 2
각 학년은 이 원칙을 위해 무엇을, 어떻게 계획하는가 학급, 학년, 학교 수준에서 필요한 것은 무엇인가										

를 특정 원칙과 관련하여 분석하는 것이다. 예를 들어, 학교 차원 실행 계획에 명시된 목표 중 하나는 이해에 어려움을 겪는 3학년 학생을 위한 보충학습 지원을 제공하는 것일 수 있다.

우리는 목표를 세운 다음 각 원칙을 성찰하여 실행 계획의 구체적인 목표를 향한 실천 가능한 항목을 찾을 것을 제안한다. 학교 차원 실행 계획에서 이러한 원칙을 반영함으로써 학교는 학습 회복 목표를 향한 학생의 학습과 학교 전체의 성공을 지속적으로 보장하는 데 필요한 비판적 성찰에 참여할 수 있다. 예를 들어, 〈표 8-2〉에서는 학교 전반 실행 계획에 요약된 표적 목표와 각 주요 원칙의 성찰을 적용하는 방법을 확인할 수 있다.

[양식 8-1]에 요약된 대로, 동 학년 팀과 문해력 리더십 팀 구성원은 표적 목표에 집중하고 다양한 원칙을 분석하여, 자신이 무엇을 하고 있는지 확인하고 학생의 학습 목표를 구축하기 위한 교육 활동과 노력을 강화하는 방법을 전략적으로 검토할 수 있다.

결론

여기서는 각 장의 주요 원칙을 요약하고 앞으로 이러한 주요 원칙을 실천하기 위한 구조화된 가이드를 제공하였다. 이러한 원칙은 학생의 문해력, SEL 요구 사항 및 학습 회복을 지원하고 향상하기 위해 학교 전반의 노력에서 어떻게 계획에 접근해야 하는지에 대한 로드맵을 제공한다. 이러한 원칙을 염두에 두면서 동시에 학

〈표 8-2〉 표적 원칙을 위한 실행 가능한 단계

표적 영역	원칙 1: 공정하고 적응적인 학습 환경 개발	원칙 2: 학교와 지역사회 간의 협력	원칙 3: 학교 전반 실행 계획 개발	원칙 4: 지식이 풍부한 전문가로서의 교사	원칙 5: 문화적으로 반응적인 평가 및 차별화	원칙 6: 동기를 부여하고 문화적으로 관련 있는 중재	원칙 7: 독서량 및 접근성 지원
	실행 가능한 단계						
이해에 어려움을 겪는 3학년 학생 지원	1. 학생들의 SEL 및 수업 시간 동안 교육적 학습의 기회 제공을 지원하는 실천에 대해 비판적으로 성찰하라.	1. 매달 가족의 밤에 학부모를 초대하여 가정에서 이해 연습을 시범 보일 수 있도록 하라. 2. 가족 구성원과 함께 할 수 있는 독서 반응 활동을 포함하라.	1. 실천에 대한 동료 관찰을 시행하라. 교사가 적응력을 발휘하는 행동에 주목하고 이에 대해 토론하라.	1. 동료 관찰에 근거하여, 2~3개의 효과적인 교육 활동을 제시하고 팟캐스트와 동 학년별 계획 시간을 통해 교사들이 지식을 공유하도록 초대하라.	1. 다른 평가 유형에 무엇이 있는지 검토하라(구두 다시 말하기, 시각적으로 나타내기). 2. 표적 집단의 주당 1~2번 읽기 수업에서 여러 학년에 걸쳐 이해 기능의 차별화를 위한 계획을 수립하라.	1. 관련성이 높고 관심이 높은 저자에 대한 저자 연구를 수행하라. 학생들에게 이러한 흥미로운 텍스트를 더 깊이 파고들게 하라. 2. 학생이 이해를 향상시킬 수 있는 방법에 대해 선택할 수 있도록 하라(텍스트, 과제, 그리고 기회의 선택).	1. 대상 학생들과 함께 점심 모임 및 방과 후 독서 프로그램을 실시하라. 2. 이러한 프로그램에서 교사가 매우 흥미롭고 문화적으로 관련성이 높은 텍스트를 소리 내어 읽고 이해 전략을 활용하여 사고 구술 활동을 진행하도록 하라.

습 회복이라는 목표에 초점을 맞추고 학생의 문해력과 SEL 요구를 지원함으로써 학교는 숲과 나무를 모두 볼 수 있을 것이다.

앞에서 설명한 것처럼 우리는 이러한 원칙의 대부분이 특정 일정이 아니라 일상적으로 매일 적용되어야 한다는 점을 잘 알고 있다. 그러나 우리는 주요 원칙에 직접적으로 초점을 맞추는 것이 중요하다고 생각한다. 이는 학년, 교사, 문해력 리더십 팀원, 그리고 교장이 학생들을 지원하기 위한 문해력 교육을 위해 더욱 노력하고자 할 때, 자신이 무엇을 할 수 있는지에 대해 깊이 분석할 기회를 제공할 수 있다고 생각하기 때문이다. 데이터를 통해 학교의 진행 상황을 정기적으로 점검하고 실행을 성찰하는 것은 현재와 앞으로를 위해 문해력 학습을 강화하는 데 필요한 요소를 갖추도록 헌신하고 있다는 것을 보여 줄 것이다.

성찰하기

- 학생의 학습과 관련하여 학급 또는 학교 수준의 문제를 발견했을 때 당신이 취할 수 있는 실행 가능한 목표는 무엇인가요? 우리는 왜 이러한 구체적인 목표를 세워야 할까요? 이러한 실행 가능한 목표에 초점을 맞추기 위해 동 학년 및 여러 학년에 걸쳐 성찰적 대화에 참여해 봅시다.
- 이 책에 설명된 대로 학습 회복 노력을 지원할 수 있는 자원이 있나요? 그렇지 않다면 이러한 노력을 지원하기 위해 함께 협력할 수 있는 지역사회의 파트너는 누구인가요? 필요한 항목의 세부 목록을 작성해 봅시다. 그리고 다음 질문에 대해 생각해 봅시다. 또 무엇이 필요한가요? 이러한 필요를 지원할 수 있는 잠재적 파트너는 누구인가요?
- 이 원칙들을 어떻게 실천에 적용할 수 있을까요? 이 장과 본문 전체에서 얻은 지식을 바탕으로 이러한 원칙을 실천에 옮기기 위한 자신만의 행동 계획을 개발해 봅시다.

참고 문헌

Afflerbach, P., Pearson, P. D., & Paris, S. G. (2008). Clarifying differences between reading skills and reading strategies. *Reading Teacher, 61*(5), 364-373.

Alexander, P. A. (2018). Engagement and literacy: Reading between the lines. *Journal of Research in Reading, 41*(4), 732-739.

Alexander, P. A., & Fox, E. (2020). Reading research and practice over the decades: A historical analysis. In D. E. Alvermann, N. J. Unrau, M. Sailors, & R. B. Ruddell (Eds.), *Theoretical models and processes of literacy* (7th ed., pp. 35-64). Routledge.

Allington, R. L. (2002). What I've learned about effective reading instruction: From a decade of studying exemplary elementary classroom teachers. *Phi Delta Kappan, 83*(10), 740-747.

Allington, R. L. (2009). If they don't read much ... 30 years later. In E. H. Hiebert (Ed.), *Reading more, reading better* (pp. 30-54). Guilford Press.

Allington, R. L. (2012). What really matters when working with struggling readers. *Reading Teacher, 66*(7), 520-530.

Allington, R. L., & McGill-Franzen, A. (Eds.). (2018). *Summer reading: Closing the rich/poor reading achievement gap* (2nd ed.). Teachers College Press.

Allington, R. L., & McGill-Franzen, A. (2021). Reading volume and reading achievement: A review of recent research. *Reading*

Research Quarterly, 56(S1), S231-S238.

Allington, R. L., McGill-Franzen, A., Camilli, G., Williams, L., Graff, J., Zeig, J., ... Nowak, R. (2010). Addressing summer reading setback among economically disadvantaged elementary students. *Reading Psychology, 31*(5), 411-427.

Al Otaiba, S., Folsom, J. S., Schatschneider, C., Wanzek, J., Greulich, L., Meadows, J., ... Connor, C. M. (2011). Predicting first grade reading performance from kindergarten response to tier 1 nstruction. *Exceptional Children, 77*(4), 453-470.

Alvermann, D. E., Moon, J. S., & Hagood, M. C. (2018). *Popular culture in the classroom: Teaching and researching critical media literacy*. Routledge.

Amendum, S., & Conradi Smith, K. (2021). Effective differentiation. In S. A. Parsons & M. Vaughn (Eds.), *Principles of effective literacy instruction, K-5* (pp. 122-135). Guilford Press.

Aronson, B., & Laughter, J. (2016). The theory and practice of culturally relevant education: A synthesis of research across content areas. *Review of Educational Research, 86*(1), 163-206.

Atteberry, A., & McEachin, A. (2021). School's out: The role of summers in understanding achievement disparities. *American Educational Research Journal, 58*(2), 239-282.

Au, K. A. (2005). Negotiating the slippery slope: School change and literacy achievement. *Journal of Literacy Research, 37*(3), 267-288.

Bagwell, J. L. (2019). Exploring the leadership practices of elementary school principals through a distributed leadership framework: A case study. *Educational Leadership and Administration: Teaching and Program Development, 30*, 83-103.

Banks, J. A., Cochran-Smith, M., Moll, L., Richert, A., Zeichner, K.,

LePage, P., ... MacDonald, M. (2005). Teaching diverse learners. In L. Darling-Hammond & J. Brandford (Eds.), *Preparing teachers for a changing world: What teachers should learn and be able to do* (pp. 232-274). Jossey-Bass.

Barber, A. T., & Klauda, S. L. (2020). How reading motivation and engagement enable reading achievement: Policy implications. *Policy Insights from the Behavioral and Brain Sciences*, 7(1), 27-34.

Bates, C. C., & Morgan, D. N. (2018). Literacy leadership: The importance of soft skills. *Reading Teacher, 72*(3), 412-415.

Bean, R. M. (2020a). Classroom teachers and reading specialists working together to improve student achievement. In *Collaboration for diverse learners* (pp. 348-368). Routledge.

Bean, R. (2020b). Literacy leadership in a culture of collaboration. In A. S. Dagen & R. M. Bean (Eds.), *Best practices of literacy leaders: Keys to school improvement* (pp. 3-22). Guilford Press.

Bean, R. M., Dagen, A. S., Ippolito, J., & Kern, D. (2018). Principals' perspectives on the roles of specialized literacy professionals. *Elementary School Journal, 119*(2), 327-350.

Beaver, J. M., & Carter, M. A. (2006). *The Developmental Reading Assessment*-DRA2 (2nd ed.). Pearson.

Becker, M., McElvany, N., & Kortenbruck, M. (2010). Intrinsic and extrinsic reading motivation as predictors of reading literacy: A longitudinal study. *Journal of Educational Psychology, 102*(4), 773-785.

Biancarosa, G., Bryk, A. S., & Dexter, E. R. (2010). Assessing the value-added effects of literacy collaborative professional development on student learning. *Elementary School Journal, 111*(1), 7-34.

Bishop, R. S. (1990). Mirrors, windows, and sliding glass doors. *Perspectives, 6*(3), ix-xi.

Brenner, D., & Hiebert, E. H. (2010). If I follow the teachers' editions, isn't that enough? Analyzing reading volume in six core reading programs. *Elementary School Journal, 110*(3), 347-363.

Bryk, A., Sebring, P. B., Allensworth, E., Luppescu, S., & Easton, J. (2009). *Organizing schools for improvement: Lessons from Chicago*. University of Chicago Press.

Bryk, A. S., Sebring, P. B., Kerbow, D., Rollow, S., & Easton, J. Q. (2018). *Charting Chicago school reform: Democratic localism as a lever for change*. Routledge.

Calvert, L. (2016). The power of teacher agency. *Learning Professional, 37*(2), 51-56.

Campano, G., Ghiso, M. P., Yee, M., & Pantoja, A. (2013). Toward community research and coalitional literacy practices for educational justice. *Language Arts, 90*(5), 314-326.

Cochran-Smith, M. (2005). The new teacher education: For better or for worse? *Educational Researcher, 34*(7), 3-17.

Cochran-Smith, M., Ell, F., Ludlow, L., Grudnoff, L., & Aitken, G. (2014). The challenge and promise of complexity theory for teacher education research. *Teachers College Record, 116*(5), 1-38.

Compton-Lilly, C. (2020). Microaggressions and macroaggressions across time: The longitudinal construction of inequality in schools. *Urban Education, 55*(8-9), 1315-1349.

Comstock, M., & Margolis, J. (2021). "Tearing down the wall": Making sense of teacher leaders as instructional coaches and evaluators. *Journal of School Leadership, 31*(4), 297-317.

Counts, J., Katsiyannis, A., & Whitford, D. K. (2018). Culturally and linguistically diverse learners in special education: English learners. *NASSP Bulletin, 102*(1), 5-21.

Cosenza, M. N. (2015). Defining teacher leadership: Affirming the teacher leader model standards. *Issues in Teacher Education, 24*(2), 79-99.

Craig, P. (2013). *Literacy leadership teams: Collaborative leadership for improving and sustaining student achievement*. Routledge.

Darling-Hammond, L. (2000). Teacher quality and student achievement. *Education Policy Analysis Archives, 8,* 1-1.

Darling-Hammond, L., Schachner, A., & Edgerton, A. K. (2020). *Restarting and reinventing school: Learning in the time of COVID and beyond*. Learning Policy Institute.

Deas, K. (2018). Evaluating Common Core: Are uniform standards a silver bullet for education reform? *Educational Foundations, 31,* 47-62.

Dewey, J. (1933). *How we think: A restatement of the relation of reflective thinking to the educative process*. Henry Regnry Co.

Dooley, C., & Assaf, L. (2009). Contexts matter: Two teachers' language arts instruction in this high-stakes era. *Journal of Literacy Research, 41*, 354-391.

Duffy, G. G. (1998). Teaching and the balancing of round stones. *Phi Delta Kappan, 79*(10), 777-780.

Duffy, G. G. (2002). Visioning and the development of outstanding teachers. *Reading Research and Instruction, 41*(4), 331-344.

Duffy, G. G. (2005). Developing metacognitive teachers: Visioning and the expert's changing role in teacher education and professional development. In S. Israel, C. Block, K. Bauserman, & K. Kinnucan-Welsch (Eds.), *Metacognition in literacy learning* (pp.

299-314). Erlbaum.

Duffy, G. G. (2009). *Explaining reading: A resource for teaching concepts, skills, and strategies* (2nd ed.). Guilford Press.

Duffy, G. G., & Hoffman, J. V. (1999). In pursuit of an illusion: The flawed search for a perfect method. *Reading Teacher, 53*(1), 10-16.

Duffy, G. G., Roehler, L. R., Meloth, M. S., Vavrus, L. G., Book, C., Putnam, J., & Wesselman, R. (1986). The relationship between explicit verbal explanations during reading skill instruction and student awareness and achievement: A study of reading teacher effects. *Reading Research Quarterly, 21*, 237-252.

Duke, N. K., Purcell-Gates, V., Hall, L. A., & Tower, C. (2007). Authentic literacy activities for developing comprehension and writing. *Reading Teacher, 60*(4), 344-355.

Duke, N. K., Ward, A. E., & Pearson, P. D. (2021). The science of reading comprehension instruction. *Reading Teacher, 74*(6), 663-672.

Dweck, C. (2015). Carol Dweck revisits the growth mindset. *Education Week, 35*(5), 20-24.

Dyson, A. H. (2021). *Writing the school house blues: Literacy, equity, and belonging in a child's early schooling*. New York: Teachers College Press.

Elish-Piper, L., & L'Allier, S. K. (2010). Exploring the relationship between literacy coaching and student reading achievement in grades K-1. *Literacy Research and Instruction, 49*(2), 162-174.

Epstein, J. L. (2010). School/family/community partnerships: Caring for the children we share. *Phi Delta Kappan, 92*(3), 81-96.

Every Student Succeeds Act, 20 U.S.C. §6301 (2015).

Fairbanks, C. M., Duffy, G. G., Faircloth, B. S., He, Y., Levin, B.

B., & Stein, C. (2010). Beyond knowledge: Exploring why some teachers are more thoughtfully adaptive than others. *Journal of Teacher Education, 61*(1-2), 161-171.

Ferlinghetti, L. (1958). *A Coney Island of the mind: Poems*. New Directions Books.

Fikrat-Wevers, S., van Steensel, R., & Arends, L. (2021). Effects of family literacy programs on the emergent literacy skills of children from low-SES families: A meta-analysis. *Review of Educational Research, 91*(4), 577-613.

Fountas, I. C., & Pinnell, G. S. (2020). Literacy leadership from the classroom: Learning from teacher leaders. *The Reading Teacher, 74*(2), 223-229.

Freire, P. (1970). *Pedagogy of the oppressed*. Continuum. Fritz, R., & Harn, B. (2021). Effective literacy instruction in inclusive schools. In *Handbook of effective inclusive elementary schools* (pp. 199-220). Routledge.

Gambrell, L. B., Hughes, E. M., Calvert, L., Malloy, J. A., & Igo, B. (2011). Authentic reading, writing, and discussing: An exploratory study of a pen pal project. *Elementary School Journal, 112*(2), 234-258.

Gambrell, L. B., Palmer, B., Codling, R., & Mazzoni, S. (1996). Assessing motivation to read. *Reading Teacher, 49*, 518-533.

Gamse, B. C., Jacob, R. T., Horst, M., Boulay, B., Unlu, F., Bozzi, L., … Rosenblum, S. (2008). *Reading First impact study: Final report*. U.S. Department of Education.

Garet, M. S., Cronen, S., Eaton, M., Kurki, A., Ludwig, M., Jones, W., & Sztejnberg, L. (2008). *The impact of two professional development interventions on early reading instruction and achievement* (NCEE 2008-4030). National Center for Education Evaluation and Regional Assistance.

Gay, G. (2002). Preparing for culturally responsive teaching. *Journal of Teacher Education, 53*(2), 106-116.

Gay, G. (2010). *Culturally responsive teaching: Theory, research, and practice* (2nd ed.). Teachers College Press.

Gersten, R., & Carnine, D. (1986). Direct instruction in reading comprehension. *Educational Leadership, 43*(7), 70-78.

Gersten, R., Compton, D., Connor, C. M., Dimino, J., Santoro, L., Linan-Thompson, S., & Tilly, W. D. (2009). *Assisting students struggling withreading: Response to Intervention and multi-tier intervention for reading in the primary grades. A practice guide* (NCEE 2009-4045). National Center for Education Evaluation and Regional Assistance.

Goldenberg, B. M. (2014). White teachers in urban classrooms: Embracing non-white students'cultural capital for better teaching and learning. *Urban Education, 49*(1), 111-144.

Green, T. L., & Gooden, M. A. (2014). Transforming out-of-school challenges into opportunities: Community schools reform in the urban Midwest. *Urban Education, 49*(8), 930-954.

GSMA. (2014). Digital inclusion report, 2014. Retrieved from *www.gsma.com/mobilefordevelopment/resources/digital-inclusion-report-2014.*

Guthrie, J. T., & Barber, A. T. (2018). Best practices for motivating students to read. In L. M. Morrow & L. B. Gambrell (Eds.), *Best practices in literacy instruction* (6th ed., pp. 52-72). Guilford Press.

Guthrie, J. T., & Cox, K. E. (2001). Classroom conditions for motivation and engagement in reading. *Educational Psychology*

Review, 13(3), 283-302.

Guthrie, J. T., Hoa, L. W., Wigfield, A., Tonks, S. M., Humenick, N. M., & Littles, E. (2007). Reading motivation and reading comprehension growth in the later elementary years. *Contemporary Educational Psychology, 32*(3), 282-313.

Guthrie, J. T., Wigfield, A., & VonSecker, C. (2000). Effects of integrated instruction on motivation and strategy use in reading. *Journal of Educational Psychology, 92*, 331-341.

Gutierrez, K. D. (2008). Developing a sociocritical literacy in the third space. *Reading Research Quarterly, 43*(2), 148-164.

Hammerness, K. (2006). *Seeing through teachers' eyes: Professional ideals and classroom practices*. Teachers College Press.

Hammerness, K. (2008). "If you don't know where you are going, any path will do": The role of teachers'visions in teachers'career paths. *New Educator, 4*(1), 1-22.

Handsfield, L. J. (2015). *Literacy theory as practice: Connecting theory and instruction in K-12 classrooms*. Teachers College Press.

Harris, A., & Jones, M. (2019). Teacher leadership and educational change. *School Leadership & Management, 39*(2), 123-126.

Hattie, J. (2009). *Visible learning: A synthesis of over 800 meta-analyses relating to achievement*. Routledge.

Holmes Group. (1990). *Tomorrow's schools: Principles for the design of professional development schools*.

International Literacy Association. (2018). *Standards for the preparation of literacy professionals, 2017*.

Ippolito, J., Swan Dagen, A., & Bean, R. M. (2021). Elementary literacy coaching in 2021: What we know and what we wonder. *Reading Teacher, 75*(2), 179-187.

Ivey, G., & Johnston, P. H. (2013). Engaging with young adult literature: Outcomes and processes. *Reading Research Quarterly, 48*(3), 255-275.

Johnston, P. H. (2012). *Opening minds: Using language to change lives*. Stenhouse.

Kaiper-Marquez, A., Wolfe, E., Clymer, C., Lee, J., McLean, E. G., Prins, E., & Stickel, T. (2020). On the fly: Adapting quickly to emergency remote instruction in a family literacy programme. *International Review of Education, 66*(5), 691-713.

Kraft, M. A., Blazar, D., & Hogan, D. (2018). The effect of teacher coaching on instruction and achievement: A meta-analysis of the causal evidence. *Review of Educational Research, 88*(4), 547-588.

Ladson-Billings, G. (1994). What we can learn from multicultural education research. *Educational Leadership, 51*(8), 22-26.

Ladson-Billings, G. (2001). The power of pedagogy: Does teaching matter? In W. Watkins, J. Lewis, & V. Chou (Eds.), *Race and education: The roles ofhistory and society in educating African American students* (pp. 73-88). Allyn & Bacon.

Ladson-Billings, G. (2006). "Yes, but how do we do it?" Practicing culturally relevant pedagogy. In J. G. Landsman & C. W. Lewis (Eds.), *White teachers, diverse class-rooms: Creating inclusive schools, building on students' diversity, and providing true educational equity* (pp. 33-46). Stylus.

Lapointe, S. (2021). *Impact of the model schools literacy project on literacy and fiscal outcomes in First Nations in Canada* (No. 2021-01). Centre for the Study of Living Standards.

Leithwood, K., Harris, A., & Hopkins, D. (2008). Seven strong claims about successful school leadership. *School Leadership and*

Management, 28(1), 27-42.

Leslie, L., & Caldwell, J. S. (2021). *Qualitative Reading Inventory—7.* Pearson.

Madda, C. L., Griffo, V. B., Pearson, P. D., & Raphael, T. E. (2011). Balance in comprehensive literacy instruction: Evolving conceptions. In L. M. Morrow & L. B. Gambrell (Eds.), *Best practices in literacy instruction* (4th ed., pp.37-63). Guilford Press.

Malloy, J. A., Parsons, A. W., Marinak, B. A., Applegate, A. J., Applegate, M. D., Reutzel, D. R., ... Gambrell, L. B. (2017). Assessing (and addressing!) motivation to read fiction and non-fiction. *Reading Teacher, 71*(3), 309-325.

Margolis, J. (2020). The semiformality of teacher leadership on the edge of chaos. *Harvard Educational Review, 90*(3), 397 418.

Marinak, B. A., Malloy, J. B., Gambrell, L. B., & Mazzoni, S. A. (2015). Me and my reading profile: A tool for assessing early reading motivation. *Reading Teacher, 69*(1), 51-62.

Marsh, J., Larson, J., Vasquez, V., & Comber, B. (2015). Critical literacy. In J. Larson & J. Marsh, *Making literacy real: Theories and practices forlearning and teaching* (2nd ed., pp. 33-60). Sage.

Massey, D. (2021). Assessment. In S. A. Parsons & M. Vaughn (Eds.), *Principles of effective literacy instruction, grades K-5* (pp. 90-103). GuilfordPress.

Matthews, J. R. (2020). COVID-19 and public libraries: A real paradigm shift. *Public Library Quarterly, 39*(5), 389-390.

McEwan-Adkins, E. (2012). *Collaborative teacher literacy teams, K-6: Connecting professional growth to student achievement.* Solution Tree Press.

McGeown, S., Osborne, C., Warhurst, A., Norgate, R., & Duncan,

L. (2016). Understanding children's reading activities: Reading motivation, skill and child characteristics as predictors. *Journal of Research in Reading, 39*(1), 109-125.

McIntyre, E., & Turner, J. D. (2013). Culturally responsive literacy instruction. In B. M. Taylor & N. K. Duke (Eds.), *Handbook of effective literacy instruction: Research-based practice K-8* (pp. 137-161). Guilford Press.

McKenna, M. C., & Walpole, S. (2005). How well does assessment inform our reading instruction? *Reading Teacher, 59*(1), 84-86.

McLaughlin, M., & Rasinski, T. V. (2015). Reaching struggling readers. *Reading Today, 32*(6), 36-37.

Miller, S. D., & Meece, J. L. (1999). Third-graders' motivational preferences for reading and writing tasks. *Elementary School Journal, 100*(1), 19-35.

Milner, H. R. (2011). Culturally relevant pedagogy in a diverse urban classroom. *Urban Review, 43*, 66-89.

Moll, L. C., Amanti, C., Neff, D., & Gonzalez, N. (1992). Funds of knowledge for teaching: Using a qualitative approach to connect homes and classrooms. *Theory into Practice, 31*(2), 132-141.

Montenegro, E., & Jankowski, N. A. (2017). Equity and assessment: Moving towards culturally responsive assessment (Occasional paper no. 29). National Institute for Learning Outcomes Assessment. Retrieved from *https://files.eric.ed.gov/fulltext/ED574461.pdf*.

Morgan, A., Wilcox, B. R., & Eldredge, J. L. (2000). Effect of difficulty level on second-grade delayed readers using dyad reading. *Journal of Educational Research, 94*, 113-119.

Murphy, J. (2004). Leadership for literacy: A framework for policy and practice. *School Effectiveness and School Improvement, 15*(1),

65-96.

National Commission on Excellence in Education. (1983). *A nation at risk: The imperative for educational reform.* U.S. Government Printing Office.

National Governors Association Center for Best Practices & Council of Chief State School Officers. (2010). *Common Core State Standards for English Language Arts.* Authors.

National Policy Board for Educational Administration. (2015). *Professional standards for educational leaders 2015.* Author.

National Reading Panel. (2001). Teaching children to read: An evidence-based assessment of the scientific research literature on reading and its implications for reading instruction. Retrieved from *www.nichd.nih.gov/sites/default/files/publications/pubs/nrp/Documents/report.pdf.*

Neild, R. C., Balfanz, R., & Herzog, L. (2007). An early warning system. *Educational Leadership, 65*(2), 28-33.

Neuman, S. B., & Knapczyk, J. J. (2020). Reaching families where they are: Examining an innovative book distribution program. *Urban Education, 55*(4), 542-569.

Nickow, A., Oreopoulos, P., & Quan, V. (2020). Tutoring: A time-tested solution to an unprecedented pandemic. Retrieved from *www.brookings.edu/blog/brown-center-chalkboard/2020/10/06/tutoring-a-time-tested-solution-to-an-unprecedented-pandemic.*

No Child Left Behind Act of 2001, P.L. 107-110, 20 U.S.C. §6319 (2002).

Paratore, J. R., & Robertson, D. A. (2013). *Talk that teaches: Using strategic talk to help students achieve the Common Core.* Guilford Press.

Paris, S. G. (2005). Reinterpreting the development of reading skills. *Reading Research Quarterly, 40*, 184-202.

Parsons, A. W., Parsons, S. A., Malloy, J. A., Marinak, B. A., Reutzel, D. R., Applegate, M. D., ... Gambrell, L. B. (2018). Upper elementary students motivation to read fiction and nonfiction. *Elementary School Journal, 118*(3), 505-523.

Parsons, S. A., Dodman, S. L., & Burrowbridge, S. C. (2013). Broadening the view of differentiated instruction. *Phi Delta Kappan, 95*(1), 38-42.

Parsons, S. A., Malloy, J. A., Parsons, A. W., Peters-Burton, E., & Burrowbridge, S. C. (2018). Sixth-grade students' engagement in academic tasks. *Journal of Educational Research, 111*(2), 232-245.

Parsons, S. A., & Scales, R. Q. (2013). What are we asking kids to do? An investigation of the literacy tasks teachers assign students. *Yearbook of the Association of Literacy Educators and Researchers, 35*, 143-156.

Parsons, S. A., Swalwell, K., Burrowbridge, S. C., McNamee, M., Pascual, W., & Close, M. (2013). Home visits supporting social justice at a Title I professional development school. In K. Zenkov, D. G. Corrigan, R. S. Beebe, & C. R. Sell (Eds.), *Professional development schools and social justice: Schools and universities partnering to make a difference* (pp. 287-306). Lexington Books.

Parsons, S. A., Vaughn, M., Scales, R. Q., Gallagher, M. A., Parsons, A. W., Davis, S. D., ... Allen, M. (2018). Teachers' instructional adaptations: A research synthesis. *Review of Educational Research, 88*(2), 205-242.

Parsons, S. A., Williams, J. B., Burrowbridge, S. C., & Mauk, G. (2011). The case for adaptability as an aspect of reading teacher effectiveness. *Voices from the Middle, 19*(1), 19-23.

Pearson, P. D. (2007). An endangered species act for literacy education. *Journal of Literacy Research, 39,* 145-162.

Pearson, P. D., Raphael, T. E., Benson, V. L., & Madda, C. L. (2007). Balance in comprehensive literacy instruction: Then and now. In L. B. Gambrell, L. M. Morrow, & M. Pressley (Eds.), *Best practices in literacy instruction* (2nd ed., pp. 30-54). Guilford Press.

Pressley, M., Allington, R. L., Wharton-McDonald, R., Block, C. C., & Morrow, L. M. (2001). *Learning to read: Lessons from exemplary first-grade classrooms.* Guilford Press.

Raffaele Mendez, L. M., Pelzmann, C. A., & Frank, M. J. (2016). Engaging struggling early readers to promote reading success: A pilot study of reading by design. *Reading and Writing Quarterly, 32*(3), 273-297.

Raphael, T. E., Goldman, S. R., Au, K. H., Hirata, S., Weber, C. M., George, M., & Wilson, N. (2006). Toward second generation school reform models: A developmental model for literacy reform. American Educational Research Association.

Reutzel, D. R., Child, A., Jones, C. D., & Clark, S. K. (2014). Explicit instruction in core reading programs. *Elementary School Journal, 114*(3), 406-430.

Rodela, K. C., & Bertrand, M. (2021). Collective visioning for equity: Centering youth, family, and community leaders in schoolwide visioning processes. *Peabody Journal of Education, 96*(4), 465-482.

Rogers, R., Elias, M., & Scheetz, M. (2021). Pathways to critical literacy leadership: An examination of a cohort model of professional development. *Literacy Research: Theory, Method, and Practice, 70*(1), 289-308.

Rosales, J., & Walker, T. (2021, March). The racist beginnings of standardized tests. National Education Association. Retrieved from *www.nea.org/advocating-for-change/new-from-nea/racist-beginnings-standardized-testing.*

Roskos, K., Vukelich, C., & Risko, V. (2001). Reflection and learning to teach reading: A critical review of literacy and general teacher education studies. *Journal of Literacy Research, 33*(4), 595-635.

Russell, S. G., & Mantilla-Blanco, P. (2022). Belonging and not belonging: The case of newcomers in diverse US schools. *American Journal of Education, 128*(4), 617-645.

Ryan, R., & Deci, E. (2017). *Self-determination theory: Basic psychological needs in motivation, development, and wellness.* Guilford Press.

Sailors, M., & Hoffman, J. V. (2018). *Literacy coaching for change: Choices matter* (Literacy Leadership Brief). International Literacy Association.

Sailors, M., & Price, L. R. (2010). Professional development that supports the teaching of cognitive reading strategy instruction. *Elementary School Journal, 110*(3), 301-322.

Salazar Perez, M. (2018). What does the Every Student Succeeds Act (ESSA) mean for early childhood education? A history of NCLB's impact on early childhood education and insights for the future under ESSA. *Teachers College Record, 120*(13), 1-18.

Sancar, R., Atal, D., & Deryakulu, D. (2021). A new framework for teachers' professional development. *Teaching and Teacher Education, 101*, 103305.

Schiefele, U., Schaffner, E., Moller, J., Wigfield, A., Nolen, S., & Baker, L. (2012). Dimensions of reading motivation and their relation to reading behavior and competence. *Reading Research Quarterly, 47,* 427-463.

Schindler, A. K., Seidel, T., Boheim, R., Knogler, M., Weil, M., Alles, M., & Groschner, A. (2021). Acknowledging teachers' individual starting conditions and zones of development in the course of professional development. *Teaching and Teacher Education, 100,* 103281.

Shanahan, T. (2017). The instructional level concept revisited: Teaching with complex text. Retrieved from *https://www.shanahanonliteracy.com/blog/the-instructional-level-concept-revisited-teaching-with-complex-text%23sthash.tyenyZY9.dpbs*

Shanahan, T. (2020). What constitutes a science of reading instruction? *Reading Research Quarterly, 55*(S1), S235-S247.

Shen, J., Wu, H., Reeves, P., Zheng, Y., Ryan, L., & Anderson, D. (2020). The association between teacher leadership and student achievement: A meta-analysis. *Educational Research Review, 31,* 100357.

Skiba, R. J., Artiles, A. J., Kozleski, E. B., Losen, D. J., & Harry E. G. (2016). Risks and consequences of oversimplifying educational equities: A response to Morgan et al. *Educational Researcher 45*(3), 221-225.

Souto-Manning, M., Ghim, H., & Madu, N. K. (2021). Toward early literacy as a site of belonging. *Reading Teacher, 74*(5), 483-492.

Stahl, S. A. (2005). Four problems with teaching word meanings (and what to do to make vocabulary an integral part of instruction). In E. H. Hiebert & M. L. Kamil (Eds.), *Teaching and learning vocabulary: Bringing research to practice* (pp. 95-114). Erlbaum.

Stahl, S. A. (2011). Applying new visions of reading development in today's classrooms. *Reading Teacher, 65*(1), 52-56.

Stahl, S. A., & Heubach, K. M. (2007). Fluency-oriented reading instruction. *Journal of Literacy Research, 37*(1), 25-60.

Stein, K. C., Macaluso, M., & Stanulis, R. N. (2016). The interplay between principal leadership and teacher leader efficacy. *Journal of School Leadership, 26*(6), 1002-1032.

Swartz, S. L. (2005). The Foundation for Comprehensive Early Literacy Learning research report, 1994-2003. Retrieved from *www.cell-exll.com/foundationresearchreport1.htm.*

Tatter, G. (2019). Low-income students and a special education mismatch. Harvard Graduate School of Education. Retrieved from *www.gse.harvard.edu/news/uk/19/02/low-income-students-and-special-education-mismatch.*

Tatum, A. W. (2000). Breaking down barriers that disenfranchise African American adolescent readers in low-level tracks. *Journal of Adolescent and Adult Literacy, 44*(1), 52-64.

Toste, J. R., Capin, P., Williams, K. J., Cho, E., & Vaughn, S. (2019). Replication of an experimental study investigating the efficacy of a multisyllabic word reading intervention with and without motivational beliefs training for struggling readers. *Journal of Learning Disabilities, 52*(1), 45-58.

Toste, J. R., Didion, L., Peng, P., Filderman, M., & McClelland, A. (2020). A meta-analytic review of the relations between motivation and reading achievement for K-12 students. *Review of Educational Research, 90*(3), 420-456.

Tovani, C. (2020). *Why do I have to read this?: Literacy strategies to engage our most reluctant students.* Stenhouse.

Turner, J., Mitchell, C. C., & Murphy, O. A. (2021). Culturally relevant pedagogy and multiliteracies. In S. A. Parsons & M. Vaughn (Eds.), *Principles of effective literacy instruction, grades K–5* (pp. 235-250). Guilford Press.

U.S. Department of Education. (2009). Race to the Top executive summary. Retrieved from *www2.ed.gov/programs/racetothetop/executive-summary.pdf. www2.ed.gov/programs/racetothetop-district/index.html*

Valdes, G. (2001). Learning and not learning English: Latino students in *American schools*. Teachers College Press.

Vaughn, M. (2013). Examining teacher agency: Why did Les leave the building?. *New Educator, 9*(2), 119-134.

Vaughn, M. (2021). *Student agency in the classroom: Honoring student voice in the curriculum*. Teachers College Press.

Vaughn, M. (2022). Making agency visible through picture books. *Reading Teacher. 76*(2), 223-229.

Vaughn, M., Hillman, K., McKarcher, T., & Latella, C. (2017). Exploring a pathway to reshape school-wide literacy practices for Indigenous students. In J. Reyhner (Ed.), *Honoring our teachers* (pp. 75-80). University of Oklahoma Press.

Vaughn, M., & Massey, D. D. (2021). *Teaching with children's literature: Theory to practice*. Guilford Press.

Vaughn, M., Parsons, S. A., Gallagher, M., & Branen, J. (2016). Teachers' adaptive instruction supporting students' literacy learning. *Reading Teacher, 69*(5), 539-547.

Vaughn, M., Parsons, S. A., & Massey, D. (2020). Aligning the science of reading with adaptive teaching. *Reading Research Quarterly, 55*, S299-S306.

Vaughn, M., Penney-Pinkham, D., Hillman, K., McKarcher, T.,

Terry, B. S., Latella, C., … Finnell, B. (2015). Locating Coyote: Reorienting the literacy curriculum to empower Indigenous students and educators. In J. Richards & K. Zenkov (Eds.), *Empowering diverse learners and their teachers: Closing the instructional gap through social justice teaching* (pp. 57-71). Information Age.

Vygotsky, L. S. (1978). Interaction between learning and development. *Readings on the Development of Children, 23*(3), 34-41.

Vygotsky, L. S. (1978). *Mind in society: The development of higher psychological processes* (M. Cole, V. John-Steiner, S. Scribner, & E. Souberman, Trans.). Harvard University Press.

The Wallace Foundation. (2012). *The school principal as leader: Guiding schools to better teaching and learning.*

Walpole, S., & McKenna, M. C. (2017). *How to plan differentiated reading instruction* (2nd ed.). Guilford Press.

Webb, S., Massey, D., Goggans, L., & Flajole, K. (2019). Thirty-five years of the gradual release of responsibility: Scaffolding toward complex and responsive teaching. *Reading Teacher, 73*(1), 75-83.

Welton, A. D., & Freelon, R. (2019). A critical examination of the educational leadership standards: A community organizing perspective. In A. B. Danzig & W. R. Black (Eds.), *Who controls the preparation of education administrators?* (pp. 187-218). Information Age.

Wessel-Powell, C., Buchholz, B. A., DeHart, J., Frye, E. M., Ward, D., Vander Zanden, S., & Campbell, E. (2022). @ Home collective (ly): Opening doors and doing books with literacy-cast. *Journal of Early Childhood Literacy*, 14687984221118475.

Whitaker, M. (2022). *Public school equity: Educational leadership for justice (equity and social justice in education)*. Norton.

Wigfield, A., Tonks, S., & Klauda, S. L. (2009). Expectancy-value theory. In K. R. Wentzel & D. B. Miele (Eds.), *Handbook of motivation at school* (pp. 55-75). Routledge.

Wisniewski, B., Zierer, K., & Hattie, J. (2020). The power of feedback revisited: A meta-analysis of educational feedback research. *Frontiers in Psychology, 10*(3087).

Wixson, K. (2017). Literacy Assessment: What everyone needs to know (Literacy Leadership Brief). International Literacy Association.

Xu, Y., & Drame, E. (2008). Culturally appropriate context: Unlocking the potential of Response to Intervention for English Language Learners. *Early Childhood Education Journal, 35*, 305-311.

Zeichner, K. M., & Liston, D. P. (2013). *Reflective teaching: An introduction*. Routledge.

아동 문학

Applegate, K. (2019). *Wishtree (Special Edition)*. Feiwel & Friends.

Berube, K. (2022). *Mae's first day of school*. Harry N. Abrams.

Carlson, N. (2001). *Look out kindergarten, here I come!* Picture Puffins.

Child, L. (2005). *I am too absolutely small for school*. Candlewick.

Davis, K. (2008). *Kindergarten rocks!* Clarion Books.

Harper, J. (2008). *A place called kindergarten*. Puffin Books.

John, J. (2020). *First day critter jitters*. Dial Books.

McGhee, A. (2006). *Countdown to kindergarten*. HMH Books for Young Readers.

London, J. (1997). *Froggy goes to school*. Puffin Books.

Pierce, L. (2011). *Big Nate*. Andrews McMeel Publishing.

Rex, A. (2018). *School's first day of school*. Scholastic.

Rockwell, A. (2004). *Welcome to kindergarten*. Bloomsbury.

Shannon, D. (2021). *David goes to school*. Scholastic.

Slate, J., & Wolf, A. (2001). *Miss Bindergarten gets ready for kindergarten*. Dutton Books for Young Readers.

Spiegelman, A. (1986). *Maus: My father bleeds history*. Pantheon Books.

찾아보기

ELT 217, 237

MTSS 259

SEL 93

ZPD 129

ㄱ

결손 지향 24, 161

고부담 시험 책무성 14

공식적 평가 82

공유 리더십 101, 116-117, 121, 133-134

교사 주도성 113

교육적 비계 240

구두 언어 기능 44

구성적 대화 129

근접발달영역 128

기준 평가 155

ㄷ

다중양식 작문 233

다층적 지원 시스템 181

단어 인식 155

단어 지식 43

단어의 개념 44

도서 은행 230

독서량 213, 216, 259

ㄹ

리더십 79, 111, 118-120, 122, 129, 133, 139-140

ㅁ

메타인지 132

명시적 교수 191, 206

모니터링 93-95

문해력 42, 81, 83, 87, 104, 122

문해력 리더십 255, 265-266, 267

문해력 학습 80-82, 92, 102, 106, 111, 117, 124, 133, 234

문해의 밤 57

문화적으로 관련된 접근법 86, 88, 95-96, 136, 159, 198, 217, 259

문화적으로 반응적인 접근법 83-84, 93, 103, 239, 258

ㅂ

북클럽 65
분산된 리더십 116-117, 121, 127
분산된 문해력 리더십 111, 127, 129, 131, 139
비공식 읽기 평가 157
비전 89, 91
비전 가지기 21, 90, 92
비판적 사고 기능 44
비판적 성찰 100, 106, 119, 127
비한정적 기능 43, 253
배경지식 150

ㅅ

사회정서적 학습 86-87, 98, 135, 139, 251
상호작용적 소리 내어 읽기 154
성찰적 104, 252
성취 격차 198
소리 내어 읽기 232
신뢰도 160
실제성 134, 195
실제적인 평가 82, 94, 96, 99
실제적 학습 78, 96, 98-99

ㅇ

알파벳 지식 44
운율 150
유창성 44
음소 인식 150
음운 인식 44
인쇄물의 개념 150
일상적 평가 162-165
읽기 과학 15, 150
읽기 동기 158
읽기의 다섯 기둥 150, 257
읽기 중재 258

ㅈ

자기 결정 이론 193
자산 기반 입장 161
자산 지향적 관점 97, 250-251, 258
적응적 교육 18, 84, 86, 108
적응적인 접근 19
전문적 자율성 145
점진적인 책임 이양 191
제3의 공간 53
주도성 81, 113-115, 255
증거 기반 전략 243
지식 자산 93
지식 자산 접근 23
지역사회의 자원 목록 지도 50

ㅊ

차별화 교육 171, 257
책무성 102, 225
철자 지식 44

총괄평가 96

ㅌ

타당도 160
튜터링 236, 242

ㅍ

파닉스 253
표준화된 평가 25
표적 중재 181

ㅎ

학교 개혁 79, 81
학교와 지역사회 간 협력 관계 46
학교 차원의 실행 계획 80, 83-87, 89, 93-94, 98, 101, 105-106, 254, 268
학교 차원의 전문성 개발 127
학습 기회 격차 19
학습 환경 30, 33, 250
학습 회복 25, 88, 106, 132, 140, 223, 254
학제 간 학습 촉진 팀 138, 140
한정된 기능 44, 97, 253
해독 기술 44
협력 관계 226
형태론 150
확장 학습 시간 212

저자 소개

마거릿 본(Margaret, Vaughn, PhD.)

본 박사는 워싱턴 주립대학교 교수학습학과 교수이다. 연구와 문해력, 언어 및 테크놀로지 분야의 프로그램에서 강의하고 있다. 이전에 학교 담임으로 근무한 바 있는 그는 교사 의견과 의사결정이 교육 정책과 실천에 중요한 역할을 한다고 인식하고 있으며, 공정함에 중점을 둔 학습 환경의 개발 노력을 지지한다. 그는 학생 주도성을 옹호하며 국가 전역에서 공정한 학교를 개발하고자 한다. 그는 교사 실천과 현재의 교육적 쟁점들을 제기한 연구로 수상한 바 있다. 저서로는 『초등학생의 효과적인 문해력 교육 원칙Principles of Effective Literacy Instruction, Grades K-5』(세스 파슨스와 공저), 『아동 문학으로 가르치기: 이론에서 실천으로Teaching with Children's Literature: Theory into Practice』(디시 메시Dixie Massey와 공저)가 있다.

세스 파슨스(Seth A. Parsons, PhD.)

파슨스 박사는 조지 메이슨 대학교 교육학부의 스터테번트Sturtevan 센터 교수이다. 초등 교육, 문해력 및 교육 방법론 분야의 프로그램에서 강의한다. 그는 학생 동기와 참여, 교사의 교수 적응성 및 교사 교육과 개발에 중점을 둔 연구로 수상한 바 있다. 그는 현재 『문해력 연구 학술지Journal of Literacy Research』의 공동 편집자이며, 문해력 교육과 연구자 학회의 전임 회장이다. 저서로는 『초등학생의 효과적인 문해력 교육 원칙』(마거릿 본과 공저)이 있다.

역자 소개

김영민(Kim, Youngmin)
미국 Texas A&M 대학교 영어교육 전공 박사
현 대구교육대학교 영어교육과 교수
주요 역서 및 논문: 『학생 주도성』(공역, 학지사, 2023), 「IB PYP 프레임워크와 추가 언어교육」(2024) 외 다수

조현희(Cho, Hyunhee)
미국 뉴욕 주립대학교 영어교육 전공 박사
현 대구교육대학교 영어교육과 교수
주요 역서 및 논문: 『비고츠키와 창의성』(공역, 한국문화사, 2015), 「Enhancing Critical Literacy through Concept-Based Instruction in Elementary English Education」(2024) 외 다수

최 진(Choi, Jin)
서울대학교 교육학(교육철학) 전공 박사
현 대구교육대학교 교육학과 교수
주요 저서 및 논문: 『교육과 가치』(공저, 교육과학사, 2022), 「에이전시(Agency)와 학생 주도성(Student Agency) 사이: 학생 주도성 담론의 존재론적 전회에 관하여」(2023) 외 다수

황미향(Hwang, Mihyang)
경북대학교 국어국문학(국어교육) 전공 박사
현 대구교육대학교 국어교육과 교수
주요 저서 및 논문: 『학교 문법과 문법 교육』(개정판, 공저, 박이정, 2020), 「질문 중심 문법 탐구 학습 설계를 위한 시론」(2023) 외 다수

[국제 바칼로레아 교육연구소 시리즈 2]

학교는 어떻게 문해력을 강화할 수 있는가

-모든 학생을 위한 학습 손실 회복 전략-

Accelerating Learning Recovery for All Students

- Core Principles for Getting Literacy Growth Back on Track -

2025년 5월 20일 1판 1쇄 인쇄
2025년 5월 30일 1판 1쇄 발행

지은이 • Margaret Vaughn · Seth A. Parsons
옮긴이 • 김영민 · 조현희 · 최 진 · 황미향
펴낸이 • 김진환
펴낸곳 • (주) 학지사
04031 서울특별시 마포구 양화로 15길 20 마인드월드빌딩
대표전화 • 02)330-5114 팩스 • 02)324-2345
등록번호 • 제313-2006-000265호

홈페이지 • http://www.hakjisa.co.kr
인스타그램 • https://www.instagram.com/hakjisabook

ISBN 978-89-997-3427-4 93370

정가 17,000원